기후위기-AI위기-인구위기의 생존법

신자급자족주의

기후위기–
AI위기–
인구위기의
생존법

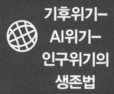

신
자급
자족
주의

형용준 지음

인문공간

차례

2부 기후위기 속 커다란 기회

– 산업 프로세스 리엔지니어링

3부 AI위기는 일자리 위기, 인구위기는 문명의 위기

기본소득 · 3포 세대의 대안 → 신자급자족

11장 AI위기 및 기본소득의 대안, 3포 세대의 대안 신자급자족

12장 신자급자족 기반의 사회 모델

프롤로그

✳

신자급자족주의란?

**취업·창업 걱정 없는, 스마트한 원점의 지혜
현대의 편리함, 신석기의 큰 장점 살린 방법**

인류는 기후위기와 AI로 일자리 멸종이라는 거대한 위협 앞에 놓여 있다. 필자는 이러한 문제 해결을 위해 1차 산업혁명 시작 전의 중세 그리고 신석기 시대의, 지금은 잃어버린 큰 장점들을 기준으로 현재의 편리함을 잃지 않으면서도, 지구를 보호하고, 취업·창업의 걱정이 없는, 스마트한 원점의 지혜를 활용할 수 있는 방법을 제시하고자 한다. 이는 사회 전체의 노력뿐 아니라, 개인의 노력, 또 나를 둘러싼 주변 사람들의 노력으로 어느 정도 달성이 가능하다보 본다.

우선, 기후위기 문제부터 짚어 보자. 우리가 날마다 일상생활 속에서 소비하고 있는 의식주(衣食住)와 관련한 재화와 서비스를 떠올려 보자. 우리가 일상을 위해 날마다 유지하는 교통수단의 이용, 냉난방, 전기·수돗물 사용 등을 생각해 보자. 그리고 생산과정과 유통 혹은 배송 과정에서 이산화탄소를 발생시키지 않는 재화나 서비스가 있을지 반문해 보자. 에너지 사용량 또는 이산화탄소 배출량 순위에서 보면, 철강, 식품(제조, 대량농법·화학비료·인공사료 등), 플라스틱, 패스트 패션의 합성 섬유, 반도체, 건축 자재 등이 상당한 비중을 차지하고 있다. 이런 문제를 해결하기 위해 마이크로소프트, 아람코, 모건 스탠리 등의 전세계의 거대한 자본은 일단 발등의 불을 끄기 위한 접근이긴 하지만, 공기 중의 이산화탄소 포집 및 재활용 벤처 기업들에 수조 원의 자본을 지원하고 있다. 기후위기 해결 벤처들에 대한 대형 투자금의 이동이 급격히 진행 중이다.

기업 세계에서 1980~1990년대를 풍미했던 '비즈니스 프로세스 리엔지니어링(BPR)' 전략, 핵심역량 집중과 아웃소싱인 'Virtual Transformation' 전략, 이와 함께 인터넷 초창기에 생활 속 '소셜 프로세스 리엔지니어링(SPR)' 바람처럼, 이제는 AI반도체 NVIDIA를 전세계 시총 1위로 부상시키며 Digital Transformation의 바람이 강하게 불고 있다. 여기에 기후위기 해결을 위한 기존 산업의 프로세스 리엔지니어링은 필수 기술이 되었다. Digital Tranformation 안에는 '신문' 대신 '포탈', '이마트' 대신 '쿠팡' 식의 단순 비즈니스 모델 변혁이나 온라인 소프트웨어화 외에도 탄소를 배출하는 모든 종류의 원료, 재료, 자재의 대체 작업과 관련 공정의 혁파가 필수 조건으로 추가되어야 하는 것이다.

이는 지금 모든 기업에 도입된 ERP[*]가 성공하기 이전에 그 전신이라고 할 수 있는 웹EDI(Electronic Data Interchange) 초기 도입 시 90% 이상 실패했는데, 이의 해결은 오프라인 프로세스(비즈니스 프로세스)의 리엔지니어링부터 적용하고 나서야 비로소 가능해졌던 것처럼 말이다.

AI 시대가 오면서, 여기에 핵심 반도체를 공급 중인 NVIDIA가 애플을 바짝 추격하며 시가총액 4,000조 원을 넘어가고 있고, 모든 산업의 Digital Transformation, 현실 세계의 공장을 통째로 가상화시키는 Digital Twin이 더욱 화두가 되고 있다. 하지만 기후위기가 심해지면 인류 문명의 급격한 퇴보는 물론 AI 발전 자체가 실패할 수도 있으므로 기후위기에 빠르고 효과적인 대처가 기존 산업 공정 안에 필수적으로 필요한 것이다. 즉, 기존 모든 산업에 존재하는 이산화탄소 배출 노드나 공정은 모두 Industrial Re-engineering 되어야 하는 것이다.

불소가스[••] 하나만 보더라도, 이산화탄소 이상으로 얼마나 큰 해악을 끼치고 있는가? 불소가스는 냉매, 반도체 소재, 2차 전지 소재 등의 원료, 반도체 및 전자 부품의 식각 공정, 자동차 부품 및 기계 부품의 식각 공정, 전자회로, 전구, LCD 에칭 등 현대인의 생활에 필수적인 재료이다. 하지만 기후위기의 심각한 해악으로 볼 때, 대체제 연구 노력과 이를 위한 새로운 공정 준비가 시급한 실정이다.

기후위기 문제를 풀어나가는 원리를 점점 모든 산업에 확산시켜

• 기업 전사적 관리 소프트웨어. Enterprise Resource Planner.

•• 불소는 지구 온난화를 초래하는 대표적인 온실가스이다. 특히 불소가스의 일종인 육불화황(SF₆)은 이산화탄소보다 지구 온난화 잠재력이 2만 5,200배 높고, 최대 대기 체류 기간이 3,200년이나 돼 지구 온난화에 치명적이다.

나갈 것으로 본다. 기존 기업은 물론 많은 일반 시민에게까지 새로운 경제적 기회가 생겨날 것으로 보는 것이다. 한국 전쟁 이후 폐허가 된 땅에서 더 큰 경제적 기회로 현재의 한국 경제가 이루어진 것처럼 말이다. 이런 위기를 기회로 선용하여 누구나 참여 가능하고 스마트하게 기존 산업의 리엔지니어링에 도움이 되도록 유명한 혁신 및 신제품 개발 방법론을 살펴본다. MIT Malone 교수의 Virtual Transformation, 필자의 Social Process Re-engineering, 창업 Design Thinking, 김위찬 교수의 블루오션 전략을 종합적으로 알아본다.

AI로 일자리 소멸 위기, 3포 세대로 촉발된 인구 소멸 위기
대응은 신자급자족주의 삶의 방식

다음으로, 인공지능 시대의 일자리의 소멸 문제를 짚어 보자. 한국은 현재 주거 문제 등 경제적 이유에 의한 독거노인 자살률이 1위이고, 스웨덴은 한때 복지국가 1위로서 자살률이 1위였다. 하는 일 없이 월급이 또박또박 나오다 보니 너무나 편해 삶의 의미를 잃은 채 방황하는 사람이 많았다는 것이다. 기본소득이 보장된다고 하더라도, 사람이 자신에게 맞는 의미 있고 재미있는 일을 하며 성취감과 행복을 느낄 수 있는 권리를 보장받아야 한다. 하지만 가장 이상적인 삶은 성군 시대의 가내수공업자들이나 자영농들처럼 자주적으로 살아가는 것이다. 그리고 현대에 맞게 스마트하고 편리하게 살아갈 수 있다면 좋을 것이다. 주기적으로 찾아오는 불황, 고물가, 고금리 등의 경제 상태를 맞이할 필요 없이, 취업이나 창업의 걱정 없이도 살아갈 수 있는 스마트 자급자족이라는 새로운 형식의 삶의 방법론을 살펴보도록 하자.

첫 번째 부딪히는 기후위기에 대한 대응 방법론은 탄소 배출이 최소화가 되도록 하는 기존 산업의 프로세스 리엔지니어링이다. 두 번째는 AI에 의한 일자리 위기에 대한 대응 방법론인 신자급자족이다. 그 결론에 도달하기 위한 여정을 함께 떠나보고자 한다. 지금은 상당 부분 잃어버렸지만, 산업혁명 이전 상태의 큰 장점들, 신석기 시대 때부터 있었던 큰 장점들부터 짚어 보아야 한다.

"현재의 기술이나 제도를 이해하거나 현재의 상태를 혁신할 수 있는 최고의 힌트는 해당 기술이나 제도가 최초로 발명되던 원점으로 돌아가서 공부하는 게 가장 효과적이다." 이는 2년간 독학을 통해 엔진을 빼고는 모든 전기와 구동 장치, 부품과 차체까지 해외의 지프 자동차와 똑같이 만든 한국의 서양화가 출신 자동차 메이커*에 말이다. 원점으로부터의 산업 프로세스 리엔지니어링 개념을 잘 설명했다.

현재의 기후위기를 일으키는 대부분의 원료나 제품들, 그 제품들의 생산 방식은 최초 생산 시기로 돌아가 보면, 왜 그러한 원료를 택하고 왜 그러한 방식을 택했는지 그 사회적 배경과 함께 이해될 것이다. 그에 따라 가능한 대안 원료 혹은 대안 생산 방식에 대한 논의

* 현대자동차와 협업하고, 삼성자동차박물관 내 백투더퓨처 자동차도 100% 재현 작업한 장본인이다.

가 가능해진다. 동시에 이윤 극대화가 아닌, 기후위기 최소화라는 새로운 기준으로, 그 대안 원료와 대안 생산 방식에 대해 논의할 수 있을 것이다. 심지어 그 생산을 수행하는 조직이나 팀의 모양도 혁신해야 한다. 그 조직이 존재하는 땅이나 건물에 대한 소유 형태까지 혁신 대상일지도 모른다. 건물주, 전세·월세 및 회사 조직, 월급 사회라는 삶의 방식 역시, 현재의 모습을 유발하거나 지금의 토대를 이룬 최초 생성 시기로 돌아가 보면, 왜 그러한 제도와 방식을 취하게 되었는지 이해가 될 것이다. 이에 따른 대안 제도와 방식에 대한 논의도 가능하다.

1부에서는 현재 시가총액 기준 전 세계 산업을 압도적으로 리드하고 있는 기업들이 주로 다루는 소재들로, 정보와 개인 콘텐츠에 대한 심층 이해를 거치게 된다. 4차 산업혁명 역시 이러한 정보와 지식, 디지털 콘텐츠 등의 빅데이터에 기반하고 있으며, 이들을 저장하고 가공하는 클라우드 사업이 아마존, 마이크로소프트, 구글 매출의 상당 부분을 차지하고 있다. 이를 통해 현재의 AI가 있기까지의 이해와 더불어 산업 프로세스 리엔지니어링에 대한 깊은 이해가 가능할 것으로 본다. 현재 전 세계 시가총액 1,500조~4,000조 원 규모의 1위에서 7위까지 기업은 사우디 아람코(국영 석유기업)를 제외하면 모두 ICT(Information and Communication Technology, 정보 통신 기술) 기업이다. 마이크로소프트와 애플, NVIDIA, 구글, 아마존, 페이스북 등이 대표적이다.

지난해 카이스트 창업원의 재학생에 대한 설문조사 결과에 따르면, 여러 창업 분야 중 희망 창업 분야의 압도적 1위는 ICT 창업이었다. 위의 시총 상위 기업들을 보면, 사우디 국영기업인 아람코를 빼고는 물려받은 자원이나 자본 하나 없이 모두 젊은 스타트업으로 창업하여 현재에 이른 것이다. 아람코는 석유 최대 기업으로, 현재 이산화탄소 배출 주범 기업이어서, 이산화탄소 제거 및 재활용 등 재생에너지 분야에 엄청난 투자를 하고 있다. 석유기업인 아람코는 늦어도 10년 안에는 급격히 시총 10위 밖으로 밀려날 가능성이 매우 높다. 만약 상위 그룹에 여전히 남아 있다면, 기후위기를 해결하는 벤처나 재생에너지 분야에 대한 투자 기업일 가능성이 높다.

즉, 현재 모든 산업이 ICT화하고 있는 만큼 원자격인 정보, 지식, 디지털 콘텐츠에 대한 이해가 선결되어야 하는 이유다.

2부는 산업 프로세스 리엔지니어링을 잘 이해하고 어느 산업에든 적용해 갈 수 있도록 기존의 유명한 신제품 혁신 방법인 블루오션 전략은 물론 필자가 자주 활용하는 Virtual Transformation, Social Process Re-engineering, 그리고 창업 디자인 씽킹을 배우게 될 것이다. 페이스북과 싸이월드, 아이폰의 효시라 불리는 iPod가 어떻게 Virtual Transformation, Social Process Re-engineering 방식으로 고안되었는지 등의 원리를 확인할 수 있다.

이러한 스티브 잡스 방식의 성공 방정식을 정리한 다음, 누구나 직접 해 보는 디자인 씽킹에 대해 알아 본다. 또 창업 디자인 씽킹의 단계에서 셀프 프로토타이핑이 필수인데, 이때 그 깊이를 더해 갈수록 셀프 프로토타이핑이 어느 정도 수준까지 발전되는지를 4차 산업혁명의 풀뿌리 진원지라 불리었던 '메이커 운동'을 통해 살펴본다.

메이커 방식에 의하면, 주택건축비용이 1/10까지 절약되고 동시에 자연환경 보호까지 할 수 있음을 보게 된다. 대기업에서는 수천 명이 수천억 원을 들여 6년간 첫 자동차 생산을 할 수 있는 대신, 산업 프로세스 리엔지니어링에 의하면, 적은 인원의 메이커들이 1억 원대로 1~2년 만에 첫 자동차를 생산할 수 있다.

더불어 신제품 개발 때 동반되는 수익모델의 혁신이 어떻게 새롭게 정의될 수 있는지에 대한 방법론도 알아본다. 실례로 우리에게 익숙한 음악 산업이나 영화 산업으로 연습해 볼 것이다.

3부는 빠른 속도로 달려오고 있는 AI, 로봇 시대에 일자리 문제에 대한 대응과 취업·창업 없이도 천부인권을 누리며 자주적으로 협력하며 살아가는 방안으로 스마트 자급자족 부분을 살펴보게 된다. 3부는, 기술적으로는 1부의 정보기술과 2부의 산업 프로세스 리엔지니어링 개념의 동시 활용에 의한 스마트 자급자족이고, 철학적으로는 신자급자족주의라고 부를 수 있다.

첫 사례는 미국의 초기 자본주의가 활성화될 때 집 없고 은행 빚에 의존하여 살아가는 평균적인 도시 근로자의 삶에 문제의식을 가졌던 한 미국인의 이야기다. 그는 미국 시골로 혼자 들어가서 자급자족의 삶을 2년 동안 실험하면서, 자연 기반의 자급자족의 삶이 생활비용 상 더 유리하다는 결론을 낸 인물이다.

현재 한국의 평균 도시 근로자의 삶의 비용을 시뮬레이션해 보니, 역시 풍족한 의식주의 삶을 영위하기에는 불가능한 구조에 갇혀 있다는 것을 확인하며, 창업 디자인 씽킹과 메이킹 방식으로 삶의 영위 방식이 어떻게 달라질 수 있는지를 전망한다. 이같은 신자급자족 기반의 사회가 되면 정치, 경제, 교육, 사회문화, 병의원과 건강증진 방식이 어떻게 바뀌는지를 살펴본다. 취업이나 고정 수입 없이도 기본적인 의식주를 풍성하게 누리며, 그 기반 위에서 자연과 어울려 인간의 창의와 기쁨을 배가해 갈 수 있는 삶의 원리를 함께 나눠보고자 하는 것이다. 이렇게 되면 자신의 후대에게까지 이러한 삶의 환경을 물려주고 싶을 것이므로 자연스럽게 인구 절벽의 문제도 사라지게 될 것이다.

1부

디지털 전환(DX) 시대

디지털의 기초,
정보와 개인 콘텐츠의 정체부터 먼저 알자

1장

동질적(Homogeneous) **콘텐츠**
vs.
이질적(Heterogeneous) **콘텐츠**

＊

1
웹 서비스의 시대적 구분과 개인 콘텐츠의 출현

1990년대 시작된 웹 서비스 역사는 콘텐츠 서비스와 관련지어 발전 시기를 구분할 수 있다.

웹 1.0은 온라인 포털의 시대로 기존 매스미디어 콘텐츠를 디지털로 변환해 전송하던 때이다.

웹 2.0 시기엔 일부 개인이 생산한 콘텐츠를 인터넷에 공유하기 시작했다.

웹 3.0에 들어서면서 모든 개인이 각자의 삶에서 우러나온 콘텐츠를 인터넷에 공유했다.

웹 2.0부터 시작된 개인 콘텐츠는 동질적(Homogeneous) 콘텐츠와 이질적(Heterogeneous) 콘텐츠로 나눌 수 있다. 동질적 콘텐츠가 보다 많은 사람에게 관심을 유발하는 콘텐츠라면, 이질적 콘텐츠는 자신 주변의 소셜 네트워크 안에서만 관심을 불러일으키는 콘텐츠로 이해하면 편할 것 같다. 웹 1.0 시기의 콘텐츠는 주로 뉴스나 연예계 소식처럼 처음부터 많은 사람의 관심을 끌기 위해 생산된 것이어서 대부분 동질적 콘텐츠로 분류해도 무방할 것이다.

누구나 자기만의 소셜 네트워크가 존재하기 때문에 페이스북은 각자의 이질적 콘텐츠를 생산하는 30억 명의 사용자를 갖고 있는 반면, 트위터(현재의 X)는 리트윗(retweet)을 바라는 다소 동질적 콘텐츠를 생산하는 약 3억 명의 사용자만 갖고 있다.[1] 개인이 생산한 이질적 콘텐츠가 가끔은 자신도 모르게 세상 사람들이 엄청나게 보고 좋아하게 되는 동질적 콘텐츠로 변신하는 경우도 있다. 이를 노린 것이 자신의 팔로우 숫자를 중시하는 인스타그램, 유튜브, 틱톡이다.

이제는 모든 것이 디지털로 향하고 있다. 그래서 디지털 트랜스포메이션(Digital Transformation)이란 신조어가 유행이다. 아직 세상은 그 방향으로 진행 중이다. 인공지능, 로봇, 자율주행, 엔비디아(NVIDIA), 쿠팡, 알리 익스프레스, 인공지능 대중화의 대명사 챗GPT(ChatGPT) 등 모든 게 정보와 데이터에 기반한다. 주식 시가총액 1,000조 원을 넘어선 페이스북이나 국내 최고의 IT 기업인 네이버, 카카오톡은 말할 것도 없다. 소프트웨어 기업이든 굴뚝 기업이든 모든 업종은 디지털로 향하거나 디지털 속으로 빨려 가고 있다. 그러면 그 원자에 해당하는 정보, 데이터, 지식, 콘텐츠에 대한 정체를 살펴볼 필요가 있지 않을까?

위에 잠깐 소개했지만, 웹 3.0이라는 말을 들어보았을 것이다. 웹 2.0은? 그렇다면 웹 1.0은? 코로나 시즌에 메타버스와 블록체인이 뜨겁게 흥행하면서 웹 3.0에 대한 용어도 부활하며 다소 다른 의미

1 주식 시가총액 약 1,500조 원의 페이스북 vs. 58조 원의 트위터(현재의 X)

로 사용되었다. 그러나 현재는 그 기대가 싸늘해진 만큼 원래 의미를 소개하는 것이 타당하다. 본래의 국내외 정의는 다음과 같다.

2
웹 1.0 서비스 – 지면 콘텐츠의 디지털화

웹 1.0 시절의 서비스들은, 기존의 매스미디어 매체였던 뉴스, 잡지 등의 아날로그 콘텐츠를 디지털화하여 더 빠르고 값싸게 대중에게 도달하는 힘으로 사용자를 모을 수 있었다. 그 당시에는 신문이

웹 서비스의 시대적 구분

	웹 1.0	웹 2.0	웹 3.0
주요 시대	1990년대 말~ 2000년대 초	2000년대 초~ 2003년	2003년~ 현재
주요 서비스	yahoo, 다음, lycos, nate, naver 등 포털 사이트	del.icio.us, flickr, jumpcut, 초기 youtube, 지식인	facebook, 트위터, instagram, Quora, 후기 youtube, 틱톡
공유 방향/ 구조	운영자가 가공, 필터링 후 콘텐츠 소비자에게 일방향 송출	운영자는 플랫폼만 제공하고, 일부 사용자들끼리 각자의 콘텐츠 공유/소비	네트워크, 팔로워, 태그, 초대 등에 의한 모든 사용자 간 연결 구조
주요 취급 콘텐츠	뉴스, 연예, 엔터테인먼트, 백과사전 및 전문가 지식	프로페셔널한 멋진 사진, 상당히 웃긴· 멋진 영상, 보편적으로 도움이 될 사용자 지식	가족사진, 세부적으로 쪼개진 관심사 관련 사진·영상, 세부 관심 정보

나 잡지를 많은 사람이 돈을 주고 사거나 정기 구독을 습관처럼 해 왔다. 웹 1.0의 전형적인 비즈니스 모델이었던 포털 서비스들이[2] 이러한 정보를 무료로, 게다가 끊임없는 링크 클릭을 통하여 더 자세한 세부 정보에 언제 어디서든 접근할 수 있었으니 대중이 몰려드는 것은 당연했다. 다만 포털들은 누가 더 많은 투자를 더 빨리 받아서, 오프라인 상의 아날로그 정보를 얼마나 빠르게 디지털 콘텐츠로 전환하고 막대한 광고비와 서버비를 지출하여 회원을 모으는가와 같은 브랜드 선점의 치열한 경쟁을 벌여야 했다.

이 당시 미국 이외의 나라에서는 인터넷이 아직 대중화되지 않았던 때라 세계 최초의 성공 포털이었던 미국의 야후는 전 세계적으로 빠르게 확장했다. 한국 역시 야후 코리아가 압도적인 1위를 하고 있었으며, 후발 주자로서 수많은 포털이 등장하였다.[3]

당시 국내 포털 시장은 전국시대를 방불케 했다. 네이버와 다음(Daum)은 물론 이들의 강력한 대항마였던 미국의 라이코스, 토종 검색엔진을 장착한 후발 업체인 엠파스, 이보다 먼저 태어난 토종 심마니 등이 각축전을 벌였다. 이렇다 보니 네이버는 포털에서 처음엔 10위권 내외에 머물렀다. 비교적 초기부터 큰 투자 자금을 확보한 네이버였지만 트래픽이 크지 못하였다. 후발 주자인 엠파스는 뛰어

---

2 야후, 네이버, 다음 외에도 여러 이름의 국내외 중소 포털들이 존재했다.
3 참고로, 필자는 이때 싸이월드를 군대 고참인 정영식 씨와 함께 갓 창업하였다. 홈페이지 서문에 "신뢰 기반의 정보 공유 네트워크"라는 철학을 써 놓고 볼품없이 운영 중이었는데, 이를 높게 평가해 주었는지 당시 야후 코리아의 염진섭 사장께서 전문 헤드헌팅사를 통하여 필자를 스카우트하려 했다. 필자는 당시에 한국이라는 인터넷 변방에 무명의 일개 박사 과정 학생이었던 탓에 미국 야후 본사 심의에서 거절 의사를 전해 왔다. 이때 만약 필자가 야후 코리아 CIO로 가게 되었다면 한국의 싸이월드는 투자받기 전 걸음마 단계였기 때문에 조기에 문을 닫을 수 있었을지도 모르겠다.

난 토종 검색 기술로 네이버를 바짝 추격하였다. 한편, 게임 포털인 한게임은 트래픽이 많이 몰렸지만, 서버 운용 자금이 부족할 정도로 투자를 제대로 받지 못했다. 네이버가 이런 한게임을 합병하면서 트래픽은 단숨에 뛰어올랐다. 그러나 네이버는 엠파스의 검색엔진 제공자였던 외부 전문 팀의 업그레이드된 기술을 확보하기 위하여 자사 주식을 값싸게 팔아야 했다. 다음(Daum)은 이 당시 미국의 핫메일을 벤치마킹한 한메일로 국내 웹메일 1위를 차지하며 그 트래픽을 기반으로 웹 게시판 커뮤니티인 다음 카페로 국내 커뮤니티 1위를 달성하기도 하였다.

3
웹 2.0 서비스 – 사용자 간 콘텐츠 공유 시대

이제 웹 2.0의 포문을 연 최초의 웹 2.0 서비스로 일컬어지는 딜리셔스(del.icio.us)와 점프컷(jumpcut)을 살펴보자. 이 당시 인터넷 브라우저를 사용하여 인터넷 서핑을 하였는데, 이때는 구글과 같이 강력한 검색엔진이 일반화되기 이전이었기 때문에 사람들은 대부분 인터넷 서핑으로 마음에 드는 사이트를 발견하면 북마크를 하는 게 일상이었다. 딜리셔스는 사용자들이 각자의 브라우저에 북마크를 해둔 북마크 목록을 공유하는 서비스였다. 다소 민감할 수도 있는 각자의 북마크 정보를 공유한다니? 그렇다. 공유자의 이름이나 정체는 모르게 하는 대신, 각자의 북마크 리스트를 대조하여 중첩이 많이 되는 사이트들은 랭킹이 올라가고, 동시에 나와 동일한 취향을 보이는 사용자들의 북마크 중에서, 내가 안 가본 사이트들을 추천도 해 주는 식이었다.[4] 점프컷은 동영상 공유 사이트로서, 유튜브보다 먼저 탄생하여 조금 유명해질 즈음에 바로 야후에 인수되었다. 이 역시 유튜브처럼 개인들의 영상을 업로드하고 약간의 온라인 편집을 가능하게 해 주면서 사용자 영상을 공유하는 시대를 연 것이다. 당시 야후 비디오 코너는 동질적 콘텐츠 성격이 강한 영상 콘텐츠를 이미 많이 확보한 상태였으므로, 점프컷 인수를 통해 온라인에서 다른 사용자들이 영상을 손쉽게 편집하고 합칠 수 있도록 하여 야후의 영상 활성화를 꾀했다.

사용자 간 사진 공유에서는 플리커(flickr)가 급성장하며 야후에 인수되었고, 바로 연이어 마이스페이스를 인수했던 뉴스 코퍼레이션(News Corporation)에 인수된 사진 공유 서비스 포터버켓(photobucket) 역시 폭발적으로 성장했다. 하지만 이때의 사진 공유 서비스는 평균적인 일반인의 참여보다는 주로 아마추어나 프로 사진사들이 서로 사진을 공유하며 칭찬도 해 주고, 상호 간에 영감을 제공하거나 자료 활용을 위해 다운로드를 해 가는 곳이었다. 물론, 일반인들은 업로드보다는 주로 구경이나 다운로드를 위해 방문했다. 그 외에도 사용자 간 공유라는 구조로 다양한 카테고리 안에서 새로운 서비스들이 선보였는데, 그중 하나가 현재의 최강 영상 플랫폼인 유튜브다. 유튜브

---

4 당시 최대 포털이었던 미국 야후가 일찍이 이 딜리셔스를 인수해서 유명해졌는데, 최근에는 유튜브 공동 창업자가 딜리셔스를 재인수하여 다시 한번 유명세를 탔다.

도 탄생 후 얼마 안 되어 1조 원 이상의 가격으로 구글에 인수되어 현재는 구글에 그 이상의 가치를 가져다주는 것은 잘 알려진 사실이다.[5]

한국은 물론 해외 인터넷 발전 역사에서 네이버의 지식인[6] 이야기를 빼놓을 수 없다. 네이버 지식인은 글로벌 시장과 무관하게 한국에서 한겨레 신문사 계열의 사이트였던 엑스퍼트(expert)라는 사이트를 모방하여 개선한 후, 네이버의 강력한 트래픽에 기반한 검색서비스와 시너지가 나도록 설계함으로써, expert 사이트가 못 해낸 것을 성공시켰다. 사용자 간 공유 구조로 질의와 응답이 일어나는 형태이긴 하지만 초기에는 수많은 알바 군단을 동원하여 전날 밤 9시 뉴스에 떠오른 주요 키워드들을 중심으로 예상 질문에 대비한 다양한 답변을 해 놓고, 검색이나 질의에 대비해 놓는 비상한 수를 발휘하기도 하였다.

네이버 지식인은 글로벌 시장에서 웹 2.0 트렌드가 태동하기 이전에 먼저 시작되었으며, 수평적 구조의 공유보다는 질의에 따른 응답으로 이어지는 구조였다. 검색에 대응하는 콘텐츠 역할을 하는 이 서비스의 도입은 검색 콘텐츠 다양화와 양적 증대를 위한 네이버의 검색 포털 활성화 전략에 따른 것이었다. 차후, 네이버 지식인의 성공 사례는 야후 타이완에 의해 모방되고, 더 나아가서 현재 미국 최대 지식인 사이트인 쿼라(Quora) 창업자 애덤 디엔젤로(Adam D'Angelo)의 벤치마킹 대상이 되기도 했다.[7]

5 유튜브 단독의 매출이 네이버의 모든 서비스 매출을 합친 총매출보다 높다.
6 네이버 지식인 최초 기획자는 카이스트 경영과학과 출신의 최미정 씨이다.
7 페이스북 최초의 CTO로서 필자가 한국의 지식인 서비스를 자세히 설명해 준 바 있다.

4
웹 3.0 서비스 – 사용자 간 네트워크 기반의 공유 시대

웹 2.0 시대는 웹 1.0에 비하여 중앙집중식 콘텐츠 가공 및 일방향식 방출 구조가 아닌, 사용자 간 수평적 공유라는 새롭고도 혁신적인 구조를 태동시켰다. 동시에, 현재의 소셜미디어들의 대세인 웹 3.0과 비교해 보면, 웹 2.0 서비스들은 진정한 대중화를 이끌어내기에는 한계가 있었다. 웹 2.0 시절, 최대 사진 공유 사이트였던 플리커 역시 일반 대중이 매일같이 들어가서 사진을 공유/업로드하는 행태는 갖고 있지 못하였다. 점프컷이나 초기의 유튜브 역시 마찬가지였다. 북마크 공유 사이트 딜리셔스는 회원이 20만 명쯤일 때 야후에 인수되었다. 네이버 지식인도 범국민적 참여와 활성화까지는 가지 못하였다. 플리커나 유튜브 모두 매일 같이 들어가서 여러 번 사진이나 영상을 공유하기에는 인터넷 속도도 느렸고, 그에 상응하는 업로드 UX(User Experience)도 개발되지 못한 상태였다. 모바일이라는 스마트폰 디바이스도 없던 시절이었다. 1분짜리 영상을 업로드하면 몇십 분을 기다리며 창을 닫지도 못하는 상황에서의 UX가 어땠는지 상상해 보라. 반면 지금 같은 초고속망 시대에 틱톡이나 유튜브 쇼츠(shorts)에서 업로드할 때의 UX와 비교해 보면 쉽게 이해가 될 것이다. 틱톡은 초기에는 스마트폰 전용으로 나오고 온라인 웹 서비스는 뒤늦게 출시한 것은 물론, 현재도 집중관리를 하지 않는다. 이는 단순히 속도, UI(User Interface), 모바일 디바이스 구비 여부만의 문제는 아니었다. 그렇다, 바로 사용자가 사용자를 불러들이는 구조의 참여 활성화 프레임이 마련되었는가하는 즉 전 국민적, 전 인류적 참여 이유와 동선을 제공하는가의 문제다. 물론 2009년 이후에는 휴대용 디바이스인 스마트폰의 역할도 컸다.

한국에서는 싸이월드가 포털 시대에 너무 일찍 이미 웹 3.0 구조의 서비스를 시작하는 바람에 오랜 시간 힘이 더 든 것도 사실이지만, 미국은 이 시절 식스디그리즈닷컴(SixDegrees.com · 전 세계가 6명을 건너뛰면 연결된다는 것을 증명하기 위한 지인 간 e메일 전송 소셜 네트워크), 프렌즈터(Friendster · 이성 친구 소개를 위한 소개팅 네트워크), 마이스페이스(MySpace · 고등학교 금요 파티 문화 중심의 로컬 오픈 소셜 네트워크), 트라이브닷넷(tribe.net) 등 지엽적 목적의 소셜 네트워크 사이트들이 어느 정도 흥행을 한 바 있다.

페이스북은 조금 늦은 2003년도에 은밀하게 하버드생만 가입 가능한 서비스로 시작하여 8개 아이비리그 학생만 가입할 수 있도록 확장하였고 이후 전국의 대학생들을 잡은 다음 단계적으로 전 세계 직장인들에게 개방해 갔다. 이 당시는 이미 마이스페이스가 미국의 1위 소셜 네트워크 서비스였기 때문에 후발 주자로서, 기득권자의 큰 시장이 아닌 아직 지배되지 않은 매우 작은 시장의 100% 점령 전략이라는, 아주 지혜로운 확산 전략을 택한 셈이다.

싸이월드를 한국에서 대부분 국민이 사용하게 된 것은 SKT 인수 뒤인 2006년 전후였고, 페이스북 역시 미국인은 물론 글로벌 인구의 상당수가 열심히 사용하게 된 때는 2008년 전후다. 이후 페이스북 인앱인 소셜 게임 및 스마트폰으로 인해 페이스북은 폭발적인 글로벌 성장을 맞이하게 된다. 한국이나 미국 모두 공통적으로 오프라인 인구의 50% 이상이 인터넷에 접속하기 시작한 해부터 소셜 네트워크 서비스 역시 폭발적인 성장을 했다는 것이다. 페이스북이 성장하던 시대에 트위터가 태동하고 함께 급성장한 것 역시 사실이다. 페이스북이 포화상태로 다가가던 즈음에 성장 속도가 더 빠른 신예 모바일 인스타그램이 출몰하였고, 이에 위기감을 느낀 페이스북 창업자 마크 저커버그는 발 빠르게 인스타그램을 1조 원대의 가격으로 인수한다. 스마트폰 시대에 접어들어서는 2014년, 페이스북은 왓츠앱(whatsapp) 역시 약 20조 원에 인수하게 된다.

페이스북, 싸이월드

그렇다, 웹 3.0의 가장 큰 특징은 웹 2.0이 포문을 연 사용자 간 수평적 공유를 일반 생활 속으로 깊이 끌어들이며 평균적 국민, 평균적 인류라면 누구나 가입하고 매일 같이 그 서비스를 사용하게 되었다는 점이다. 이를 가능하게 한 것은 다름 아닌 '소셜 네트워크'와 여기에 궁합이 딱 맞는 '이질적(heterogeneous) 콘텐츠'의 활용 덕분이다. 사람은 누구나 자신만의 소셜 네트워크(1촌·2촌·3촌 등)가 존재하고, 그 소셜 네트워크 안에서만 향유하는 불가침의 콘텐츠인 가족 사진이나 관혼상제 정보는 물론 가족 여행, 육아 관련 일상 등 무수한 콘텐츠가 존재한다. 이러한 사회관계망 속의 오프라인 활동상을 디지털 미디어로 포착하고 저장하고 공유하면서 개인 콘텐츠화가 된 것이다. 특히, 누구나 생산하고 향유한다는 면에서 동질적 (homogeneous) 콘텐츠 대비 이질적(heterogeneous) 콘텐츠라고 한다. 따라서, 싸이월드나 페이스북은 이러한 이질적 콘텐츠인 가족 사진, 육아 영상 등을 공유하기에 최적인 곳이었다. 그리고 인터넷에 접속하는 사람이라면 누구나 페이스북을 사용할 이유가 있기 때문에 회원 수가 30억 명을 넘어서게 된 것이다.[8]

트위터(현재의 X), 인스타그램

또 하나의 대표적 웹 3.0 서비스로 분류되는 트위터(현재의 X)를 한번 살펴보자. 트위터는 리트윗과 팔로워라는 정보 공유 네트워크 기능에 충실한 장치를 장착하고 출발하였다. 하지만 개인이 생산하는 개인 콘텐츠이긴 하지만, 동질적(homogeneous · 대중향, 혹은 일정 범위 내에서라면 누구나 공통적으로 좋아할 만한) 콘텐츠를 지향한다. 지극히 개인적인 의견이나 생각, 주관적 취향의 정보임에도 이에 공감한 다른 사용자가 리트윗하며 유사 성향자나 관심자에게 또 다른 리트윗을 통해 퍼져 나가면서, 그 콘텐츠가 폭넓고 빠르게 퍼져 나갈 수 있다는 점에서 페이스북과 차이가 있다. 다양한 세계적 이슈에 대한 일론 머스크(Elon Musk)의 짧은 순간적인 반응이나 멘트, 이러한 것들은 일론 머스크의 관점에서는 지극히 개인적이고 주관적인 것이지만 그를 팔로우하는 팔로워들이 동질적인 가치를 갖고 리트윗하

---

8 언제부터인가 페이스북 사용률이 점점 떨어진 것은, 페이스북에 소셜 네트워크 철학의 정확한 적용 부족에 따른 사용자 간 피로감 증대로 인한 것으로 이는 별도의 이슈다. 그래도 인류 역사상 가장 많은 회원 수를 확보한 단일의 글로벌 플랫폼이 되었음은 사실이다.

여 전 세계로 빠르게 퍼져 나갈 수 있는 것이다. 트위터 이후 이미지 공유에 중점을 두고 리트윗 대신 태그 검색 및 팔로잉 장치를 강화하여 인기를 끌게 된 것이 인스타그램이다. 트위터는 포워딩(전달) 네트워크 구조라면, 인스타그램은 태그 검색에 의한 마이크로 관심사 기반의 사진 공유 커뮤니티 구조인 것이다. 트위터는 140자 이내의 텍스트 입력만 허용했고, 초기에는 이미지 기능도 없었다. 오로지 리트윗과 팔로워 기능만 존재했다. 그리고 인스타그램은, 페이스북이 지인 간 사진 콘텐츠 공유에 있어 생길 수 있는 자랑, 시기, 질투 등을 포함한 소셜 스트레스에 대한 대응을 제대로 하지 못할 즈음에 출현했고, 대안적 미디어에 대한 깊은 대중적 갈망이 있었기 때문에 비교적 조기에 인기를 끌 수 있었다.

5
콘텐츠 차이에 따른 기능 차이

한편, 페이스북, 트위터, 인스타그램, 후기 유튜브 등은 서비스 구조상 수평적 공유 구조이긴 하나, 콘텐츠 종류(이질적 또는 동질적)에 따라 주요 기능이 다르다. 친구와 친구가 많이 연결될 수록 페이스북의 사용 가치는 올라가고, 트위터나 인스타그램, 유튜브 역시 구독자나 팔로워가 많아져야 서비스 사용 가치도 높아지고 콘텐츠 업로드 유인도 강력해지는 것이다. 마치 엄마 새가 먹이를 물어다 주기를 기다리고 있는 새끼들이 많을수록 더 부지런히 먹이를 구해다가 주는 상황처럼 말이다. 하지만, 인스타그램은 태그 검색이 더욱 중요할 터이다. 그리고 페이스북의 경우, 무분별한 1촌 수 증대 장려 정책은 이질적 콘텐츠의 종류와 양을 제한시키는 결과를 낳을 것이다. 자신의 아기 사진을 만난 적도 없거나 이제 갓 만난 1촌에게 마구 공유할 수는 없으니 말이다.

다소 혼동될 수 있으니, 이질적(heterogeneous) 콘텐츠와 동질적(homogeneous)에 대해 다시 한번 정리해 보자, 이제 페이스북에서 환영받는 콘텐츠와 인스타그램, 유튜브, 트위터에서 환영받는 콘텐츠를 구분해 보자.

콘텐츠 특성 차이의 명확한 인식을 위해 초기 활성화 시절로 돌아가 보자. 페이스북이나 싸이월드는 아는 친구들만 초대하는 곳이었고, 따라서 이곳에는 정치 뉴스나 연예인 관련 콘텐츠를 올리는 것보다는, 친구들만 아는 애인·가족·아기 사진을 올리면 더욱 환영받는 곳이었다. 오히려 친한 지인이나 가족·친척 사이에 정치 이야기를 하지 말라는 금언도 있다. 연예인도 누구냐에 따라 친구 간에도 호불호가 갈린다. 반면, 인스타그램, 유튜브, 트위터는 팔로워 기능이나 구독자 기능을 생각해 본다면, 연예인 셀럽이나 기업 및 스포츠 스타 혹은 정치인들이 팬을 모으고 관리하기 아주 좋은 구조다. 규모에 따른 상대적인 차이가 있지만, 결국 자신의 취향이나 철학에 동조해 주는 관심사가 유사한 회원이나 팬을 모으고 관리하기 좋다. 트위터의 경우, 추가적으로 리트윗을 통하여 빠르게 정보나 소식을 확산하기에도 뛰어난 서비스이다. 그래서, 트위터, 인스타그램, 유튜브 등은 페이스북, 싸이월드에 비해 연예인, 빅뉴스, 정치, 경제 관련 이슈를 올려서 관심사가 유사한 사람을 모으기에 좋고, 트위터의 경우 정보를 빠르게 전달하기에 좋은 것이다.

여기서 가족 사진, 연인 사진, 자신의 아이 사진 같은 것은 누구나 가질 수 있는 이질적(heterogeneous) 콘텐츠로 분류된다. 반면, 뉴스, 연예, 스포츠, 정치, 경제, 특정 관심사 등 최소 일정 그룹 이상의 사람들에게 인기 있거나 관심을 끌 만한 콘텐츠로, 모든 사람이 생산해 내기는 힘들고 대중은 주로 소비하는 것들은 동질적(homogeneous) 콘텐츠로 분류한다. 인플루언서가 생산하는 콘텐츠 역시 자신의 팬들에게는 동질적(homogeneous)이다. 다만 이걸 의식하지 않고 무심코 올린 것이라면 이질적(heterogeneous) 콘텐츠일 가능성이 크다. 이것이 우연히 뜨게 된다면 어떤 이유가 있었던 것이고 그렇게 되면 이는 동질적(homogeneous) 콘텐츠로 변하게 된다. 유튜브 초창기에 평범한 개인의 아기 영상이나 강아지 영상이 너무 웃겨서 여기저기로 지인들 간에 e메일 포워딩 형태로 퍼지면서 1억 뷰 이상의 조회 수가 나오는 경우가 제법 있었다. 이런 것도 개인의 이질적 콘텐츠가 동질적 콘텐츠로 변화된 사례이다.

그래서 한때 페이스북이나 싸이월드가 활황이었을 때, 개인 사용자들은 누가 뭐라고 안 해도 저마다 스스로 열심히 수시로 가족 사진, 여행 사진, 맛집 사진 등을 올렸고 그러면 잘 아는 친구들이나 친척들이 덕담과 덧글(댓글)이나 '좋아요' 반응을 해 주곤 하였다. 그래서 자신의 1촌이 수천 명씩 될 필요가 없었고, 기자들처럼 직업상

1촌이 많으면 모를까 대부분은 편한 지인들로 평균 150명 이하를 유지하고 있었다. 반면, 인스타그램, 유튜브, 트위터는 팔로워나 구독자가 수천만 명, 수억 명이 가능한 곳이고 팔로워가 많을수록 부러움을 사며 돈도 많이 벌 수 있는 곳이다. 그 많은 사람을 만족시키는 콘텐츠는 '동질적 만족감'을 주는 게 중요했던 것이다. 그러나 페이스북, 싸이월드의 경우 팔로워 기능이 불필요했고, 대신 1촌 기능이 필요했으며, 이 1촌 수 역시 150명을 넘어 많으면 많을수록 피곤해지는 곳이었다. 페이스북도 트위터 전성기 시절, 한때 팔로워 기능을 추가해서 운영해 본 적이 있었다. 하지만 이질적 콘텐츠를 주로 다뤄야 하는 페이스북에는 맞지 않고, 오히려 방해가 되는, 동질적 콘텐츠 활성화를 위한 기능이어서 금세 삭제되었다.

한국에서는 페이스북이 원래 취지대로 사용하도록 관리하는 데 실패한 탓에 기형적인 구조를 갖게 되었고, 이 때문에 인기가 오래 지속되기 더 힘들어진 면이 있다.[9] 영미권 최대 지식인 소셜 네트워크 쿼라(Quora)는 초기 관리와 문화 구축을 위해 철저하게 지인 네트워크로 초대를 받아야만 가입이 가능했던 반면, 한국의 페이스북은 이러한 정책을 유지하지 않았던 때로, 국내 언론들의 대서특필로 홍보된 나머지 지인 간의 초대가 아닌 각자의 단독 가입으로 사용자가 늘어났다. 이처럼 사람들이 초대 없이 혼자 가입하니 1촌이 없는 서비스로서 효용이 적을 수밖에 없었다.

---

9 실제 조사에서 미국의 페이스북 1촌의 90%가 face to face 지인인 반면, 한국에선 1촌의 90%가 한 번도 실제로 얼굴을 본 적이 없는 이른바 페친이라는 연구 결과가 있었다.

특히 이 당시 폭발적으로 인기를 끈 페이스북 안의 소셜 게임 때문에 한국인들이 무작위로 모르는 페이스북 회원들까지 상호 간에 1촌을 추가하게 되면서 더욱 기형적인 구조로 흘러가게 되었다. 한국에 페이스북이 소개되기 시작하던 당시에 필자의 주변 지인들도 (이질적 콘텐츠를 장려하는 기능으로 최적화된) 페이스북에 정치 기사나 경제 기사 등의 동질적 콘텐츠를 주로 올렸다. 일부는 이러한 뉴스 콘텐츠를 다른 사람들에게 더 많이 퍼 나르기 위해 페이스북의 전달/공유 기능을 사용하였다. 결국 한국의 페이스북은 트위터 역할을 하기에 이른다. 이런 탓인지 한국에서는 미국이나 일본에 비해 트위터가 성장하지 못했던 것으로 기억한다. 또 한편으로는 한국의 트위터에서는 '맞팔'[10] 이라는 한국만의 특이한 문화를 낳기도 하였다.

틱톡이 대단하다고는 하나, 아직도 유튜브 전성시대라고도 한다.[11] 유튜버로 성장하려면 자신만의 개인 콘텐츠를 갖고 있거나 개발해야 한다. 처음에는 자신만이 보유한 이질적(heterogeneous) 콘텐츠인 것이다. 어떻게 보면, 누구나 자신만의 독특한 콘텐츠를 갖고 있다. 자신만의 인생, 자신만의 스토리가 있게 마련이다. 문제는, 이를 표현하는 역량이나 시간이나 노력 부족이다. 여하튼 구독자가 늘며 대중적 인기를 끌수록 동질적(homogeneous) 콘텐츠화해 간다. 하지만, 유튜버의 콘텐츠는 초기 의도와 편성 예산상, 블록버스터 영화나 공영 뉴스처럼 처음부터 온전한 동질적(homogeneous) 콘텐츠로 기획된

10 상대가 나를 팔로우해 주면, 상대의 콘텐츠가 나에게 관심을 주는 것과 상관없이 인사 차원에서 팔로우해 주는 관행.
11 중국에서는 유튜브가 차단되기 때문에 그 역할을 대신하는 틱톡의 위력은 대단하다.

것은 아니다. 틱톡의 우수성은 바로 이러한 점을 공략했다는 것이다. 통계에 의하면 유튜브는 전체 시청자 대비 2%만 업로드 내지 콘텐츠 생산을 열심히 한다고 한다. 반면 틱톡은 전체 시청자 대비 60% 이상이 업로드 내지 콘텐츠 생산을 열심히 한다고 한다. 15초라는 짧은 숏폼(short-form)이라는 콘텐츠 형태와 스마트폰 모양의 영상 UX, 그리고 누구나 쉽게 따라 하기 좋은 립싱크·인싸 댄스나 유행 댄스와 같은 이질적 콘텐츠의 동질적 콘텐츠로의 빠른 변신이 가능한 카테고리를 초기에 공략함으로써 빠르게 확산할 수 있었다.

한국은 미국·일본에 비하면 트위터 활성화 정도가 턱없이 낮다. 필자는 이 원인을 크게 2가지로 본다. 첫 번째는 텍스트만 있는 경우, 이를 읽는 선호도가 떨어지기 때문이라고 생각한다. 두 번째는 앞서도 밝혔지만 트위터상 맞팔 내지는 페이스북의 트위터식 이용 현상으로, 이 때문에 한국에서는 트위터도 페이스북도 롱런하기 힘든 구조라고 판단한다. 페이스북은 기본적으로 이질적 콘텐츠를 위해 만들어졌고, 트위터는 비록 이질적 콘텐츠로 생산되었어도 금세 세계적으로 동질적 콘텐츠로 변모하기 좋은 마이크로 뉴스 혹은 개인 뉴스가 환영받고 가장 빨리 전달될 수 있는 네트워크 구조로 만들어졌다. 한마디로 전달이 무한히 될 수 있는 리트윗 네트워크이다. 예를 들어 바로 내 방에 지진이 일어났을 때 이 사실을 내가 전세계에 가장 멀리까지 퍼뜨리고 싶다면 트위터를 이용하면 그만이다. '여기에서 지진 났다!'라는 텍스트 몇 줄이면 된다. 하지만, 페이스북은 결코 그런 일을 할 수 있는 곳이 못 된다. 페이스북에서 '여기에서 지진 났다!'는 글은 1촌들에게 알림을 보내는 목적으로는 사용될 수 있을 것이다.

실제로 트위터와 페이스북이 번성할 당시, 한국에는 리트윗 기능과 1촌 기능을 동시에 섞어서 갖고 있던 미투데이(me2day.net)라는 서비스가 있었다. 그런데 네이버가 이를 인수하고 나서 후회한 적이 있다고 들었다. 미투데이 서비스 기획자나 네이버 인수 담당자 모두 동질적(homogeneous) 콘텐츠와 이질적(heterogeneous) 콘텐츠의 차이를 몰랐기 때문이다.

콘텐츠 차이에 따른 기능의 차이를 이해하는 것은 중요하다. 그렇지만 미국의 페이스북과 한국의 페이스북이 동일한 기능을 갖고도 다르게 사용되었던 것처럼, 초기에 이를 잠재 사용자들에게 알리기 위해 그에 부합하는 색다른 론칭 전략도 그 이상으로 중요하다는 것을 잊어서는 안 된다.

깨알정보
~~~~~~~

웹 3.0가 코로나 시대에 메타버스 내지는 블록체인을 중심으로 해서 잠깐 빤짝하고 새롭게 조명되었던 적이 있다. 하지만 원래 웹 3.0은 소셜 네트워크나 소셜 미디어가 도래했을 때부터 정의된 역사를 갖고 있다. 참고로 일반 소비자 대상의 메타버스(로블록스, 제페토, 샌드박스, 디센트럴랜드, 어스2 등)는 코로나 종식 이후 그 인기가 급격히 시들었다. 그래도 일부는 게임 서비스를 강화하거나 AI 기술을 탑재해 가며 부활을 향해 나아가고 있다. 그리고 B2B 산업에서는 엔비디아(NVIDIA)가 BMW 공장을 통째로 디지털화(digital transformation)하는 데 있어 메타버스 가상화 기술을 활용하고 있어 산업계에서만큼은 메타버스의 성장성이 유지되고 있다고 하겠다. AI 기술도 한때 암흑기가 존재했고 최근 들어 꽃피우고 있듯이, 메타버스에 주로 사용되던 AR, VR, XR, MR 등의 기술 또한 언제 새롭게 일반 소비자 시장을 향하여 꽃피울지 아직 알 수 없다. 페이스북(메타)의 '퀘스트 3'나 애플의 '비전 프로'가 포기하지 않고, 소비자 시장 견인을 아직도 계속해 내고 있다.

블록체인 기술을 활용했던 비트코인의 창립 취지(아직도 정체가 밝혀지지 않은 사토시가 비트코인 최초 논문 저자. 2008년도 미국 금융위기 촉발은 결국 인간의 탐욕에서 비롯되었음을 인정하고 인간이 운영하는 중앙은행이나 핵심 금융기관을 더 이상 못 믿겠다고 하면서, 집단검증 내지는 시스템에 의해 자동으로 돌아가는 금융 시스템을 고안함)는 좋았으나, 그 이상향을 인간의 경쟁적 탐심으로 인해 끝내 실현해 내지 못하고 현재에 이르고 있다. 코로나 시대 이전부터 수많은 블록체인 기반의 ICO(Initial Coin Offering) 시도에는 공통적으로 DAO(Decentralized Autonomous Organization)라는 이상적인 조직이 존재하곤 했었으나, 이 이상향은 제시만 될 뿐이었고 코인 자금이 모이면 모두 이상적인 커뮤니티 건설에 실패해 자금을 갖고 잠수를 타거나, 스팀잇(steam.it)처럼 마치 이상향이 실현되는 것 같이 하여 이목을 끌기도 하였으나 결국은 코인 양을 많이 소유한 소위 '고래'들의 경쟁적 탐욕에 모두 자멸해야만 했다.

2장

지식과 소셜 네트워크의
밀착 관계

✳

1
정보와 지식의 차이

전통적인 정보와 지식의 차이는 다음과 같다.

비교 기준	정보(INFORMATION)	지식(KNOWLEDGE)
의미	획득한 사실이 주어진 맥락에서 체계적으로 제시되면 이를 정보라고 함	지식은 경험을 통해 얻은 적절하고 객관적인 정보를 말함
형태	정제된 데이터	유용한 정보
무엇과의 결합?	데이터와 맥락(상태)	정보, 경험과 직관
프로세싱	표현력 향상	의식의 증대
결과	Comprehension	Understanding
전이 용이성	쉽게 전이됨	배움이 필요
재생산성	재생산 가능	동일한 재생산은 불가능
예측력	정보만으로는 예측하기 쉽지 않음	요구되는 지식이 있다면 예측이 가능
내재성	모든 정보가 지식일 수는 없다.	모든 지식은 정보이기도 하다.

하지만 지식은 소셜 네트워크와 결합하면 변형이 일어난다는 것을 들어보았는지 궁금하다. 예를 들면 이렇다. 아빠가 20대 청년의 아들에게 "네 꿈이 무엇이니?"라고 물을 때와 여자 친구가 "네 꿈이 무엇이니?"라고 물을 때, 또 교수님이 그 제자에게 "네 꿈이 무엇이니?"라고 말할 때 단순히 내용의 각색 수준이 아니라 상대와 그 관계에 따라 완전히 다른 꿈을 제시할 수도 있다는 것이다.

그러면 콘텐츠는 또 무엇인가? 많이 알고 있는 단어일 것이다. 챗 GPT에 물어보자.

"콘텐츠는 소비를 위해 의도된 매개체, 청중, 특정 시점을 위해 설계된 것입니다. 지식은 콘텐츠로 탄생할 수 있습니다. 콘텐츠는 교양 또는 오락을 제공하는 저작물입니다. 여기서 말하는 '교양'은 고도의 문화적 지식만을 가르키는 좁은 의미의 교양이 아닌, 일이나 생활에 있어서 도움이 되는 실용적인 지식을 포함하는 넓은 의미로서의 교양입니다."

여러분이 즐겨보는 예능 프로, 스포츠나 넷플릭스의 수많은 드라마, 다큐멘터리, 영화 역시 모두 콘텐츠다. 유튜브도 마찬가지다.

웹 2.0 시기에는 개인 콘텐츠를 다루는 서비스들이 출현했다. 개인의 북마크를 다루는 서비스, 그리고 개인이 촬영한 사진과 육아 비디오를 다루는 서비스들 말이다. 대중적으로 인기를 끌기 위해 기획된 것들은 동질적 콘텐츠라고 할 수 있고, 주변 지인 간에만 사랑을 받는 자연스럽고 누구나 생산하게 되는 것들은 이질적 콘텐츠라고 하였다. 필자는 여기에 한 술 더해서, 카이스트 경영과학과 박사 과정 시절, 개인 콘텐츠보다 더 광의의 개념으로 개인 자원(personal resource) 이라는 단어로 확장한 적이 있다.(이는 나중에 자세히 풀어낼 것임)

어디서는 이렇게 정의하기도 한다.

"지식은 조직에 속하는 모두가 저마다 가지고 있는 추상적이고 암묵적인 노하우다. 여기서 지식은 꼭 산출물로 변환할 필요는 없다. 산출물은 보통 콘텐츠로 볼 수 있다."

2
암묵지와 소셜 네트워크

여기서 주목할 것이 하나 있다. 바로 '암묵지(Tacit knowledge)'라는 것이다. 코카콜라는 그 제법의 비밀을 아는 극소수의 사람들은 함께 비행기를 타지 않는다고 한다. 그 암묵지는 그들의 머릿속에만 있다. 특허도 내지 않는다. 특허는 문서로 출원 공개가 되기 때문이다.

하지만 이러한 특수한 경우를 제외하고는, 디지털 시대가 강해질수록 조직 내 노하우나 암묵지, 심지어 개인들 머릿속에 있는 암묵지나 노하우 등이 점점 더 데이터 바다 위의 수면 위로 떠오르고 있다. 네이버 지식인도 그렇고, 미국 최대 소셜 지식인 쿼라 역시 우리들의 머릿속을 질의라는 형태로 노크하여 새로운 지식이나 노하우를 디지털 매체 속으로 뽑아 가고 있다. 유튜브는 영상 콘텐츠라는 형태로 지식이나 암묵지를 표현해 내고 있는 것이다. 네이버를 포함하여 한국의 IT기업들은 2008년까지만 해도 개발자의 개발물에 대한 문서화를 철저하게 관리하지 않았다. 반면, 미국에서는 오랜 전통에 의하여 개발물에 대한 문서화를 철저하게 관리해 왔다.

필자도 미국에서 유튜브[1] 창업자 및 그의 구글 팀들에게 필자의 회사 서비스였던 스토리블렌더(storyblender · 2008년 당시 아시아 기업 최초로 한국의 MusicShake와 함께 미국의 벤처 최대 행사인 Techcrunch40 Finalist에 선발)가 매각 협상 단계까지 간 적이 있었는데, 이때 매각 협상에 실패한 결정적인 사유가 한국의 개발팀이 개발물에 대한 문서를 작성해 놓지 않았던 전통(?)에서 비롯되었다고 해도 과언이 아니다. 당시 유튜브 CTO(Chief Technology Officer)로부터 이러한 개발 문서 (White paper)의 존재 여부에 대해 요청받았는데, 한국에서 일하고 있던 개발자들은 서로 얼굴만 바라보면서, 'White paper가 도대체 무엇일까?'하며 처음 듣는 단어라고 갸우뚱해 하던 해프닝까지 있을 정도였다.

결국 이들은 암묵지로서 다년간의 경험치와 노하우가 농축되고 디지털화된 문서에 대해 수백억 원을 지불할 의사가 있었던 것이다. 어쩌면 소프트웨어 강국이 되느냐의 여부는 이 암묵지에 대한 문서화와 그것에 대한 신뢰 기반의 접근 혹은 협업에 의한 집단지성의 활용에 있지 않을까 한다. 또 지금은 좋아지고 있지만, 이러한 문서화 노력이 한국 소프트웨어 기반의 기술 벤처들이 국내외 간에 M&A 시장을 키우고 그에 따라 엔젤 투자 시장이 커지도록 하기 위한 선결 조건이라고 본다.

1 그 당시 유튜브는 구글에 매각되어 구글 소속이었다.

한국에서도 10여 년 전에는 삼성·LG 등의 대기업들이 모두가 지식경영을 외치며, 사내에서 행해지는 다양한 업무 속 노하우나 지식을 문서화해 퇴근 전 사내 클라우드 서버에 업로드하여, 지식 공유를 시도한 적이 있었다. 하지만 이러한 시도들은 대부분 실패로 돌아가고 말았다. 그 이유는 첫째, 일 잘하는 사람일 수록 자신에 노력의 결과물을 모두에게 공유하고 싶지 않았을 것이다. 두 번째 이유는, 자기의 일에 대해 아직 자신이 없다면, 이를 모두가 보도록 공개하고 싶지는 않았을 것이다. 아주 단순한 심리적 요인으로 인해 그 시도는 무위로 끝난 셈이다. 이는 필자가 당시 카이스트 MBA에 계셨던 김영걸 교수님의 초대를 받아 대기업의 CIO들에게 '지식경영과 소셜 네트워크'라는 주제로 특강을 한 적이 있었는데, 그때 더 잘 알게 된 사실이다.

그런데 조직이나 개인의 비밀 지식을 컴퓨터(로컬 컴퓨터나 온라인 클라우드에 상관없이)에 꽁꽁 숨겨 놓더라도, 소셜 네트워크를 통해서는 이 암묵지가 프라이버시를 해치지 않으면서도 서로 윈 – 윈이 되게 아주 잘 유통될 수 있다는 것을 알고 있는가?

이 세상에 비밀은 없다든지, 낮말은 새가 듣고 밤말은 쥐가 듣는다든지, 발 없는 말이 천리 간다든지……. 이런 말을 많이 들어보았을 것이다. 이 문구들이 지식을 다룬다기보다는, 단순한 사실이나 정보에 가깝지만 말이다. 이런 속담들은 오히려 입조심하라는 의미가 담겨 있지만 말이다.

미국의 최대 전투기 제조사인 노스롭 그루먼(Northrop Grumman)

과 록히드 마틴(Lockheed Martin)에서는 한때 3억 달러 예산 규모의 극비 전투기 제조 프로젝트를 진행한 바 있다. 당시 베릴륨과 용접 관련 일을 진행하던 중 기술적 노하우와 관련 지식 부족으로 전체 프로젝트가 위기 상황을 맞은 적이 있었다. 그런데 다행히 해결의 실마리를 가진 노하우가 담긴 문서를 5년 전쯤에 잘 정리해 둔 팀이 있었다. 그 팀과는 '소셜 네트워크 기반 검색 기술과 서비스 프로세스 혁신'을 통해 만들어진 10억 원 상당의 소프트웨어 구매와 가동을 통해 연결될 수 있었다. 베릴륨과 용접이라는 키워드로 검색할 때, 해당 키워드 조합들과 연관성이 높은 문서를 찾되 프라이버시상 바로 보여주는 대신 검색 로봇이 그 문서의 작성자에게 먼저 물어본다. 어떤 부서의 누가 이런 취지로 검색 요청을 해 오고 있는데, 소셜 네트워크 정보(촌수 정보)도 제공하니, 레퍼런스 체크 등 조사를 해 본 뒤 안심이 되고 윈-윈이 될 것 같으면 연락을 해 보라는 식으로 말이다.

콜럼버스의 달걀처럼 알고 보면 아주 단순한 서비스 프로세스이지만, 기존의 검색 프로세스의 통념을 깬 서비스 프로세스의 혁신이기도 하다. 그 노하우가 문서로 정리돼 숨겨져 있는 것을 서로의 프라이버시를 해치지 않는 과정으로 중복 연구로 인한 낭비를 막고 사장될 뻔했던 지식의 막대한 가치를 실현해 낸 것이다. 결국 이 소프트웨어 개발사는 세계 최대 데이터베이스 그룹 오라클에 의해 인수되었다. 이후 모건 스탠리, 다국적 제약회사 등 미국의 포춘(Fortune) 500대 기업의 상당수가 이를 사내 지식경영에 활용하게 된다. 이 결과 많은 연구 중심의 기업들은 각각 연간 최소 300억 원 이상의 비

용 절감 내지는 기술 혁신을 더 빠르게 달성할 수 있었다는 보고가 있었다.[2]

각종 블로그, 지식인이나 위키피디아처럼 공개된 지식에 대한 검색, 그리고 이렇게 비공개된 지식에 대한 신뢰 기반의 연결[3]의 가치가 커지려면 무엇보다도 그 재료가 되는 지식의 디지털적 문서화가 선결과제일 것이다. 한국의 경우 한국어를 말하는 인구도 영어권·중화권에 비해 압도적으로 적고, 일본에 비해 독서율과 메모나 문서화의 노력이 상대적으로 부족하다는 평가를 받아 온 게 사실이다. 물론, 최근 들어 한류 덕분에 전 세계적으로 한국어를 배우려는 인구가 늘고 있지만[4] 지식 생산을 위한 목적보다는 아직은 K팝 가사, 한국 드라마 혹은 한국 여행, 이성 친구 사귀기 등을 위한 목적이 더 크다고 봐야 할 것이다. 카이스트 본원에 있는 창업대학교라 할 수 있는 K-School에서 필자가 '창업을 위한 디자인 씽킹(Design Thinking)'을 강의하는데, 이번에는 독일과 일본에서 온 학생들도 수강하고 있다. 이 수업에서는 학생들이 제시한 사업 아이디어를 디자인 씽킹을 통하여 검증하고 제품-시장 적합성(Product-Market Fit)을 잘 달성하기 위해 고객-문제 적합성(Customer-Problem Fit)과 문제-솔루션 적합성(Problem-Solution Fit) 단계를 충실히 이행해 보는 것을 주로 한다. 한 일본 학생은 한국어를 배우고 싶어 하는 열망에 '한국어

---

2 출처: 미국 경영지 비즈니스 2.0
3 이를 전문용어로 Expert Locating이라고도 함.
4 전 세계 5억 명 이상이 사용 중인 언어 학습 플랫폼 듀오링고에 한국어가 제 2외국어 인기 순위 1위에 오르기도 했다.

를 재미있고 효율적으로 배울 수 있는 앱을 개발하고자 하는 조'에 합류하였다.

다시 본론으로 돌아오면, 메모·문서화의 노력이 여전히 매우 중요하다. 챗GPT의 힘도 결국은 수많은 영어 문서에 대한 학습을 통해 이루어지는 것이다. 한국의 유사 엔진이 아무리 성능이 좋다 해도, 한국어 지식 문서가 부족하면 그 힘을 발휘하는 데는 한계가 있을 수밖에 없다. 특히, 인구의 부족으로 그 한계는 더욱더 명확해질 것이다. 영어 문서를 한국어로 자동 번역하고, 한국어로 된 지식을 영어로 자동 번역하고 일본어를 영어로 자동 번역하고, 영어를 일본어로 자동 번역하더라도, 결국 모든 언어권의 지식을 하나의 디폴트 언어로 묶어 최강의 지식복합체가 되는 곳은 어디이겠는가?

3
지식, 콘텐츠의 범위와 지식, 콘텐츠 범위별 활용 사례

여기 그림이 하나 있다.

소셜 미디어 시대[5]에는 정보와 지식, 그리고 암묵지와 소셜 네트워크를 알게 되면 그 이해도는 물론 새로운 서비스 기획에 도움이 된다고 하였다. 이 그림은 '빙산의 일각'이라는 관점에서 서비스마다 다루는 정보와 지식의 넓이 및 깊이를 다루어 본 것이다. 야후·네이버는 기존의 매스 미디어 매체(TV, 잡지 등)에서 이미 공개되어

---

[5] 한국은 언론에서 SNS라고 표현하고, 영미권에서는 Social Media라고 표현을 하곤 한다.

Information and Knowledge
in Social Era

[그림 1-1] 소셜 시대의 정보와 지식.

있는 콘텐츠를 디지털화와 카테고리화 등으로 재가공한 뒤, 빠르고 쉬운 접근성과 무료라는 무기로 사용자를 확보한 서비스다.

　구글의 서비스는 이미 공개되어 있으나 일반인들은 접근이 어려운 다양한 문서들을 검색 엔진 로봇으로 미리 키워드별로 인덱싱(indexing)해 두었다가, 일반사용자가 검색하면 이들 단어와 관련성이 높은 문서를 빠르게 찾아 보여준다. 특히, 다른 문서에서 링크나 레퍼런스 활용이 많은 페이지의 경우, 랭킹을 높게 부여[6]함으로써 더욱 인기를 끌게 되었다. 더 깊고 넓은 정보와 지식의 바다에서 이용자의 요구(검색)에 대해 관련 순위 중 높은 것으로 낚시해 주니, 카테고리 브라우징 중심의 야후의 가치를 빠르게 넘어서게 된 것이다.

6 Page Rank 알고리즘으로 유명하다.

이제 웹 2.0의 시대로 넘어가서 일반인들 누구나 보유한 지식이나 콘텐츠를 공유하기 시작한다. 앞서 이야기한 사진 공유 사이트 플리커만 보아도, 아무도 못 가 보았던 북극해의 일정 스팟을 먼저 사진찍고 플리커에 올리고, 또 같은 스팟이라 해도 다른 각도나 시간에 촬영해 플리커에 올리면, 이러한 개인 콘텐츠들은 (당장 누군지는 몰라도 언젠가는) 필요로 하는 사람들에게는 상당한 의미를 지니게 된다. 네이버 지식인도 마찬가지다.

개인이 업로드하는 수많은 사진은 어떠한 매체나 대기업도 홀로 생산할 수 없으며 딱히 생산해야 할 이유도 없을 터이다. 또한, 이미지 검색 기술도 따로 개발되어야 할 것이다. 네이버 지식인은, 누가 구체적으로 질문하기 전, 아직 우리 머릿속에만 있지 외부에 공개적으로 디지털화되어 나타나지 않은 일종의 암묵지를 건드렸다고 볼 수 있다.

한 논문에 따르면, 우리가 태어나서 지금까지 보고 듣고 느낀 것은 모두 뇌 속 어딘가에 정확히 저장되어 있으나, 그 연결을 잘 못해서 기억 못 하거나 제때 꺼내 쓰지 못하는 것이라고 한다. 이 의견을 어디까지 받아들여야 할지 모른다 해도, 우리 뇌 속에 남아 있는 수많은 경험 지식이 모두 디지털 문서로 되어 있지 않은 것은 분명하다.

그래서, 만약 네이버 지식인보다 훌륭한 서비스 프로세스를 가진 신규 서비스를 내놓는다면, 또 다른 혁신이나 더 큰 시장을 가져올 수 있으리라 본다. 뉴럴 링크도 그런 후보감이 될 수 있을 것이다. 웹 3.0 시대에 태동한 미국의 지식인 쿼라 역시 우리 뇌 속의 경험지를 더 많이 확보해 보려는 시도였다. 퀴라는 또 익명의 아이디(ID)가 아닌 실제 생활에서 쓰이는 진짜 이름을 활용한 연결성 강화와 영미권 시장 등의 요소로 인해 세계 최대의 지식인 소셜 네트워크가 되었다.

트위터는 지식의 플랫폼이라기보다는 시의성이 중요한 단발성 정보를 새롭게 생산하고 퍼뜨리는 데 효율적인 서비스이다. 일론 머스크가 트위터를 통해 가끔 내뱉는 짤막한 단어나 문장을 연상해 보면 될 것이다. 이 역시 뇌 속에 잠재하고 있고, 시시때때로 새롭게 반응하는 생각과 느낌을 디지털적으로 짧게 내뱉을 수 있도록 한 훌륭하고 재미있는 시도였다. 누구는 트위터 태동 당시, '오늘 날씨 정말 좋구나~'식의 잠깐의 감탄사를 표현하거나 마치 '바쁜 일과 속에 잠시 나가 흡연을 하거나 혹은 산책하며 새로운 생각을 갖거나'와 같은 식의 욕구를 흡수한 서비스라고도 했다. 이 역시 뇌 속의 짧은 생각이나 느낌을 디지털화해 낸 곳이다.

위의 빙산 그림에서 생소한 단어인 'Tacit'이 보일 것이다. 이것은 다름이 아니라 위에서 장황하게 설명했던 '암묵지와 소셜 네트워크'의 생생한 사례를 연출했던 오라클에 인수되기 직전의 소프트웨어 기업이다.

연결과 네트워크라는 웹 3.0으로 분류되는 페이스북이야말로 개인이 누구나 갖고 있는 일상 속 생활 콘텐츠(일상의 단상을 글로 적은 텍스트, 음식·여행·가족 사진, 생활 속 다양한 비디오 스크린 샷)를 쉽게 올릴 수 있도록 만들었다. 웹 2.0 시대와 다르게 업로드하고 보여줄 대상들을 1촌 지인으로 특정하여 연결했다는 것이 웹 2.0과의 차이를 가르며, 폭발력을 낳았다고 해도 과언이 아닐 것이다. 그 연결을 팔로 워들에게 하지 않고, 주변의 1촌과 지인들에게만 했다는 것이 현재 30억 명이 넘는 사용자를 갖게 한 원인이기도 하다. 왜냐하면, 누구 나 자신의 1촌을 갖고 있고, 그들에게만 보여주고 싶은 콘텐츠가 있 기 때문이다. 이러한 콘텐츠를 앞서 '이질적 콘텐츠'라고 이야기했다.

이번에는 챗GPT다. 챗GPT는 구글과 비교해 어떤 기본 로직을 갖 고 저렇게도 세상을 잡아먹을 만큼 힘을 발휘하고 있는 것일까? 구 글은 검색어를 넣으면, 유사도가 높은 문서들을 유사도 랭킹이 높은 것부터 해서 수백 개 이상의 문서들을 물어다 준다. 챗GPT는 대화 식으로 질문하면, 그 맥락까지 파악하여 수많은 문서를 참조해 리포 트처럼 즉시 요약 보고를 해 준다.

구글에서는 랭킹 순으로 나열된 여러 개의 문서를 사람이 일일이 들어가서 읽어야 하고, 여러 문서를 종합하는 노력도 해야 한다. 상 위에 노출된 문서라고 해서 꼭 하위에 노출된 문서가 가진 모든 내

[그림 1-2] OpenAI ChatGPT.

용을 갖고 있지도 않을 것이고, 내가 원하는 단락은 하위 문서 어딘가 존재할 수도 있다. 하지만 챗GPT는 조사의 수고, 비교의 수고, 생각의 수고 등을 과감히 대신하여 마치 충직하고 똑똑한 비서처럼 단번에 잘 정리하여 요약 보고해 준다. 아무리 물어보아도 지치지 않고, 보고나 답변 내용이 조금 부실하다고 생각되는 경우엔 문장을 조금씩 바꾸어 질문이나 요청 명령을 내리면 더욱더 알맞게 각색하고 추가 수정해 준다.

구글은 특정 초등학생의 학생회장 연설문을 상황에 맞게 만들어 줄 수는 없을 것이다. 공개된 기존의 문서를 그대로 가져와 줄 수는 있겠지만, 챗GPT는 이름, 성별, 연령, 취미, 특기 등을 넣어서 어떤 주제와 느낌으로 학생회장 연설문을 만들어 달라고만 하면, 아주 감동적인 연설문을 여러 버전으로 작성해 준다. 챗GPT는 의사, 변호사 시험도 볼 수 있다.

개인·조직별 지식의 연구와 업적 홍보를 위해 업로드는 지속될 것이고, 챗GPT는 이를 효율적으로 더 잘 집대성하게 될 것이다.

빙산의 일각 그림과 관련해 마지막으로 한마디만 덧붙이고자 한다. 최근 나스닥 기대주 중 하나로 떠오른 '스노우플레이크(Snowflake)'라는 회사가 있다. 아마존 클라우드, 마이크로소프트 클라우드, 구글 클라우드가 전 세계 클라우드 시장을 3분할하고 있었는데, 혜성같이 나타난 한 클라우드 스타트업이 급성장하여 나스닥에 상장을 한 것이다. 전 세계 대부분의 기업, 심지어 개인의 사진, 영상, 문서들이 클라우드에 저장되어 있다. 계정별 접근 권한에 의해 아무나 볼 수는 없다. 그런데, 이 스노우플레이크라는 스타트업은 클라우드 서비스에 올라와 있는 고객들의 지식 문서에 대해 자신의 고객사들끼리 상호 접근할 수 있는 혁신적인 서비스를 내놓은 것이다. 앞서 언급한 암묵지와 소셜 네트워크를 떠올려 보면 그 로직이 어느 정도 이해될 것이라 본다.

4
소셜 네트워크란 무엇일까

소셜 네트워크란 말이 대중화된 것은 2010년 전후로, 페이스북이 전 세계적으로 빠르게 확산하고 영화 '소셜 네트워크(Social Network)'까지 나오면서일 것이다. 하지만 이 단어는 사회학의 아버지인 막스 베버까지 거슬러 올라갈 수도 있다. 이후 사회에 대한 연구를 많이 하면서, 어떤 학자는 사회의 본질은 소셜 네트워크라고까지 한 바 있다. 누구나 태어나면서 자신의 엄마, 아빠와 1촌을 맺는다. 이후 친척들을 만나게 되며 2촌들이었던 이들이 자신의 1촌이 된다. 또 유치원, 초등학교, 중학교, 고등학교 등을 거치면서 매년 새로운 친구와 선생님, 즉 또 다른 1촌들을 추가하게 된다. 인류 역사가 태초에 아담으로 시작해 카인과 아벨이 태어나고 인류가 증식을 한 것이나 노아의 방주에서 살아남은 언약 백성에 후손들의 계보 역시 소셜 네트워크인 것이다. 예수님의 전도 역시 동네 이웃들인 1촌으로 출발하였고, 이들의 또 다른 1촌으로 번지며 확산한 바 있다.

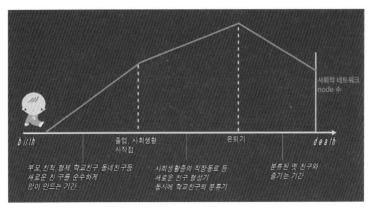

[그림 1-3] 한 인간의 소셜 네트워크 생성과 소멸.

이러한 소셜 네트워크 덕분에 사회가 성장하게 되었고, 또한 신뢰가 일정 부분 유지가 되었다. 이는 법과 제도가 생겨나기 이전에 이미 있었고, 이 덕분에 사회의 기본적인 평화와 더불어 살아가는 사람들 간에 기본적인 신뢰가 구축됐다. 이러한 1촌·2촌 망 속에서 신뢰 기반의 정보가 오가고 농사 기술도 발전하며, 세상에 대한 지식을 더 빠르게 구축해 간 것일 터이다. 지인 간의 남녀 소개팅, 지인 간의 구인 구직 관련 도움 등이 모두 소셜 네트워크상에서 신뢰에 기반한 정보 공유 행위다. 이 신뢰 기반의 망이 미리 구축되어 있지 않았다면, 소개팅이나 일자리 소개는 불가능했을 것이다.

이와 더불어 소셜-레이(Social-Ray)란 표현을 쓴 학자도 있다. X-레이(X-ray)에 비유해 우리가 사는 어떠한 사회도 그 안에는 눈에는 안 보이지만, 실제로는 1촌·2촌·3촌 등의 소셜 네트워크가 그려져 있다는 주장이다. 자신 주변의 1촌들이 사망으로 삭제되고, 서로 싸워서 헤어지며 삭제가 되기도 한다. 한편으로는 새로운 만남을 통해 친해지며 새로운 1촌을 형성하고, 이에 따라 즉시 새로운 1촌의 1촌들이 나의 2촌(전에는 3촌이나 4촌·5촌·6촌이었던)이 된다. 물론 여기서 3촌이란, 아버지의 형제를 말하는 삼촌이 아니라, 세 단계 건너뛰면 안다는 사이의 의미다. 영어로는 'degree'란 단어를 많이 쓴다.

실제로 미국의 인터넷 초창기 시절 식스디그리즈닷컴(SixDegrees.com)이라는 사이트가 잠깐 번성하기도 했다. 이 사이트는 무선 전신 발명가 굴리에모 마르코니의 'Six degrees of separation'이라는 가설을 검증해 보고자 한 사이트다. 이 가설에 따르면, 전 세계는 6명을 건너뛰면 서로 아는 사이로 연결된다. 한국에서도 싸이월드나 페이스북이 번성할 때 중앙일보에서 1,000명을 대상으로 실제 실험한 결과, 한국인끼리는 3촌(약 2.57촌) 이내로 모두 연결되는 것으로 나타났다. 당시는 노무현 대통령 재직 시절이었고, 이에 따라 한국인 대부분은 노무현 대통령과 최소 3촌 이내로 연결된다는 것이었다.

만약 길거리에서 모르는 사람과 싸움이 벌어졌을 때도 그 싸움의 상대는, 사실은 아는 사람의 아는 사람 혹은 아는 사람의 아는 사람의 아는 사람일 가능성이 큰 것이다. 혹은, 맛집 식당에 가서 밥을 사먹을 때도 그 식당의 주인이나 아르바이트생은 손님과는 평균적으로 3촌 이내의 관계일 가능성이 큰 것이다.[7]

과거 '티핑포인트(tipping point)'와 같은 마케팅 베스트셀러에는 150명이라는 '던바의 수[8]'가 소개되곤 했다. 영국의 인류학자인 로빈 던바(Robin Dunbar)는 과거 전 세계 자급자족의 마을들을 대상으로 그 마을 주민의 수를 파악해 보니 평균적으로 150명을 이루며 살고 있었다는 것이다. 뒤늦게 뇌공학자들이 여러 논문을 통하여 근거를 제시해 주기도 하였지만, 40세 성인 기준으로 머릿속에 편안하게 저장해 쉽게 인출할 수 있는 사람 이름의 수가 약 150개라는 것이다. 그래서, 150명 정도가 모여 살 때가 서로 가장 편안할 수 있다는 주장이다. 예를 들면, 이 숫자 150을 넘어서는 외지인이 마을에 진입하면 아주 손쉽게 그 사람은 우리 마을 사람이 아니란 것을 알게 되고 이에 따라 집단적 경계 태세도 취할 수 있다. 우연의 일치일 수는 있으나, 한때 전 세계 1위 PC 메신저였던 마이크로소프트사의 'MS Messenger' 서비스는 1촌 추가를 최대 150명으로 제한한 적이 있었다.

이것을 보면, 페이스북의 경우 1촌을 5,000명까지 추가할 수 있게 한 것은, 기자와 같은 직업군이 1촌 수가 많을 수 있는 경우를 제외하고 일반인들에게는 방해가 되거나 피로감을 줄 수 있는 여지를 제공한 셈이다. 그래서, 한국에서는 한때 500명이나 2,000명 등 1촌 수가 많은 것을 자랑하거나 하는 현상이 있었는데, 이는 실제 원래 아는 사람인 1촌을 추가한 게 아니라, 페이스북에서 소셜 게임을 하다가 1촌으로 추가하거나 그룹 내 관심사가 유사하거나 호감이 생기는 사람들을 1촌으로 추가한 결과다. 이처럼 한국에서는 페이스북을 개인의 평범한 일상을 공유하기보다는 자신의 관심사(정치 성향,

---

7 촌수 관계가 쉽게 명확히 파악이 된다면, 이를 통하여 할인율을 적용하는 개념의 사업이 잘 될지는 창업 디자인 씽킹을 통해 검증을 해 보는 것이 좋을 것이다.
8 Dunbar Number, https://www.hani.co.kr/arti/science/science-general/996109.html

취미 등) 링크를 즐겨 공유하면서, 미국에서의 원래 사용 취지와는 다른 지점으로까지 가게 된 바 있음은 앞 서 설명한 바 있다.

5
싸이월드 창업 원리는 PRP(Personal Resource Planner)

전 SAP Korea 대표였던 형원준 씨가 삼성전자에서 '전사적 자원 관리'(ERP · Enterprise Resource Planner)를 최초로 도입하는 핵심 실무자로 일하던 당시 필자는 그 분으로부터 ERP 관련 이야기를 많이 듣고, 관심을 갖게 됐다. 필자는 그 무렵 카이스트 기술경영대학원 박사 과정 중에 있었던 터라 ERP에 관한 해외 논문을 닥치는 대로 읽어 간 기억이 있다. 그러던 중 하버드 비즈니스 리뷰에 실린 'ERP의 4대 요소'라는 짤막한 논문을 접하게 되었다.

그 4대 요소란 다름아닌 '신뢰', '정보 공유', '비즈니스 프로세스 리엔지니어링(Business Process Re-engineering)', '온라인/소프트웨어화'다. 그 당시 비즈니스 프로세스 리엔지니어링은 여러 경영 베스트셀러 도서를 통해 대중화된 단어였다. 필자가 박사 과정 중 공부한 문헌들 속에서도 이 '비즈니스 프로세스 리엔지니어링' 내지는 '업무 혁신', '업무 프로세스 혁신'이 전제되지 않으면, 온라인화나 소프트웨어화는 99% 실패한다고 나와 있었다.

이는 여러 함축적인 의미를 내포하고 있지만, 단적인 예가 이런 것이 있을 수 있겠다. 고속도로를 내려는 데 만약 큰 산(둘레가 약

50km 이상이라고 가정하자)이 가로막고 있다. 큰 산을 뺑 둘러서 길게 고속도로를 내는 것을 당연시 여겼던 팀원들이 예산 부족으로 포기하려고 할 때, 터널을 뚫는 아이디어를 내고 조사 결과 비용이 훨씬 낮아서 주어진 예산으로 목적을 달성하게 된 경우를 생각해 보면 좋을 것이다. 더군다나, 목적지까지 이동 시간이 줄어 이용자를 포함한 국민 입장에서는 쌍수를 들고 반길 게 분명하다. 물류 시간 단축, 여행 시간 단축 등 전 국민적인 사회·경제적 효과를 고려하면 그 차이는 엄청나게 된다. 정치인은 이를 활용하여 표밭도 가꿀 수 있을지 모른다.

이렇게 기업들의 초기 가상 사설망(VPN)과 대기업이나 정부 기관의 초창기 (Web) EDI(전자 문서 교환망)를 많은 자금을 들여 구축한다 해도, 오프라인의 주요 업무 공정이나 업무 프로세스 혁신을 먼저 꾀하지 않고는 그 투자 대비 효과를 의미 있게 달성하기 힘들다는 것이다.

조금 더 구체적인 예를 살펴보자. 한때는 기업마다 인사관리 프로그램을 따로 만들거나 구매했고, 재고 관리·생산 관리·회계/급여 관리 프로그램을 따로 만들거나 각각 구매하는 식이었다. 더군다나, 거래하는 기업들이나 부서 간 사용하는 해당 소프트웨어가 달라 데이터 교환 표준이 잘 맞지 않는 경우도 많았다. 그래서, 매월 급여를 직원들에게 줄 때 사용하던 급여 관리 프로그램의 데이터는 기업의 순이익을 계산해야 하는 회계 관리 프로그램에 자동으로 반영이 되지 않았다.

기업의 순이익은 매출에서 비용을 빼야 하는데, 비용의 중요 부분을 이루는 급여 총계가 필수기 때문에 이를 따로 수작업으로 입력해야 했고 이 근거가 되는 문서도 층이 다르거나 건물이 다른 부서라면, 플로피 디스크에 담아서 해당 직원에게 전달해야 했다. 계단을 오르내리며 다른 부서로 이동해 자료를 전달하는 것이 업무의 상당 부분을 차지하는 문서 수발 직원을 써야 했다. 특히, 오타나 수치상 오류가 뒤늦게 발견되어 이를 수정해 반영하려면 며칠 동안 밤새야 하는 일도 빈번했을 것이다.

한동안 비즈니스 프로세스 혁신이나 업무 프로세스 리엔지니어링을 통하여 다양한 성공 사례들이 나오기 시작했다. 하지만, 비즈니스 프로세스 개선이나 혁신, 온라인화나 소프트웨어화 그리고 동일 데이터베이스 활용 등의 노력에도 불구하고 경쟁에서 뒤처지는 기업들이 속출하게 된다. 뒤늦게 이 원인을 조사한 결과, 부서 간 혹은 파트너 회사 간 신뢰 구축이 선결되지 않고서는 제때 의미 있는 중요한 정보를 공유하는 것이 불가능하다는 점을 알았다. 부서 간 경쟁 등에 의하여 정보 공유를 꺼리거나 일부만 공유한다거나 하는 사태들이 빈번했다. 상호 윈-윈이 되는 사전 제도를 마련하거나 아직 제도의 정립이 되지 않았다고 하더라도 서로를 속이지 않거나 서로를 진정으로 원한다는 신뢰(수익 공유나 이해관계의 투명성을 포함한) 가 선결되지 않고서는 가장 정확하고 빠른 정보 공유 시스템에 투자한들 속 빈 강정같이 된다는 것이었다.

하버드 비즈니스 리뷰[9]에 실린 짧은 논문(ERP의 4대 원리) 한 편은 이 때문에 업계에 큰 파장을 일으킨다.

필자는 여기서 영감을 얻어, 일반인을 대상으로 하는 신뢰 기반의 정보 공유 서비스인 싸이월드의 개발을 위한 프레임워크로 PRP(Personal Resource Planner)라는 개념을 내놓게 되었다. 기업(ERP의 Enterprise) 대신 개인(Personal), 비즈니스(Business) 대신 소셜(Social)이라는 단어로 살짝 치환하게 된 것이다. 이에 따라 비즈니스 프로세스 리엔지어링 역시 '소셜 프로세스 리엔지니어링'으로 치환된다. 그리고 이미 소개팅이나 지인의 일자리 소개 등이 신뢰를 기반으로 한 정보 공유이고 하나의 소셜 서비스일 수 있다는 생각은, 신뢰 기반의 소셜 프로세스 리엔지니어링 하나하나가 새로운 서비스나 소프트웨어로 태동할 수 있겠다는 생각으로 이어졌다.

그리고 ERP의 경우, Enterprise Resource Planner의 약자이기 때문에 Enterprise 대신 개인의 의미를 갖는 Personal로 치환을 해 보니, Personal Resource Planner 라는 콘셉트로 되었고 ERP 대신 PRP라는 명명하기 좋은 단어가 나오게 되었다. 또 ERP 중 Resource(자원)라는 단어가 나온다. 이 역시 Personal Resource(개인 자원)로 명명했다. 당시 유행하던 사진·북마크·영상·에버노트의 메모 등이 Personal Content(개인 콘텐츠)라 불렸는데, '신뢰(trust)'라는 콘셉트 안에서 보니 더욱 광의적으로 개인 콘텐츠를 다룰 수 있을 것 같았다.

예를 들어, 개인의 e메일함, 메신저 대화, 메모, TodoList, WishList,

9 HBR. 글로벌 기업의 CEO들이 영감을 얻기 위해 자주 읽는다고 하며, 여기에 자신의 논문이 실릴 경우, 학자들에 최고의 영예이기도 한 비즈니스 사례에 근거한 경영 논문집.

PlayList, WatchList, 집 안·사무실의 소등 상태, 오늘 나의 전기·수도·가스 사용량, 신용카드 사용 기록, 병원의 진료 기록, 냉장고 안의 재고 상태 등 개인의 일상생활 속에서 귀결되는 디지털 표현이 가능한 모든 데이터들이 그것이다. 신뢰가 전제되면 앞서 설명했던 'Tacit(미 전투기 제조 프로젝트에 쓰였던)'의 사례처럼, 개인적으로 민감한 이 정보들도 얼마든지 윈-윈 전략 아래 유통될 수 있는 것이다. 그래서 이러한 것을 모두 포괄하여 개인 자원(Personal Resource)이라고 표현하면 딱 들어맞는 것이다. 나이 드신 부모님 댁의 소등 상태나 가스 상태를 멀리 떨어진 자녀들이 확인해 주는 서비스가 나올 수 있듯이 말이다.

여기서 잠깐 '소셜 프로세스 리엔지니어링'이란 용어를 좀 더 살펴볼 필요가 있다고 생각한다. 스티브 잡스의 아이팟(iPod)이 메가히트를 하던 때, 그 탄생 배경에 대한 한 인터뷰 기사를 접하게 되었다.

이 당시 미국 남자 대학생들은 최신 노래 중 여자 친구가 좋아하는 곡을 엄선해 시디롬(CD-ROM)에 저장하고, 자신의 차 안에서 데이트할 때 차량용 시디플레이어(CD player)로 듣는 것이 큰 유행이자 부러움의 대상이었다고 한다. 당시 가수들의 정규 앨범(통상 10곡 포함)은 보통 한두 곡만 히트를 했다. 게다가 여자 친구가 좋아하는 곡만 엄선해서 담는다는 것은 기존 상업 시스템 안에서는 거의 불가능한 상당히 어려운 일이었다. 그래서 일부 열심인 대학생들은 편법으로 이를 해결했다. 그 과정은 이렇다.

1) 그 당시 유행했던 비트토렌트(BitTorrent)나 냅스터(Napster)같은 불법 파일 혹은 음원 다운로드 사이트에서 바이러스 등을 체크해 가며, 여자 친구가 좋아하는 곡들을 몇 시간에 걸쳐 일일이 찾아 다운로드해야 함. (이 당시 가정의 인터넷 네트워크 속도도 느리고, 음원 파일 하나의 용량이 지금보다 상당히 컸음을 기억하시라.)

2) mp3 파일을 공시디(속에 아직 데이터가 전혀 없이 비어 있는 시디로, 특정 매장에서 구매해야 함. 그리고 이 당시 용량이 적어서 10곡 이상을 담기 힘들었음) 안에 저장하기 위한 네로(Nero)라는 유료 소프트웨어를 해적 사이트에서 찾아 내려받은 뒤, 사용법을 배워 음원 파일을 시디롬에 굽는 작업을 해야 함.

3) 이렇게 고생해서 구운 시디를 차량용 시디플레이어로 재생. 차량용 시디플레이어는 당시 상당히 고가 장치로 약 200달러 정도. (한국에서도 유행한 적 있음)

이러한 대학생의 행위에 대한 면밀한 관찰과 집중 인터뷰를 통해, 스티브 잡스는 일종의 '소셜 프로세스 리엔지니어링'이라는 과정을 거친 파괴적 아이디어를 갖게 된다.

만약, 바이러스 걱정과 찾는 고생도 없는 합법적 음원 백화점이 존재하고, 시디롬을 구매(몇 달러지만 구매를 위해 오가는 시간 소요)해서 여기에 다운로드한 음원들을 굽기 위한 프로그램 사용 방법을 배우고, 구울 때 기다리는 시간(밤새) 허비 없이, 게다가 비싸고 거추장스러운 시디플레이어마저 흡수해 버릴 수 있는 원스톱 장치를, 불법 음원을 주로 돌리고 있는 시디플레이어와 동일한 가격으로 팔면 어떨까?

이를 위해서, 스티브 잡스는 먼저 아이튠즈(iTunes)라는 합법적 음원 백화점을 오픈한다. 최소한 자신의 컴퓨터에서 합법적으로 음원을 플레이할 수 있으니까. 그리고 한국 등에서 이미 mp3 플레이어가 발명되어 조금은(?) 인기를 끌고 있지 않은가? 이것을 더욱 멋지게 디자인하고 동선을 통합(소셜 프로세스 리엔지니어링)하면 되는 것이었다.

그 당시 메이저 음원사들은 냅스터 등과의 소송 등 골치 아픈 싸움을 하고 있었고 마땅한 대안이 없었기 때문에 스티브 잡스의 합법적 음원 백화점은 음원 소싱에 있어 큰 어려움이 없었을 것이다.

한국에서 제트스트림(JetStream)이라는 mp3 플레이어가 먼저 발명이 되었다고도 하고, 아이리버(Iriver)라는 한국의 벤처가 국내 시장에서 상당한 히트를 치기도 하였다. 그런데 왜 스티브 잡스는 뒤늦게 진입했음에도 불구하고, 세계 시장을 석권하고 힙한 유행을 만들어 내고 결국 최초의 대중적 성공 스마트폰인 아이폰의 전신인 iPod를 고안하게 되었을까?

필자는 소셜 프로세스 리엔지니어링[10]이라는 관점에서 스티브 잡스가 사고를 했기 때문이라고 본다. 아이리버나 삼성전자는 단말기만 잘 만들고, 합법적인 콘텐츠 소싱만 잘하면 된다고 생각했던

10 애플에서는 디자인 씽킹적 사고 덕분이라고 한다.

반면, 스티브 잡스는 최초, 최대의 음원 백화점 구축과 이를 기반으로 한 소비자 트래픽 확보에 힘을 쏟았고, 특히 이것도 페르소나(Persona) 사용자의 사용 행태별로 존재하는 니즈(needs)와 숨은 불만을 반영하는 풀 시나리오 관점에서 구석구석 작은 혁신을 가미하여 전체적으로는 큰 혁신을 가져오게 된 것이다.

한편 필자가 신동윤 씨와 함께 공동 창업하였던 자동 주소록 쿠쿠박스가 빠르게 확산하면서, 삼성전자·삼성물산에서의 제휴 요청이, 네이버·다음·야후코리아·넷마블 등 4개 기업에서는 동시에 인수 제의가 온 적이 있다. 이때 애니콜랜드가 국내에서는 1000만 가입자를 모으며 최고의 인기를 끌던 시절이었다. 이 당시 필자는 삼성전자 애니콜 단말기 생산 부서의 상무 5인 정도가 모인 자리에 불려 가서, 아이튠즈 전략을 이야기하며 삼성전자 애니콜도 그러한 전략을 추진해야 한다고 말하였다. 개인 단말기를 하나의 개인 자원 관리자(Personal Resource Planner)로 간주하여, 글로벌 시장을 개척해야 한다고 주장한 것이다.

당시 애니콜 신화는 대부분 하드웨어 전문가들이 만들어 낸 것이고, 온라인 서비스나 소프트웨어 전략에 대한 무게중심을 두지 않던 시절이라 이러한 방향의 언급이 통하기는 거의 불가능에 가까웠다. 그러나 만약 소셜 프로세스 리엔지니어링 사고 구조가 있었다면 좀더 달라지지 않았을까? 쿠쿠박스 역시 주소록 업데이트 행태의 불편함을 기점으로 하여 소셜 프로세스 리엔지니어링한 산물이기도 하다.

삼성전자 갤럭시의 미래 전략은 이러한 Personal Resource Planner

철학을 녹인 AI의 활용 기기로 성장해야 한다고 본다.

소셜 프로세스는 개인 관점에서는 다음 그림에서 보는 바와 같이 Live, Work, Play를 이루게 된다. 이 안에는 끊임없이 개인 정보(개인 자원)가 오간다. 지인의 생일을 축하해 주는 프로세스가 저마다 문화와 전통에 따라 존재하며, 금요일에 회식을 하고 집에 늦게 귀가할 때 택시를 잡는 프로세스 역시 개인에 따라 지역에 따라 다양하게 존재할 것이다. 친구들과 단체로 게임을 하기 위해 모일 때도 다양한 프로세스가 존재한다. PC방에 모여서 게임을 할 때, 원격으로 접속해서 할 때 등등 말이다. 이러한 다양한 프로세스 속에는 그에 상응하는 정보들이 오가야 한다. 생일 축하라는 상황 속에는 이미 특정 지인의 생일 정보가 공유된 것이고, 카톡을 통해 축하 글이나 선물을 보낼 수 있다. 오프라인 식당에서 축하 파티를 열어야 한다면 예약하는 과정에 개인 정보를 입력해야 하고, 확정된 장소와 시간 정보 혹은 참석자 명단을 관련 지인들에게 배포해야 한다.

과거 배달의 민족의 경우, 원하는 음식을 주문할 때 예전에 냉장고에 자석으로 붙여 놓은 동네 짜장면집 전화번호를 찾거나, 생활정보지를 뒤져야 하거나, 이마저 없으면 쓰레기통을 뒤져야 하는 불편함 등을 해소해 줄 수 있었다. 또한 전화기 버튼을 하나하나 눌러 음성으로 주문하는 불편함을 없앴고, 가끔 목소리 큰 주인의 말투를 참아내는 고통에서도 벗어나게 해 주었다. 때로는 실수로 잘못 배달된 메뉴의 음식도 먹어야 하는 일도 사라졌다. 배달의 민족은 한편 음성 대화보다 문자 주고받기를 선호하는 세대가 등장하는 것을 잘 관찰하였다.

여러분이 맛집 하나를 찾아내는 프로세스가 어떤지 떠올려 보자. 사람마다 생각이 다르다면, 아직 배민처럼 대세적 앱이 없다는 뜻이다. 이러한 불편한 지점을 찾아 그 앞뒤의 동선을 연결해 보는 소셜 프로세스 리엔지니어링적 관점을 취해 보고, 프로세스상 존재하는 여러 지점이나 노드(node)를 잘 정의하고, 전체 최적화를 하는 노력의 결과물로 하나의 애플리케이션이 태동할 수 있을 것이다.

이렇게 해서 신뢰 기반의 개인 자원 공유 그리고 소셜 프로세스 리엔지니어링 콘셉트를 통합한 PRP가 완성이 되었다. 싸이월드의 창업 철학 페이지에 이러한 개인 자원 관리자(Personal Resource Planner)에 대한 설명을 해 두었고, 슬로건도 'Trust Based Information Sharing Network'라고 표기를 해 두었다. 몇 년 뒤 페이스북 홈페이지에 가 보니, 첫 페이지에 'Trust Based Information Sharing Network'란 동일

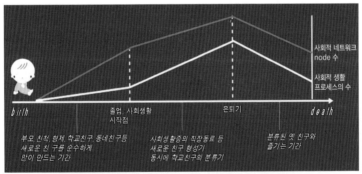

결혼, 부모상, 생일, 결혼기념일 등에서 개인자원의 유통 과정,
모임을 하는 과정, 집에 귀가 하는 과정 등에서 개인자원의 유통 과정 등.

[그림 1-4] 소셜 프로세스에서의 개인 자원의 의미.

한 슬로건 문구가 놓여져 있었다. 또 트위터에는 'Information Sharing Network'란 문구가 적혀져 있었다.

세계 최대의 뮤직 스트리밍 사이트인 스포티파이(Spotify) 역시 개인 자원의 하나인 음악 플레이 리스트를 지인 간에 공유하는 서비스를 추가하여 서비스 확산과 사용자 가치 증대에 일조한 바 있다. 앞서 언급했던 숨겨진 암묵지를 잘 활용했던 (오라클에 인수된) 벤처 태싯(Tacit)은 개인 자원 중 e메일 내용과 첨부된 문서 내용을 타깃팅한 것이었다. 10여 년 전 미국 최대의 IT 온라인 매체인 테크크런치(TechCrunch)가 주최하는 창업 행사 테크크런치 디스럽트(TechCrunch Disrupt)의 스타트업 경연대회에서 1위에 오른 벤처 중에는 캘리포니아의 물 부족 현상을 해결하기 위하여, 개인의 매일 매일의 샤워의 양을 줄이기 위해 소셜 네트워크를 활용한 사례도 있다. 지인 간에 샤워 물 사용량 정보 공유가 일종의 개인 자원으로 작용한 것이다.

얼마 전 한국 벤처로는 최초로 엔비디아로부터 큰 투자를 받은 트웰브랩스(Twelve Labs)의 경우, 유튜브 등 수많은 영상 속 이미지나 상황을 단어 몇 개로 찾아내 주는 AI 기반 영상 검색 서비스를 인기리에 운영 중이다. 앞으로는 개인 자원 관점에서 더욱 깊고 넓은 곳을 찾아 신뢰 기반으로 윈-윈이 되도록 의미 있는 정보나 지식 내지 영상 콘텐츠를 물어다 주는 서비스가 더욱더 많이 생겨나리라 예상한다.

학교 내 이공과대에서도 연구실별로 소중하게 연구해 놓은 지식이 필요한 곳에 연결되지 않은 채로 시간이 흘러가면서, 급하게 필요한 곳에 제공해 주는 기회를 놓칠 수도 있고, 반대편에서는 중복 연구를 하느라 귀중한 자금이나 시간을 더 쓸 수 있을 것이다.

여기도 소중한 개인의 연구 자원이 신뢰와 소셜 프로세스 리엔지니어링을 통해 개척되어야 하는 곳이다.

희귀병을 앓는 사람 역시, 지구 반대편 혹은 심지어는 옆 동네에 있는 사람들 중에서 동일한 희귀병에 걸렸다가 특이한 방법으로 치유되었을 수도 있는데, 이들과 연결되지 못한 나머지 의사들이 치료 방법을 못 찾으면 병원에서 그냥 불치병으로 진단하는 경우가 있을 것이다. 실제로 필자의 지인 한 분도, 희귀병이 생겼는데, 국내 최고 권위자들도 두 손을 든 상태였다. 그런데 열심히 해외로 수소문해 본 결과 유사한 상황의 병을 고친 특이한 기법이 발견이 되었고, 그 특수한 치료법을 활용하여 완치할 수 있었다. 하지만 그동안 공들인 시간과 노력은 이루 말할 수 없을 정도였다. 특히 특별한 소셜 네트워크의 도움을 받은 덕분이기에 운이 좋기도 했다. 실제로 각 대형

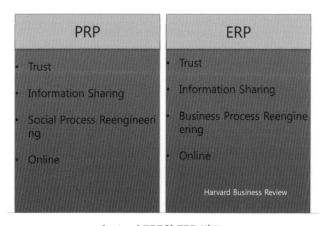

[그림 1-5] PRP와 ERP 비교.

병원은 어느 정도 상호 간에 경쟁의식이 있고, 중요 데이터를 공유하지 않기 때문에 환자 입장에서는 이중의 비용 유발 내지는 완치의 큰 기회를 놓칠 수 있는 것이다. 이러한 상황에서도, 거시적으로 신뢰 기반의 개인 자원 공유와 소셜 프로세스 리엔지니어링 관점의 솔루션 설계가 필요하다고 하겠다.

6
선점 소셜 네트워크 서비스가 후발 주자에 밀릴까?

페이스북은 비교적 늦게 출발한 소셜 네트워크 서비스이지만, 선점했던 마이스페이스나 싸이월드를 따라잡았다. 이러한 현상은 기존에 유명한 '네트워크 효과(Network Effect)'를 무시하는 것처럼 보인다. 기존 서비스들이 네트워크 효과를 누리는 현상을 보고 왜 그런지를 확인해 주는 많은 논문이 나와 있다. 그런데 어떻게 마이스페이스와 싸이월드는 페이스북에게 추격을 당하게 되었을까? 더 나아가서, MSN이라는 1위 PC 메신저 서비스가 후발 주자였던 네이트온에게 무너지고, 또 그 네이트온은 어떻게 카카오톡에 의해 여지없이 무너졌을까?

필자는 이러한 질문에 답하기 위해 '더 큰 인구 소셜 네트워크 효과(Larger Population Social Network Effect)'라는 개념을 만들어 2021년 해외 논문[11]에 수록된 적이 있다.

11 https://www.mdpi.com/613462

만약, 1등 자리에 있는 온라인·모바일 소셜 네트워크 서비스가 오프라인 사회의 대부분의 구성원 네트워크를 아직 다 가져오지 못했다면, 그 오프라인 네트워크를 더 빨리 선점할 수 있는 후발 주자에 의해 추격당할 수 있다는 것이다. 결국, '더 큰 인구 소셜 네트워크'를 획득하는 회사가 진정한 네트워크 효과를 누릴 수 있게 된다는 뜻이다.[12]

그런데 여기서 유의할 점은 단순히 오프라인 인구수 대비 온라인 회원을 많이 확보했다고 해서 승리하는 것은 아니라는 점이다. 그 승리의 비결은, 오프라인 사회에 존재하는 실제 관계를 복제해 낼 수 있어야 하는 것이다. 예를 들어 소셜 네트워크 서비스에서는 한국 인구 5,000만 명을 회원으로 만들었다고 해도, 온라인에서 서로의 1촌 수가 0이거나 몇 명 안 되는 정도로 적은 수라면, 이는 후발 주자에 의해 얼마든지 뒤집힐 수 있다는 것이다. 이는 실제로 싸이월드가 SKT의 자회사로 편입되어 중국에 진출했을 때 중국 시장에서 실패한 이유이기도 하다. 한류 스타를 대거 기용해 마케팅을 하여 중국인 회원을 많이 확보했으나 이러한 방향의 마케팅적 투자가 오프라인 사회에 존재하는 실제 네트워크를 복제하는 데는 하등 도움이 안 되었기 때문이다. 페이스북도 한국에 진출했을 때, 이 정도는 아니었지만, 소셜 게임 내지는 한국의 언론 보도에 의해 페이스

12 MSN이 네이트온에 의해 추월당한 사례, 마이스페이스와 싸이월드가 페이스북에 의해 추월당한 사례는 모두 모바일 시대가 본격화되기 이전에 벌어졌다. 따라서 일부 언론에서 보도한 것처럼 싸이월드가 페이스북에 의해 무너진 것은 모바일 시대에 적응을 못해서가 아니라는 것이다. 그 외 사업적으로 '싸이월드가 망한 진짜 이유 5가지'가 궁금한 분들은 조선일보 기사(https://it.chosun.com/news/articleView.html?idxno=2016092585000)를 참조하기 바란다.

북으로 유입된 사람들은 실제 오프라인 사회에 존재하던 자신의 인맥 관계를 그대로 복제하는 데는 실패하였다. 이 때문에 한국에서 페이스북 활성화는 그 지속성에서 한계가 있을 수밖에 없었다.

현재 페이스북 전체 회원은 약 30억 명으로, 전 세계 80억 인구의 50%를 못 가져온 상태다. 또 각 회원이 실제 자신의 오프라인 사회의 네트워크를 그대로 가져오지 않은 상황이라면 페이스북 역시 후발 주자에 의해 추월당할 수 있다. 물론, 인터넷이나 모바일에 접속 가능한 총인구수 혹은 인터넷이나 모바일을 뛰어넘는 기기의 발생 가능성을 기준으로 생각해 볼 수 있다. 2023년 10월 기준으로 전 세계 인구의 54%에 해당하는 43억 명이 스마트폰을 소유하고 있으며, 이 중 40억 명이 스마트폰으로 모바일 인터넷을 사용한다고 한다. 따라서, 페이스북보다 먼저 40억 명을 회원화하고 이들 각자의 오프라인 소셜 네트워크를 복제해 온다면 페이스북을 이길 수 있는 것이다.

또 한 가지 기회는 더 많은 인구가 쓰게 될 기술의 출현에 있다. 카카오톡이 기존 PC 메신저 시장을 쉽게 제압할 수 있었던 이유는 결정적으로 더 많은 사람이 모바일 스마트폰을 쓰기 시작했기 때문이다. 인구 대비 개인용 노트북이나 컴퓨터를 휴대한 사람은 50%도 안 되었지만, 스마트폰의 경우 90%에 육박했기 때문이다.

그래서 만약에 챗GPT와 같은 기술에 힘입어 스마트폰 이상의 하드웨어 기기가 출현하고 그 하드웨어 기기 소지 인구 비율이 스마트폰보다 높아진다면 그 하드웨어 기기 위에서 돌아가는 적합한 소셜 네트워크 서비스가 페이스북을 압도할 수 있게 될 것이다.

지금 이 시각에도 AI핀(AI-Pin)이나 래빗(Rabbit) 같은 새로운 AI 기반 스마트 디바이스들이 속출하고 있다. 이들 중 누가 또 스마트폰을 압도할지 모른다. AI핀은 가슴에 펜던트처럼 꽂고 다니면 여기 달린 정밀 카메라가 여러분 앞에 보이는 사물과 환경을 인식하며 미처 못 보는 것까지 저장해 두었다가 필요할 때 찾아내거나, 음성 명령을 통해 앞에 보이는 것을 설명해 준다거나, 혹은 프라이팬에 올려둔 식재료를 보며 요리법을 알려 주는 등 다양한 일을 수행할 수 있게 될 것이다. AI핀은 스크린이 없어 비주얼 표현이 필요한 경우에는 손바닥이나 벽면에 빔 프로젝터처럼 해야 하는 불편함이 있다면 래빗 같은 경우는 작은 화면이 있기 때문에 아는 사람과의 화상

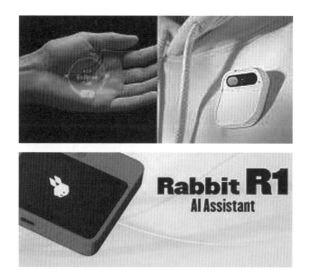

[그림 1-6] 위: I-Pin, 아래: Rabbit.

무전기 같은 효과도 낼 수 있다. 또 오프라인 문서를 스캔하는 동시에 문자화가 가능하고 즉석 음성 통역사 및 번역 보조 역할을 쉽게 해 주는 기능도 있는 데다 가격도 저렴한 편이다.

소셜 네트워크 서비스 중 30조 원에 마이크로소프트에 매각된 링크드인(Linkedin)도 마찬가지다. 이 역시 현실의 비즈니스 네트워크를 충실히 복제해내지 못 하고 있다면 후발 주자에 의해 추월당할 수 있다. 링크드인은 현재 회원 수가 계속 증가하여 10억 명을 넘어섰다. 다만, 마이크로소프트에 인수된 후 창업팀들이 떠나게 되면서, 함께 일해 보지 않은 관계인데도 쉽게 서로 업무적 칭찬을 할 수 있도록 해 주는 기능이 활성화되는 등 1촌 관리 정책이 치밀하지 못해 인사팀이나 헤드헌터들에게 신뢰가 떨어지고 있다고 한다.

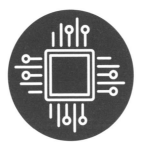

3장

AI가 언어화하지 못한
미개척 영역

＊

1
SLM(Small Language Model)

챗GPT 같은 거대 언어 모델들은 대체로 공개된 문서, 지식, 데이터에 접근하여 방대한 학습 시간을 거쳐, 사용자의 요청에 빠르게 서비스해 준다. 요즘은 Small Language Model이라고 하여, 병원 전체의 지식과 데이터에 접근하여 상당한 학습을 거친 후 의사나 접근이 허가된 직원들에게만 제한적으로 서비스되는 모델 연구도 인기를 끌고 있다.

달리(DALL-E)와 알리바바의 이모(EMO)와 같이 공개된 이미지와 영상들에 접근해 학습하고 이미지 혹은 비디오 생성을 하는 경우도 대체로 공개된 데이터를 다룬다.

방대한 데이터에 대한 접근 능력, 방대한 데이터를 모아 학습 하는 능력 등은 어마어마한 CPU·GPU 성능을 필요로 한다. '챗GPT의 답변에 들어가는 비용은 일반적인 텍스트 기반 검색보다 100~200배 비싸다', '하루 1,500만 명이 챗GPT를 사용한다고 하면 연간 수조 원의 운영비가 들어간다'는 사실은 작년 말 이야기다.

2
AI가 잘 모르는 사람의 필요와 불만은 사업의 기회

그렇다면, 작은 중소기업, 벤처기업, 그리고 개인들은 어떤 기회를 바라보아야 할까?

앞서 제시되었던 '빙산의 일각' 그림이 떠오르는가? 아직 우리 뇌 속은 미개척 분야이다. 우리는 살아가면서 뇌의 몇 %밖에 사용을 못 하고 죽는다는 말도 있다. 그렇다면 뉴럴 링크처럼, 뇌 속에 전극을 꽂아서 어딘가에 숨어 있을 데이터를 끄집어내는 것만이 유일한 길일까? 그리고, 지나간 과거의 데이터에만 의존하는 전략뿐일까? 미래의 데이터를 먼저 선점할 수는 없을까? 아니다. 또 다른 큰 기회의 땅은 '필요는 발명의 어머니'에 있다고 본다. 그리고 '콜럼버스의 달걀' 정신에 있다고 본다. 콜럼버스의 달걀 이야기는 누구나 어릴 때부터 듣고 자랐다고 본다.

하지만 이 이야기의 탄생 배경을 잘 아는 사람은 그다지 많지 않으니 여기 풀어 보자. 콜럼버스의 달걀이란 기존에 갇혀 있는 사고를 뛰어넘는 발상의 전환에 중요성을 일컬을 때 자주 쓰는 서양의 고사성어다. 막상 방법을 알고 보면 단순하고 쉬워 보이지만 쉽게 떠올릴 수 없는 뛰어난 아이디어나 발견을 의미하며, 사소해 보이는 발상의 전환이 세상을 변화시키는 원동력임을 말하고자 할 때 자주 인용되는 표현이다. 이 고사성어는 콜럼버스와 관련된 일화에서 비롯되었다고 한다. 탐험을 마치고 귀국한 콜럼버스를 위한 축하 파티가 성대히 열렸는데, 몇몇 사람들은 그의 업적에 대해 '배를 타고 서쪽으로 항해하다 보면 누구나 발견할 수 있는 일'이라며 깎아내렸다.

그러자 콜럼버스는 파티에 있는 사람들에게 달걀을 탁자 위에 세워볼 것을 요구했다. 아무도 달걀을 세우지 못하자, 콜럼버스는 달걀 끝부분을 살짝 깨뜨려 탁자 위에 세웠다. 그러자 사람들은 이 역시 누구나 할 수 있는 일이라며 비아냥거렸다. 이에 대해서 콜럼버스는 따라 하기는 쉽지만, 무슨 일이든 처음 하는 것은 결코 쉽지 않다고 반박했다.

필자가 콜럼버스의 여정을 쪼개 보면 이런 생각이 든다. 콜럼버스가 다른 귀족들이 호의호식할 때 알 수 없는 미지의 세계를 탐험함으로써 생길 수 있는 각종 위험(식인종, 더 강한 적, 열사병 등)을 감수했다. 또, 콜럼버스는 배 안에서 오랫동안 풍랑을 겪다 보니, 남들은 쉽게 접하지 못하는 환경을 접할 수 있었다. 배가 자꾸 흔들리는 상황,

[그림 1-7] 콜럼버스의 달걀 스토리가 탄생하는 순간.

이 상황에서 마침 곁에 있던 달걀이 미끄러져 굴러가면서 스스로 서는 것을 볼 수 있었다. 이런 상황을 여러 번 경험했기에 어느 때는 달걀이 굴러가다 깨지는 것을, 또 어느 때엔 운 좋게도 이렇게 달걀이 스스로 서는 것을 보았던 것이다.

이제 록펠러의 명언을 바라보자. 아직 세상에 없는 그 무엇이 절실히 필요할 때, 혹은 아무도 해결해 주지 않거나 못해서 불만이 고조될 때, 사람들은 대부분 그냥 지나치거나 포기하고 살아간다. 하지만 극소수는 그 필요와 불만을 놓치지 않고 사업의 기회로 삼는다. 사실 사업의 기회로 생각하기보다는, 재미나 호기심에 의해서 추동되기도 한다. 때로는 측은지심이나 인간적인 마음에서 비롯된다. 하여간 중요하고도 공통적인 것은, 가만히 있지 않고 일단 시도해 본다는 것이다.

성공한 사람들은 누구? 그렇다 바로 될 때까지 포기하지 않는 사람들이다. 실패 속에서도 계속해서 시도하여 누구도 갖지 못한 노

[그림 1-8] 록펠러의 명언 : 불만은 발전의 아버지.

하우와 독보적인 데이터를 구축해 가면, 드디어 '운'을 만났을 때 그 '성공'의 축포가 터지는 것이리라.

과거의 데이터는 물론, 전 세계에서 오늘 방금 생산된 공개 데이터들은 순식간에 거대 인공지능이 먹고 소화해 버린다.

3
디자인 씽킹 – 신제품, 서비스 개발 방법론

그렇다면, 나만의 데이터 바구니를 준비하여, 아직 언어화 내지 데이터화되지 않은 것들을 주워 담을 수 있다면 어떨까? 그리고 주워 담는 것을 사용자 집단을 통해 해결하고 동시에 상당 부분은 시스템으로 자동화해 보면 어떻게 될까? 사실 이러한 것들을 이미 수많은 벤처가 해 왔다. 시작점은 바로 위에서 언급한, 일단 시도해 보는 '콜럼버스의 달걀' 정신과 '필요는 발명의 어머니, 불만은 발전의 아버지' 정신인 것이다.

그 필요와 불만을 자신이 느끼든, 남들이 느끼든, 순간 포착했다면 여러 관점으로 해석하고, 시간대별로 관찰도 해 보고, 혹은 관련 대상들에게 집요하게 질문하고, '필요'와 '불만'이라는 키워드 주변 관련 문맥 속 데이터를 수십 개씩 뽑아 보면서, 그 안의 상관관계·인과관계·우선순위 등을 고려해야 한다. 이러한 노력이 바로 '언어화되지 못한 영역의 최초의 언어화'인 것이다. 물론, 이 언어화가 다듬어질수록 솔루션으로, 제품으로 발전해 탄생하기까지는 비공개로 유지되어야 할 것이다. 안 그러면, 태어나기도 전에 세상 사람이든, 인공지능이든 간에 먹혀 버리고 말 것이기 때문에.

사람 속의 언어화 되지 못한 것을 데이터·정보로 끄집어 내고 이를 지식으로 정리하는, 이러한 혁신과 신제품 개발 방법론이 바로 '디자인 씽킹'이다. 이러한 디자인 씽킹의 영향을 받아 스타트업을 위한, '린 스타트업(Lean Startup)'·'창업의 과학' 등의 저서들이 히트를 치기도 했다.

그런데, 일부 주변에서는 '디자인 씽킹'을 해 보았지만 기대보다 성과가 좋지 못하다거나 성공으로 이어지는 것 같지는 않다는 평도 자주 들어보았다. 이에 대하여 혹자는 디자인 씽킹 진행의 주체가 스탠퍼드 대학생이나 강사진이 아니기 때문이란 말을 한다. 하지만, 필자의 경우에는 대체로 디자인 씽킹을 통하여 만족도 높은 성과물들이 나오는 경우를 많이 목격하였다. 특히, 경력 단절 여성, 서울시민, 대학생들을 상대로 했던 세션에서는 각종 대회에서 수상하는 팀들도 많았다. 그중에 한 분은 기업체나 지자체들에서 일타 강사로 디자인 씽킹 전도사 역할을 훌륭히 수행해 내고 있기도 하다.

물론 사업의 성공은 디자인 씽킹만으로 되지 않는다. 창업이나 사업의 성공에는 여러 복합변수가 있다. 다만 (창업) 디자인 씽킹은 새로운 아이디어가 검증받거나 시장까지 가기 위해 필수적으로 거쳐야 하는 'Customer-Problem Fit'과 'Problem-Solution Fit'을 찾아내는 데 아주 효과적인 방법론이자 철학이다. 스타트업 실패 원인의 80%가 Customer-Problem Fit과 Problem-Solution Fit 단계를 제대로 거쳐 오지 못한 것에 있다는 스타트업 게놈 프로젝트의 보고도 있다. 곧 디자인 씽킹은 스타트업 성공의 필요조건이지 충분조건은 아닌 것이다.

물론 신제품·서비스 개발 방법론으로서 디자인 씽킹이 만병통치약은 아니다. 그 정신을 바로 이해하고, 자기만의 것으로 만들어야 한다. 같은 자전거나 같은 칼로 누구는 올림픽 대표 선수가 되고, 누구는 여포·장비 같은 최고의 무사가 되기도 한다. 그리고 씨앗을 심고 물을 주고 가꾸는 것은 사람이 하지만, 각각의 고유한 성장 공식을 가진 식물을 성장시키는 것은 인간 능력 밖의 일이다. 우리가 숨을 쉬고 피를 순환시키는 것 역시 우리의 의지나 계획과는 무관하게 자동으로 반복되며 언제 갑자기 멈출지 모르는 것처럼, 아이템의 발현이나 사업의 발전도 마찬가지라고 본다. 콜럼버스의 달걀 이야기도, 콜럼버스가 달걀이 서는 그 순간에 다른 데를 주시하고 있었다면 탄생 못 했을 것이다.

월가에서 10여 년 동안 일하다가 한국의 카이스트 녹색성장 대학원으로 오셨던 한 교수님 말에 의하면, 월가의 투자 업계에서는 이전부터 사업은 70%가 운(인간이 알 수 없는)이고, 20%가 트렌드 그리고 10%가 기업의 우수성이나 대표의 자질로 보아, 이러한 방향성을 갖고 포트폴리오를 짜는 것이 오랫동안의 정석으로 자리잡아 왔다고 한다. 삼국지에 나오는 천·지·인의 원리와도 흡사하다. 인복은 지세를 이기지 못하고, 지세는 하늘의 때를 이기지 못한다는 말도 있다. 어쩌다 '그때'를 맞힐 수는 있겠지만 항상 '그때'를 알지는 못할 것이다.

4

창업은 왜 하는가
– 카네기멜론과 카이스트 학생들에게 질문했더니

카네기 멜론 MBA과정 중 'entreprenuership(기업가 정신)' 과목을 들은 한 유학생의 말에 의하면, 그 과목의 교수는 하루는 A4 용지 1장을 40여 명의 학생들에게 나눠 주면서 "창업이나 스타트업은 왜 하는 것이라고 생각하나?"라며, 한마디만 적어 내보도록 하였다. 교수님은 종이를 모두 걷은 뒤 적혀 있는 단어들을 하나씩 읊어 보았다.

가장 많이 나온 단어가 무엇인지 아는가? 바로 'For Fun'이었다. 그렇다. 재미로, 호기심으로 한다는 것이다. 어린이들은 재미난 놀이나 게임에 빠져 있으면 시간 가는 줄도 모르고 심지어는 식음을 전폐하고 잠도 자지 않고 할 수 있는 힘을 갖게 된다. 실제로 게임이란 어원도 따지고 보면 옛날 신석기 시절부터 짐승들과 물고기를 잡던 어른들의 경제 활동이자 스릴 넘치는 재미난 놀이였다. 그래서 지금도 특히나 남성들 사이에서는 낚시, 골프, 테니스, 꿩사냥 등이 인기를 끄는 건지 모르겠다.

카이스트 강의 중 '스타트업 101'이라는 과목이 있다. 필자를 포함하여 세 명의 교수진(심재후 교수, 김종철 교수)이 한 꼭지씩 맡아 돌아가면서 하는 학부생 대상의 수업인데, 필자가 먼저 창업 아이템 도출 및 검증이라는 세션을 맡는다. 첫 수업 오리엔테이션 때 세 명의 교수진이 꼭 하는 설문이 있는데, 그중 하나가 '왜 창업을 하는

가?'란 질문이다. 학생들의 답변이나 투표 결과는 실시간으로 화면에 나타나는데, 답변에는 30개가 넘는 단어들이 나온다. 그런데 한국은 놀랍게도 '돈을 벌기 위해'란 말도 상당한 비중을 갖고 나타난다. 그리고 한편으로는 '창업을 왜 안 하는가?'라는 질문의 답을 보면, 창업에 대한 두려움이나 현실적 장벽들도 나타난다. 그 이유에는 공통적으로 '보증기금에 의해 빚을 질 가능성이 큼'이나 남성의 경우 '군 문제', 여성의 경우 '부모님의 걱정 및 반대' 등이 있다.

재미로 창업을 하는 팀과 돈을 벌기 위해 창업을 하는 팀을 비교해 보자.

인공지능이 세상에 깊이 들어올수록 사람들은 사람에게 더욱 재

	For Fun	For Money
유사 상황	- 포커 칩만으로 카드놀이를 하는 경우 - 페이스북 초기 교내 여학생 사진들을 해킹, 남성들만 초대하여 인기 투표를 하는 기능으로 재미로 출발 - 싸이월드 초기에도 재미 및 필요성을 느껴서 남녀 간 소개팅 플랫폼을 구축하기 위한 시도에서 출발	- 돈을 걸고 카드놀이를 하는 경우 - 각종 자영업 / Small Business
장점	- 투·융자 상관없이 틈틈이 여유 있게 할 수 있다.	- 투자금 등이 소진되기 전에 운영비를 충당할 정도의 매출을 낼 가능성이 커짐
단점	- 정부자금이나 투자를 받는 경우, moral hazard에 빠질 위험이 있어 유의해야 한다.(자기 돈이 아니라고 흥청망청 쓰거나 경각심이 줄어들 위험이 있다.)	- 창의력이나 장기적 관점의 개발을 포기하고 단기적인 수입원에 골몰하게 된다.(페북 공동 창업자 중 한 명이 초기부터 광고 비즈니스에 너무 골몰한 나머지 오리지널 창업자와 의견 충돌이 나고 퇴사)

미있는 일을 찾아 나서야 한다고 본다. 그중에는 낚시와 사냥 같은 것 말고도, 세상이 필요로 하는데 아직 충족 못 된 것들이라는 주제에 대해 손 놓고 있지 않고 이를 해결하려는 다양한 시도를 즐겨 해 보는 것이다. 정말로 큰 재미로 동기부여를 받고 해야 실패에 대한 두려움도 적고 정말 '밑져야 본전'이 될 수 있다. 실패란 개념이 존재하지 않는 세상일 수 있는 것이다.

요즘 재미난 게임을 하는데 레벨이 안 올라갈까 봐 혹은 실패할까 봐 등 어떤 두려움을 느끼는 사람이 있는가? 게다가 이 실패 과정에 대한 지식이 적절하게 공유되거나 그러한 경험을 해 본 사람을 필요로 하는 곳에 쉽게 매칭이 된다면, 사회적으로도 큰 기여를 하게 되는 셈이다. 사회 전체에 이런 풍토가 널리 퍼지고 연관 서비스들이 촘촘히 세워져 가면 좋을 것이다.

4장

1인 N창업,
연쇄 창업가 비밀노트

※

1
연쇄 창업가의 성공 공식

미국에서는 사람을 만나다 보면, 가끔씩 'Serial Entrepreneur(연쇄 창업가)'라는 말이 심심치 않게 들린다. 한국에서는 정말 극히 드물다. 그리고 어쩌다가 연쇄 창업가라는 말을 하게 되면 옆에 있던 다른 사람은 '연쇄 살인마?'식으로 농담 반 진담 반 이야기를 한다. 먹튀라는 말도 가끔 들려 온다. 한번 성공해 본 사람이 그 공식을 알기 때문에 더 잘 성공한다는 말도 한다. 필자도 법인 설립이나 창업을 최소 7번 이상 해 보고, 성공(?)한 창업도 연속적으로 2~3번 있었지만 그 이후 창업이 꼭 성공으로 이어지지는 않았다. 앞서 월가의 투자 귀재들이라 불리는 유태계 금융인들도 70%는 운이라고 가정하고 포트폴리오 전략을 짠다고 했다. 쉽게 생각하면 10번 창업을 해서 3번 성공하면 아주 잘 한 것으로 볼 수도 있을 것이다. 우스갯소리지만, 딸을 낳고 싶어 하는 가정에서 아들만 6명까지 낳다가 포기하는 경우도, 또 어떤 집은 7번째 가서 성공하는 경우도 있다.

반면, 스티브 잡스의 성공 이력 뒤에는 역시나 실패의 이력이 병존하는데, 실패율을 줄이기 위해 제시된 신제품 개발 방법론으로써 디자인 씽킹이 있다고도 하였다.

미국은 한국보다 시장이 최소 30배 이상 크다는 말을 하곤 한다. 2000년대 초에는 100배라고도 하였다. 필자가 신동윤 씨와 공동 창업하여 네이버에 매각한 자동 주소록 개념의 '쿠쿠박스'가 매각액이 20억 원 정도였을 때, 한국보다 조금 늦게 시작했던 미국의 유사서비스 플락소(Plaxo)는 2,000억 원에 매각되었다. 필자가 정영식 씨와 함께 공동 창업했던 싸이월드가 SKT에 매각될 때 75억 원 정도였다면, 미국의 후발 주자였던 유사 서비스 마이스페이스 경우, 루퍼트 머독 측에 7,500억 원에 매각되었다. 마이스페이스 창업자가 자신의 모교인 USC 대학교 초청 연사 때 한국의 싸이월드를 벤치마킹했다고 하였다.

미국 시장이란 의미는 정확히는 영어권 시장이라고 해야 할 것이다. 미국 인구는 많아야 3억 2,000만 명 정도이지만 영어권 인구는 23억 명이 넘으니까 말이다. 2000년대 초는 한국이 경제력이 매우 약했던 시절이라, 구매력이 미국이나 영어 사용권 주요 국가들보다 월등히 적었기 때문에 미국과 한국 간 시장 규모 차이가 더 컸겠지만, 지금은 한국의 구매력과 경제력이 10위 내지 6위로 이야기될 정도로 향상되었기 때문에 미국과 한국 간 시장 규모 차이가 대폭 줄어든 것으로 보인다.

상호 간 선순환이 되어야 하는 것이지만, 디자인 씽킹 철학 체화, 큰 시장 규모 및 강한 아이디어 보호 문화 그리고 이에 따른 매각 금액의 상승 및 인수 합병의 활성화가 연속 창업을 해도 성공률을 높이는 지렛대가 된다고 생각한다.

2
미국의 연쇄 창업 이유

한편, 미국에서 연쇄 창업이 인기를 끌고 더 많은 창업자가 연속적으로 창업을 시도하는 이유는 무얼까? 몇 가지 이유를 다음과 같이 제시해 본다.

첫째, 미국 시장 규모는 한국보다 인구수로 보나 경제력으로 보나 크기도 크지만, 무엇보다도 엔젤 투자 및 인수 합병 시장이 크고 자주 M&A 거래가 일어나기 때문이다. 물론, 시장 규모가 크면 기대 수익도 더 크고, 그에 따라 상대적 리스크는 줄어 창업이나 엔젤 투자가 더 활성화되기도 한다. 예를 들어, 5,000만 원을 같은 아이템에 투자하는데 3년 뒤 5억 원을 벌 가능성이 있는 시장과 150억 원을 벌 수 있는 시장 중 어디에 투자를 더 하고 싶어질까?

벤처 입장에서도 더 큰 자금을 받을 수 있거나 혹은 더 적은 지분 할애가 가능하다는 이야기다.[1] 또한, 인수 합병 시장이 크다는 말은, 인수 합병을 더 잘 해 주는 관행과 제도적 뒷받침이 잘 되어 있다는 의미가 포함된다. 남의 아이디어나 실적에 대해 가격을 후하게 쳐주고 인정해 주는 문화가 상대적으로 강하다는 뜻을 내포한다고도 봐

---

1 두 나라 간 임금과 물가는 그 정도로 큰 차이가 없는 데도 말이다.

야 할 것이다. 미국이나 유럽 회사들의 인수 사례를 몇 가지만 살펴보자. 페이스북이 매출이 전무했던 회원 수 3,000만 명의 인스타그램을 1조 원대에 인수했고, 구글은 유튜브를 2조 원대에 인수하였다. 마이크로소프트는 링크드인을 30조 원대에 인수했다.

미국 회사끼리 인수하는 사례 외에도, 미국 회사 리빙소셜(Living Social)이 한국의 티켓몬스터를 3,000억 원대에 인수한 사례 혹은 독일 회사가 '배달의 민족'을 4조 원에 인수한 사례가 있다. 한국 회사끼리 인수한 사례로 유명한 것은 네이버가 검색 서비스 '첫눈'을 350억 원에 인수한 것이 그 당시에는 큰 건이었다. 이때도 구글이 첫눈에 약 700억 원의 인수 제의를 한 것에 대한 반동이기도 하였을 것이다. 왜냐하면 그 당시 첫눈은 트래픽이 서비스로서는 성공했다고 보기는 어려운 수준이었고, 국내 검색 관련 최고의 엔지니어들을 많이 규합해 놓았다는 일종의 '인재' 풀에 대한 인수전의 성격이 강했다고 한다.

한국 회사끼리 인수한 사례로 딱 1건이 약 4,000억 원대 딜이 있기는 하다. 불세출의 액션 RPG '던전 앤 파이터'라는 게임을 만들어 선방하던 네오플을 넥슨이 인수한 것이다. 네오플은 IT 벤처 업계 M&A 역사상 가장 성공적인 사례라고 하지만 미국 마이크로소프트사의 링크드인 인수 금액 30조 원이나 포토샵 제작사로 유명한 어도비가 '피그마(figma)'를 25조 원대에 인수한 것에 비하면, 1/50도 안 되는 금액이다.

두 번째, 위의 이야기가 주로 엑시트(exit)[2]가 상대적으로 쉽거나 매

2 회사 매각 혹은 중도 포기, 정리나 폐업 등.

력 포인트가 크다는 관점이라면, 이번에는 창업의 시작이 매우 쉽다는 것이다. 이것은 프로젝트로 재미있게 시작하고, 법적 창업을 쉽게 함으로써 그 시작이나 시도의 장벽을 낮추고 그 초기의 재미가 순탄히 이어지도록 하는 힘이 있다. 일단 미국은 자본금이나 등기 제도가 없다. 한국의 등기 제도가 유연한 벤처 창업과 인재의 확보에 걸맞지 않은 점이 있는 것은 사실이다. 예를 들어, 벤처란 인재의 네트워크라고 볼 수 있을 정도로 이합집산이 강한 조직 속성을 가졌고, 초기에 급여도 없이 움직이는 인재 네트워크는 곧 지분의 네트워크라고 해도 과언이 아니다. 그런데 등기 제도는 인재의 전출입에 따른 지분 변화에 유연하게 대응할 수 없는 제도이기 때문이다. 또한, 초기 벤처의 경우 창업자 간 지분 나눔과 이에 따른 'vesting option(귀속 옵션)'[3]이 필수인데 등기 제도는 이러한 vesting option을 뒷받침해 주기 매우 힘든 면이 있다.

세 번째 이유는 개인이 스스로 노력만 하면 가능한 것으로써, 새로운 서비스나 신제품을 내놓고자 할 때 발생할 수 있는 두려움이나 시행착오를 줄일 방법이 생활 속에 문화적으로 널리 퍼져 있다는 것이다. 그도 그럴 것이 벤처 기업 사업의 실패 원인 80%가, 이 제품을 세상이 정말 원할까? 정말 그런 수요나 시장이 존재할까? 등의

---

[3] 초기 창업 멤버가 시간차를 두고 들어오기 마련인데, 보통 창업 멤버는 5% 이상의 실제 지분을 받게 된다. 공동 창업의 경우, 지분의 50%를 갖기도 한다. 그런데 창업 멤버가 개인 사정으로 퇴사해야 하는 경우를 대비하여, 통상 4년간 매년 1/4씩의 지분을 인정해 주는 관행적 제도다. 계약에 따라 달라질 수 있지만, 통상적으로 첫만큼은 cliff라고 하여, 1년 전 퇴사하면 그 1/4도 주지 않는다. 그 대신 1년이 지나서 퇴사하면, 1년 치인 1/4만큼의 지분과 더불어, 1년 후에도 다닌 개월 수를 인정하여 그 기간만큼의 지분을 인정해 준다.

'Market-Product Fit' 검증[4]에 대한 사전 노력을 게을리해서 그렇다는 것이다. 혹은 그 검증 방법이 존재하는데도 그걸 몰라서, 무지해서 그렇다는 것이다. 일정 규칙에 따라 조금 더 노력할 수 있는 방법이나 지식을 안다면, 그 실패율을 많이 줄일 수 있다. 실제로 한 개인이 세상에 없는 그 무엇을 만들어 사업적으로 성공시키기란 만만치 않다. 그래서 아예 꿈조차 꾸지 않으려는 것일지 모른다.

그런데 만약, 단순한 생활 속 아이디어를 검증하고, 제대로 된 시장 검증을 할 수 있는 방법이 있다면 어떨까? 일단 창업 디자인 씽킹을 30분 정도의 개관에, 1시간 정도 실습만 해 보면 이 말이 무엇인지 대강 감을 잡을 것이라고 본다.

다만, 디자인 씽킹이나 프로토타입 메이킹은 평소 생활 속에서 문화적으로 혹은 습관으로 체화되어 있어야 유리한 면이 있다. 평소 생활 속에서 관찰이나 제작을 시도해 보는 습관이 있고, 모르는 사람과 대화를 솔직하고 깊이 있게 나눌 수 있는 문화와 스킬이 필요하기 때문이다.

이에 대한 자세한 실무 진행 내용은 '창업 디자인 씽킹' 편에서 다루어 보기로 하자.

---

4 스타트업 게놈 프로젝트가 스타트업 4,000여 개를 조사한 결과.
https://startupgenome.com/articles/a-deep-dive-into-the-anatomy-of-premature-scaling-new-infographic
https://www.headway.io/exploring-product/why-startups-fail-a-look-into-product-market-fit-craig-zingerline

3
한국의 창업 장벽

한국의 경우 한때 최소 자본금이 5,000만 원이었기 때문에 초기 벤처들은 돈이 없어서 자금을 빌리거나 지분으로 환산하여 주는 식으로 메꾸어 편법적 설립을 한 적이 많다. 다행히 한국은 최근 들어 자본금 제도가 존재하기는 하나, 100원~100만 원 법인 설립도 가능하게 법이 바뀌어서 학생 창업의 경우 매우 유리하게 작용하고 있다. 하지만 아직 주변 제도와 문화가 개선이 덜 되어 여전히 창업은 시작부터 장벽을 느끼게 한다. 예를 들어, 법인 설립 시에 등기 제도 때문에 법무사에 맡기곤 하는데 통상 비용이 100만 원 가까이 든다.

수도권 과밀 지역(서울·경기도)에서 창업을 많이 하기 때문에 정부 관련 세금이 더 들어간다. 온라인 재택 창업 시스템을 통하면, 법무사를 끼지 않고도 창업이 가능해서 비용을 낮출 수는 있다.[5] 법인 등기 완료 후에도 별도로 임대차 계약서를 지참해 세무서를 방문하여 사업자 등록증을 받아야 한다. 요즘처럼 소프트웨어나 IT 창업이 많은 경우에는 사무실이 중요하지도 않고 필요하지 않을 수 있는 데도 임대차 계약서를 첨부하거나 대체물을 제시해야 사업자등록증이 나온다. 이렇게 하여 사업자등록증을 오프라인으로 발급받아 보관해야 한다는 것이 자연스럽지는 않다. 사무실 개업을 하고 보란 듯

---

[5] 공인인증서 등으로 인한 액티브 X와 긴 시간 씨름해야 하고, 등기소를 몇 번 더 가서 서류들을 작성해야 하는 수고는 있다.

이 액자에 사업자등록증을 넣어 걸어 두던 시절에는 잘 맞았겠지만 말이다.

이런 일 정도를 어렵다거나 못 넘어서야 더 큰 파도가 올 수 있는 창업의 세계에 어떻게 진입하겠다는 것이냐고 반문할 수도 있다.

그런데 무엇보다 초기의 흥과 재미를 반감시킬 수 있다. 특히, 벤처 창업은 가볍게 사이드 프로젝트로 재미로 친구끼리 시작하여 시장에서 어느 정도 검증이 되었을 때 투자도 받고 창업하는 것이 가장 이상적이다. 그 외 비용과 시간을 낭비하는 것으로 현행 등기 제도와 공인 인증서 시스템이 있다고 본다. 공인 인증서 제도는 법적으로 폐지되었다고도 하지만, 실제로는 공인 혹은 범용 인증서로 하지 않으면 안 되는 정부, 금융 혹은 각종 인증서 증빙 사이트는 무수히 많다.

단적인 예가, 2008년 한국인이 미국에서 사업을 하고자 미국 은행 사이트에 접속하면 아이디와 암호만 알면 어떠한 컴퓨터, 어떠한 OS(윈도든 매킨토시든)에서도 접근이 가능했으나, 한국의 경우 2024년 현재까지도 공인 인증서를 위한 액티브 X(Active X) 프로그램들을 여러 개 설치하지 않으면 법인 통장 접속이나 국세청 홈택스 서비스 접속 등에 있어서 일이 안 되게 되어 있다. IT 벤처 업계에서는 그 성능과 글로벌 호환성으로 인해 점점 더 애플의 매킨토시 노트북 사용이 일반화되는데, 매킨토시 노트북에서는 보안상 한국의 액티브 X가 돌아가도록 되어 있지 않다.

한국의 정부가 외주로 제작한 수많은 액티브 X 프로그램 역시 애플의 맥 컴퓨터에서 돌아가도록 만들지도 않았음은 물론이다. 온라인 재택 창업 내지는 여러 벤처 활동 중 필수적으로 맞닥뜨리게 되는 정부나 금융 관련 일에서 액티브X 설치와 충돌 문제 해결을 위해 허비해야 하는 시간이 사람마다 못해도 몇 시간 이상을 허비한 경험들이 있을 것이다. 이를 국민 수로 곱해 보라. 정부는 국민의 그 귀한 시간을 돈도 안 주고 심지어 각종 공과금과 수수료를 떼 내며, 수십 년을 허비시킨 것이나 다름없다.

등기 제도를 보자. 온라인 재택 창업을 하여도, 표준 정관이 벤처나 현재의 관행을 반영하고 있지 못해 결국은 모르고 할 경우, 투자 유치나 인재 확보를 위한 스톡옵션 발행 등의 중요 행위를 할 때 또다시 정관 변경을 해야 한다. 이를 위해서는 임시 주주 총회 소집과 이후 법무사를 통한 정관 변경 내용 공증 작업도 필요하다. 이때도 수수료가 발생한다. 이 과정을 모두 마친 뒤엔 또 관할 등기소를 방문하여 여러 서류를 증빙[6]하여 제출해야 한다. (이후 등기 심사관의 인적 심사 소요 4일 대기-오프라인 신청서에 기재해야 하는 문구 등 오탈자 포함 수정 요청 시 또다시 방문, 보정 작업 거친 후 재제출-4일 대기 후 인터넷 등기소에서 확인 필요)

이때 비용적으로는 위택스(wetax) 등을 통한 등록면허세 납부, 현장에서 은행을 통한 수수료 납부 등으로 통상적으로 20만 원 내외의 비용이 추가 소요된다.

---

6 통상 법인 등기부등본 및 법인 인감증명서를 3개월 이내에 발부받아 지참해야 한다. 법인 등기부등본은 그나마 인터넷 등기소 출력이 가능하나, 법인 인감증명서는 그 출력 기계가 차 타고 가야 하는 먼 곳에 존재할 경우가 많다.

직원 수가 적고, 빠르게 움직여야 하고, 소액 투자를 자주 받아야 하는 벤처 입장에서는 이러한 일들을 수시로 해야 하는 것이 시간과 비용면에서 상당한 부담이다.

더군다나 이 과정이나 절차에 대해 (그리고 단계별 증빙 서류에 대한 정의가 표준화가 덜 되어 있는지) 네이버 검색 결과 나오는 지식인, 법무, 변호사 블로그, 현장의 등기소 심사관마다 주관적인 견해나 판단이 모두 다 조금씩 다르거나 정황에 대한 이해 부족이나 소통 실수 등으로 간접적 비용이 더 상승할 기회는 언제든지 상존한다. 그래서 관련 제도가 대폭 개선되기까지는 결국 법무사 활용을 추천한다. 이후 사업자등록증 발부를 위한 관할 세무서 방문은 별개의 문제다.

미국의 경우, 스타트업 시작이 상당히 간소하다. 심지어는 한국에 사는 한국인들이 미국에 법인 설립하는 것이 온라인으로 모두 가능하며, 온라인 입력 후 500달러만 신용카드로 결제하고 기다리면 일주일 정도 지나면 정관과 사업자 번호(EIN)[7]가 나왔다고 하면서 메일이 온다. 각종 액티브 X 프로그램 다운로드와의 전쟁이 하나도 없음은 물론이다. 사업자 수령을 위한 세무서 방문도 필요 없다. 등기소 방문도 전혀 필요 없다. 미국의 3대 로펌을 통해 발행한 표준 계약 문서들과 함께 디지털로 사업자등록증까지 나와 있다.

미국 최고의 변호사를 통해 검증된 최신 표준 정관이나 주주 간

---

[7] https://stripe.com/atlas에서 미국 법인을 원격 설립할 수 있다. 정관과 유사한 'Approved Certificate of Incorporation(Articles of Incorporation)'과 주주 간 동업 계약서격인 'Common Stock Purchase Agreement'가 출력 가능하도록 만들어지고, 사업자 번호격인 'EIN'은 https://www.irs.gov/에서 신청 즉시 1분 만에 발급된다.

계약서 등이 모두 이미 잘 마련되어 있고, 온라인에서 입력한 것에 따라 계약서에 자동 반영이 되며 서명 역시 온라인에서 하면 그만이다. 우리나라의 경우, 인감 제도 역시 매우 비효율적인 제도임은 물론이다. 법인 인감을 복잡하게 등록해야 하는 과정, 인감 분실 시 재등록하고 법인 인감증명서 변경까지 해야 하는 과정, 그리고 관련 비용 발생, 시간 허비 등 생태계적으로 연결되어 있는 노고가 상당하다고 본다.

특히, 자주 발생하는 업체 간 계약에 있어 법인 인감이나 사용 인감을 써야 하는데, 페이지마다 빨간색 인주를 별도로 준비하여 날인은 물론 간인까지 해야 하니, 이 역시 구시대 때 만들어진 제도로, 매우 진부한 방식을 답습하고 있다. 이러한 모습은 한국의 젊은이(중·고등학생, 대학생 포함하여)들이 더 빠르고 간결하게 접근해야 하는 데 있어서 문화적으로든 장벽이 되고 있음은 부인할 수 없다. 원칙적으로 유료이긴 하지만, 요즘 온라인 서명 사이트들이 존재하는 것은 그나마 다행이라고 생각한다. 미국식으로 창업 시작을 편하게 할 수 있도록 생태계를 개선한다면, 해외의 인재들이 한국 시장을 향해 원격 창업을 하고, 성숙한 단계에 이르면 해외의 젊은이들이 한국에 들어와서 살게 됨으로써 인구절벽 문제 완화에도 도움이 되지 않을까?

미국의 경우, 한마디로 말해 사업이나 창업이 재미있고, 너무 고달프지 않고, 위험이 크지도 않고 해 볼 만하다고 하니, 하고 또 하는 것이다. 실패해도 부담이 없다. 프로젝트 1개가 실패했으면 그게 누적된 경험이 되어 차기 프로젝트를 성공으로 이끄는 데 더 도움이 될 것이란 생각이 널리 자리잡고 있다. 한국의 경우 '사업 잘 못하다 망하면 차압 들어온다'든지, 기술 신용 보증받아 1억 원을 빌렸다가 망하면 '대표 이사 연대 보증 제도가 없어졌다고 해도 책임 경영 제도에 의해 실제로는 다 물어줘야 하더라'는 식의 말이 팽배한 것이 사실이다.

미국은 이전부터 벤처 투자 시 대표 이사 연대 보증이 없었고, 한국은 최근 들어 사라졌다. 하지만 아직도 기술보증기금이나 신용보증기금을 통해 융자받으면, 대표 이사 연대 보증은 없을지라도 책임 경영 등의 다른 방식으로 해서 구상권을 행사하는 조항이 있다. 한국은 엔젤 투자의 층도 얇지만 투자를 받고 벤처가 실패했을 때도 창업자와 투자자 간에 아직 채권·채무적 마인드가 강하게 존재하는 것 같다. 창업 활성화나 실패의 여파를 최소화하기 위해서는 사회적으로 재미있게 누구나 창업할 수 있도록 진입 장벽을 계속 낮춰가고 실패 지식과 실패 경험자가 재활용될 수 있도록 미국에서 오랫동안 운영해 온 EIR(Entrepreneur In Residence · 초빙 기업가) 제도가 도입되거나 대폭 강화되어야 할 것이다.

EIR은 창업 성공은 물론 실패한 경험이 있거나 산업 경험이 풍부한 전문가가 벤처 캐피털(VC · Venture Capital)에 소속된 채 투자 의사 결정 또는 포트폴리오 회사에 조언 등 도움을 건네면서 인재 매칭이나 성장을 지원하는 직책을 말한다. 이를 통하여, 경험 지식을 누적시키고 재활용함으로써 한국 벤처 생태계 전체가 더욱 경쟁력을 갖게 될 것이다.

정부도 대기업들과 벤처와의 협업을 강화할 수 있는 터전을 마련해 줘야 한다. 아이디어만 뺏길 수도 있고 형식적인 진행으로 마무리되곤 하는 PoC(Proof of Concept · 개념 증명)만 할 것이 아니라고 본다. 한국 벤처의 기술이 좋으면 적정 가격으로 소비를 해 줘야 할 것이고, 경쟁사에도 공급한다고 해서 무조건 배척할 일도 아니다. 모 대기업의 기술 공급업체 선정 시에도 해당 벤처와 자사 대기업 계열사 간 경쟁을 붙여서 의도적으로 해당 벤처의 가격 하락을 유도한다든지 하는 관행의 혁파도 필요할 것이다. 이러한 일들로 인해 벤처 대표가 시간과 건강을 해치며 접대를 더 많이 해야 하는 일들은 하루빨리 사라져야 한다.

2부

기후위기 속 커다란 기회

산업 프로세스 리엔지니어링

5장

**기후위기 해결을 위한
산업 프로세스 리엔지니어링**

*

1
비즈니스 프로세스 리엔지니어링(BPR) vs.
소셜 프로세스 리엔지니어링(SPR)

비즈니스 리엔지니어링(Business Re-engineering)이나 비즈니스 프로세스 리엔지니어링(Business Process Re-engineering)을 들어 봤을 것이다. 기업의 체질 및 구조와 경영 방식을 근본적으로 재설계하여 경쟁력을 확보하는 경영 혁신 기법이다. 이것이 결국 극대화되어 베스트 프랙티스(Best Practice)들이 소프트웨어화된 것이 ERP이기도 하다. 1990년 마이클 해머가 제창한 기업 체질 및 구조의 근본적인 변혁을 가리킨다. 비용, 품질, 서비스, 속도와 같이 핵심이 되는 경영 성과의 지표들을 비약적으로 향상시킬 수 있도록 사업 활동을 근본적으로 다시 생각하여 조직 구조와 업무 방법을 혁신시키는 재설계 방법이다.

앞서도 언급되었지만, 소셜 리엔지니어링이나 소셜 프로세스 리엔지니어링의 경우, 오늘 우리가 매일 같이 쓰고 있는 페이스북, 인스타그램, 직방, 배달의 민족, 당근마켓, 쿠팡 등 모든 B2C 서비스들의 개발은 기존 소비자의 소비 프로세스(행태)를 더 효율적으로 바꾸거나 역이용한 것이라고 하였다.

2
산업 프로세스 리엔지니어링이란

이제 산업 프로세스 리엔지니어링이란 무엇이겠는가? 한마디로 우리가 발 붙이고 있는 아스팔트나 콘크리트에서부터 우리 주변에 보이는 모든 건물, 우리를 비추는 모든 조명과 광고물, 우리를 따뜻하게 혹은 시원하게 해 주는 각종 냉난방 시스템, 우리의 손에 잡히는 모든 생활용품과 전자 장비, 교통수단, 여기에 속한 모든 산업 내 제품과 서비스의 생산 프로세스 및 유통 프로세스는 물론이고 소요되는 모든 원자재와 원료·재료들의 생산 및 유통 프로세스를 이산화탄소(CO_2) 제로화가 되도록 재설계 내지는 혁신하는 일이다.

산업혁명 이래 화석 연료, 화학적 공정, 합성 플라스틱, 합성 섬유 등을 개발하고 발전시켜 오면서 현재의 기후위기를 초래한 바, 관련 제품과 서비스별로 초기 발명 혹은 최초의 생산 시점으로부터 지금까지 발전해 온 경로상에서 CO_2 제로가 가능한 방법을 역추적해 보아야 할 것이다. 도무지 기한 내로 방법이 없어 보인다면 해당 제품과 서비스는 폐기하고 대체 기술이나 대체 프로세스로 갈 수 있도록 지원해야 한다. 우리가 향유하고 있는 이 세상 모든 제품과 서비스의 부품·자재 사용 – 연구 개발 – 기획 – 조립·생산 – 제조 – 가공 –

유통 – 물류 과정상 모든 CO_2 발생 노드[1]들에 대한 점검과 CO_2 발생을 먼저 최소화해야 하는 부분 파악 및 해소를 위한 대안적 재료·기술 모색, 공정 재설계가 필요한 것이다.

파트너 기업 간의 전체 공정 최적화 노력, 파트너 기업 간 대안 원료나 자재 확보, 파트너 기업 간 공정 혁신, 파트너 기업 간 대안 기술의 확보, 파트너 기업 간 관련 기술 혁신도 필요하다.

이제 단순히 기업 안에서만, 특정 기업과 소비자 사이만 해결된다고 해서 끝나는 일이 아니다. 산업 전체 혹은 산업과 산업 간, 즉 경제 전체를 아우르는 기후위기 문제 해결을 위한 범 산업 프로세스 리엔지니어링이 필요하다는 것이다.

최근에 애플 CEO는 모든 자사 제품의 생산 공정(프로세스)에 물려 있는 전 세계 모든 기업의 CO_2 제로 달성(2030년까지)을 위해 협력 또는 강제할 것이라고 선언했다. 한국의 경우, LG 계열사에서 애플 아이폰에 배터리를 공급해 왔다. LG 배터리 제조사 역시 CO_2 저감이나 제로를 위해 자사와 협력 중인 부품 공급사나 사용 중인 에너

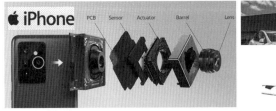

[그림 2–1] 아이폰과 테슬라에 공급되는 수많은 부품 중 LG가 공급 중인 부품과 배터리.

---

1 재료, 공정의 종류, 조직 주체.

지 종류 등에 있어서 모든 공정 관리 측과 노드(협력사 등)가 함께 해결해야 하는데, 시간이 얼마 없어 발등에 불이 떨어졌다는 보도도 있었다.

아이폰 하나만 해도 엄청난 숫자의 부품들이 들어가며, 부품들은 수백 개 이상의 회사에 의해 공급된다. 테슬라 자동차도 마찬가지다. 테슬라에 사용 중인 원통형 배터리를 한국의 LG 계열사가 공급한다.

3
기후위기 해결 과정 속의 소득 재분배의 기회

기후위기 해결 노정에는, 단순히 산업 전반에 걸친 기술과 공정 혁신의 위기와 기회만 존재한다고 보기는 어렵다. 이뿐만 아니라, 빈부격차 완화 혹은 소득 재분배의 기회까지 포함돼 있다고 본다. 기후위기의 문제 해결은 이제 기업, 정부, 단체, 국민, 주민, 학생, 주부, 독거노인, 부자, 빈자 누구도 비켜 나갈 수 없는 공통의 당면 문제다. 각계각층의 공동 노력이 필요한데, 빈부격차가 심해지면 그 해결 노력에 대한 동기가 사뭇 달라질 수 있기 때문이다.

한편, 산업 프로세스 리엔지니어링이 모든 생산재와 소비재에 걸쳐 일어나다 보면, 때로는 특정 개인이나 특정 자영업자나 특정 중소기업이 중견기업이나 대기업의 반열에 오를 기회도 생겨날 수 있다. 마치 인터넷 기술이 개화했을 때 혹은 더 과거로 거슬러 올라가서 석유 산업이 꽃 피기 시작할 때 뛰어들었던 작은 사업자나 기업이 현재 대기업이 되어 있듯이 말이다. 기후위기 해결에 선제적으로 참여하지 않은 기존의 대기업들은 문자 그대로 환경에 적응하지 못해 시장뿐만 아니라 청정해져야 하는 지구에서 퇴출될 운명에 처해 있는 것이다.

제러미 리프킨의 저서 중 하나인 '한계 비용 제로 사회(THE ZERO MARGINAL COST SOCIETY)'에서는 미래에 모든 기업체 중 약 90%가 사회적 기업 형태가 될 가능성이 높다고 했다. 10%만 기술혁신 기업이 담당할 것이라는 전망이다. 이 기술혁신 기업도 최고도로 성장하여 포화상태가 되면 사회적 기업화되고, 또다시 새로운 기술혁신 기업들이 그 10%를 채우게 된다. 왜냐하면, 소셜 미디어, 집단지성, 경쟁적 사회적 정보 공개 경향 등의 이유로 시간이 흐르면 정보 공개도가 올라가서 이윤이 점차 '0'으로 갈 수밖에 없기 때문이다. 이에 따라 이윤극대화를 하는 자본주의적 기업보다는 이윤이 '0'이어도 지속 가능한 사회적 기업의 형태만이 생존한다고 보는 것이다.

이렇게 생각해 보면 이해가 한결 쉬울 듯하다. 앞으로 기후위기를 극복하는 방향으로 기술이 발전하다 보면, 무한히 발전한다기보다는 어느 정도 임계점이나 수위에 다다르면, 칫솔·치약·화장지·물티슈 같은 생필품은 기술 표준화가 되거나 비용 최저가로 수렴될 것이다. 마치 다이소에 있는 수많은 물품이 그러하듯이 말이다. 그 정도 가격이면 더 싸져야 한다는 기술적 압박이나 소비자적 욕구도 없다. 이산화탄소 발생이 거의 '0'에 육박하고, 가격도 더 이상 내려가기 힘든 상태가 된다면, 상당 기간은 적정 기업 혹은 사회적 기업이 해당 제품의 생산과 유통을 맡게 될 것이라고 본다.

특히, 기후위기 문제를 효과적으로 제어해 낼 수 있는 유연한 글로벌 버추얼 소비자 연대가 나타난다면, 이들은 기후 관련 문제 기업이나 제품들에 대한 감시뿐만 아니라, 불매 운동을 할 수 있는 일종의 소비자 협동조합의 역할을 하며 사회적 기업들의 적정가격 표준화를 유도하는 것도 가능한 일이다. 유럽의 지역 태양광 발전 사업을 보면, 상당수가 지역 주민의 집단 사업 또는 협동조합 형태로 운영된다. 마찬가지로 지역 내 친환경 생필품의 생산과 유통도 이런 방향을 띨 수 있다고 보는 것이다.

4
산업 프로세스 리엔지니어링의 주체 및
제품 혁신 방법론 소개

위기 상황에서 개인 누구나 무언가를 혁신하는 혁신가가 될 수 있으며, 집단지성으로 뭉치면 대기업도 못 하는 일을 해낸다. 그 구체적인 방법론으로, 창업 디자인 씽킹 그리고 메이커 운동도 둘러보고자 한다. 특정 문제를 먼저 발견한 개인이, 한 명으로 출발해 팀을 혹은 집단지성을 일궈 나가다 보면, 디자인 씽킹 프로세스와 메이킹 본능을 통해 기후위기 문제를 해결해 나감은 물론 새로운 사업과 소득 기회가 생겨날 수 있을 것이다. 기후위기로 촉발되는 동시다발적 산업 프로세스 리엔지니어링이 요구되는 시대는, 개인과 기업 모두에게 기회다.

불소(F)는 지구 온난화를 초래하는 대표적인 온실가스라고 한다. 특히 불소 가스의 일종인 육불화황(SF₆)은 이산화탄소보다 온난화 잠재력이 2만 5,200배 높고, 최대 대기 체류 기간이 3,200년에 달한다. 이와 같은 경우는 아니지만, 불소를 포함하지 않으면서도 치아 건강에 도움이 되는 치약을 생각해 보자. 조금은 인체에 해로운 불소를 함유하지 않은 치약을 생산하는 데 다른 기술과 생산 공정을 사용할 수 있는 것이다.

기후위기는 어떻게 보면 개인, 벤처, 대기업에게 또 다른 엄청난 사업 기회다. 이러한 기회를 활용하는 데 있어 신제품 개발 방법론들인 'Virtual Transformation/ Social Process Re-engineering/ 창업 디자인 씽킹/ 김위찬 교수의 블루오션 전략'을 종합적으로 접근해 보면 도움이 될 것이라고 본다.

한국에는 서양화가 전공이지만 2년 동안의 독학 끝에 자동차의 원리를 터득하고 내연기관 빼고는 모든 부품과 차체를 직접 만들어 시운전에 성공한 사람도 있다. 이분의 말에 의하면, 기술 복잡도가 큰 제품일수록 그것이 최초로 발명된 시대로 거슬러 올라가면 의외로 기본 원리를 쉽게 이해하고 배울 수 있으며, 특히 그 시대의 사회상과 발명된 기술의 접목이 밀접한 연관이 있음을 깨닫게 된다고 한다.

사실 전기차가 내연기관 자동차보다 먼저 발명되었지만, 전기 배터리 기술보다는 석유 에너지 활용 기술이 더 적용에 수월하고 값싼 면이 있어 내연기관 자동차가 먼저 꽃을 피우고, 관련 시장과 기업

[그림 2-2] 위: 1881년, 프랑스의 발명가 구스타프 트루베가 발명한
최초의 전기자동차, 아래: 1886년 카를 벤츠가 발명한 내연기관 자동차.

권력이 강화되면서 오랫동안 전기자동차에 눈을 돌리기 어려웠다.

생산용 재료나 공정은 물론 폐기까지 고려하는 라이프 사이클 관점에서 볼 때 (환경을 해치는 화학적 공정으로 생산된) 플라스틱으로 만들어진 칫솔·샴푸통·의자·비닐 등은 최초로 발명되던 때에 어떤 기술적 사건과 사회적 필요가 결합해 해당 제품과 기술로 태어났는지 알아보고, 혹시나 그 당시 다른 대안 기술이나 분기점은 없었는지 살펴볼 필요가 있다.

가솔린 자동차와 전기차의 발전 관계를 보더라도, 이제는 배터리의 기술적 성숙도와 기후위기라는 사회적 필요가 결합돼 전기차 시대가 성큼 다가왔듯이 말이다. 앞으로 전기차의 동력이 되는 현재 모습의 배터리도 시험대에 오를 것으로 전망되고 있다. 배터리 제조 비용(현재는 전기차에서 차지하는 비중이 가장 큰 항목 중 하나임), 배터리 재료인 희토류 중국 독과점 문제, 배터리 폐기시 폭발, 독극물 등의 문제가 상존하기 때문이다. 최근 오스트레일리아에서 폐건전지·배터리 수거 및 재활용 사업 시장이 1조 원을 넘어설 정도로 규모가 커지는 것처럼, 배터리 대체물 혹은 대체 제조 공정 등 또 한편의 기술 혁신 및 사업적 기회가 도사리고 있다고도 하겠다.

자본과 투자도 점점 기후위기 해결로 옮겨 가고 있음을 알 수 있다. 이러한 자본의 뒷받침으로 기후위기 해결을 위한 대기업의 움직

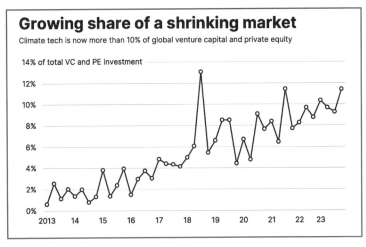

[그림 2-3] 축소되는 전체 투자 시장에서 기후 기술 섹터의 점유율 증가 그래프.

임이나 벤처들을 보면, 상당수가 재생에너지와 생산 공정별 CO_2 발생량 측정 장치나 표기 소프트웨어, 전기차, 배터리 기술, 대체육 등 점점 더 많은 산업의 프로세스 리엔지니어링을 향해 가고 있다.

이번에 필자가 속한 카이스트의 아산나눔재단과의 기후위기 해결을 위한 문화 확산 및 기후 벤처 양성 협력 사업에서도 활용하고 있는 중점 추진 분야를 보더라도, 에너지, 공정, 전기차, 탄소 포집, 친환경 건축 및 건설, 대체 식품·스마트 식품은 물론, 기업의 지속 가능 경영 전환 기술과 자연 기반 해법이 눈에 띈다.

자연 기반 해법을 추진하기 위해서는 앞서 언급된 발명 초기의 원점으로 돌아가서 리엔지니어링하는 접근이 더욱 중요할 것이다.

또한, 기후 기술을 주도하는 업체는 역시나 대부분 아주 작은 벤처들이 주를 이룬다. 기후 기술 분야에 따라, 학생이나 일반인이 진입하기 좋은 분야도 있고, 공학적 기술이 필요한 분야도 있고, 장인급 기술자나 연구원이나 교수가 해야 하는 분야도 있지만 대부분 1~2명의 소수의 인원으로 출발하고 있다. 거대한 기성 기업일수록

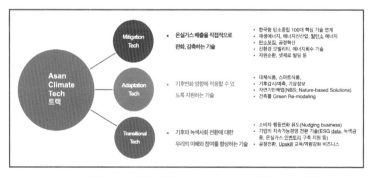

[그림 2-4] 3대 기후 기술 벤처 카테고리 : 감축 기술, 적응 기술, 전환 기술.

아무래도 오랫동안 자신들이 해 온 관성과 관행 때문에 외부로부터의 객관적 시야 확보에 한계가 있다. 본질적으로는 단기적 이윤 감소로 인한 개편에 대한 자발성이 약할 수밖에 없다.

예를 들어 합성 섬유를 주로 사용하는 스포츠 의류 제조사들이 갑자기 대체 원료로 스포츠 의류를 만들어 내기는 쉽지 않을 것이다. 그 대신 마이크로소프트, 구글, 아람코 등 전기 에너지 사용이나 석유 공급을 많이 해 온 거대 기업들이 자신들의 누적된 초과 이윤을 CO_2 문제 해결 벤처 기업에 투자 형식으로 지원한다. 또 인류 생존을 위협하는 수준의 기후위기 심각성을 잘 아는 이윤과 정보 중심의 기업인 모건 스탠리 같은 곳들도 CO_2 포집 및 재활용 벤처들에게 수조 원의 투자를 단행하고 있다.

6장

혁신의 방법론
4가지

＊

    산업 프로세스 리엔지니어링은 모든 분야에서 누구나 참여할 수 있다고 본다. 이 참여에는 누구나 사용 가능한 '혁신 방법'을 활용하면 유리하게 될 것이다. 여러 '혁신 혹은 신제품 개발 방법론'이 존재하지만 여기서는 주요하다고 보고 있는 4가지를 소개하려고 한다.

    '블루오션 전략/ Virtual Transformation /Social Process Re-engineering /창업 디자인 씽킹'이다. 이는 어느 한 개가 만병통치약이 된다거나 경쟁 관계나 상호 대체적인 것이 아닌, 상호 보완적으로 활용되면 더 효과가 날 것이다.

1
블루오션 전략

    블루오션 전략은 과거에 국내외적으로 선풍적인 인기를 끌었다. 블루오션 전략은 대기업의 경쟁사 대비 신제품 개발 전략[1]에 다소 더 부합하는 면이 있지만, 필자 역시 싸이월드 초기 싸이월드 클럽

---

1 가령, 삼성전자 대 LG전자 간 드럼 세탁기의 경쟁적 개발에 있어 어디에 포인트를 둬야 할지, 미국의 쉑쉑버거를 상대로 한국의 바스버거가 경쟁할 때 어디로 파고들지 등의 고민에 좋다.

과 다음의 카페가 어떻게 다른지, 어떤 부분이 혁신인지를 알기 쉽게 한 장에 표현하기 위해 블루오션 캔버스를 발표 장표에서 사용한 적이 있다. 어떻게 보면 벤치마킹 시 경쟁사 대비 어떤 기능이 추가되고, 기존 시장에 소개된 여러 기능 중에 무엇을 강화하고 약화하고 삭제해야 하는가를 한눈에 보기 편하게 해 주기도 한다.

다음 그림은 싱가폴 인셔드 대학의 김위찬, 르네 마보안 교수가 공저한 세계적인 베스트셀러 '블루오션 전략'이란 책에 나오는 내용을 발췌하였다.

와인을 우연한 기회에 맛을 보고서 좋았던 나머지, 다음에 매장에 가서 와인을 골라야 할때 너무 많은 와인 브랜드나 종류에 말문이 막혀 고르기 힘들었던 경험이 있을 것이다. 특히 와인 애호가들이 펼쳐 놓는 수많은 자료에는 지역과 나라별 온갖 브랜드와 몇 년산이니 어떤 가문이니 혹은 맛의 종류는 물론 바디감 등 정말 이해하기 어려운 단어들이 무슨 자랑인 양 이야기하는 경우도 종종 느껴 본

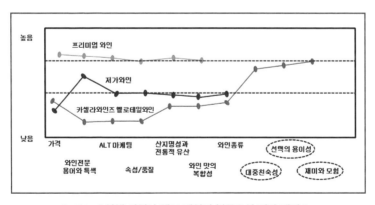

[그림 2-5] 신생 와인사 옐로 테일의 블루오션 전략 캔버스.

적도 있을 법하다.

그런데 상당수 대중은 초기 입문 시에는 가성비 좋고 그냥 쇼핑이 즐겁고 단순하면 좋겠다는 단순하지만 숨은 욕구가 있었던 것이다. 신생 와인업체 옐로 테일(Yellow Tale)의 블루오션 전략 캔버스 그림을 보면, 기존 프리미엄의 자랑이었던 전문 용어, 숙성도, 맛의 복합성, 산지 명성, 대중광고 등의 거품은 과감히 제거하거나 대폭 줄이고, 초저가 와인 대비 가격을 살짝 올려 품질은 어느 정도 유지하는 전략으로 시장에 진입했다.

선택의 용이성, 대중 친숙성, 그리고 살짝 더 나가서, 재미와 모험이라는 새로운 경쟁 변수를 추가하며 차별화해 낸 것이다. 그래서 블루우션 전략의 저자들은 이런 식으로 기존 수백 개의 사례를 같은 방식으로 분석한 끝에, 결국 4가지 변수로 경쟁사를 앞설 수 있게 되더란 것을 발견할 수 있었다. 그것들은 다름 아닌, 기존 기능들의 '증가', '감소', '삭제', 그리고 살짝 새로운 기능의 '창출'이었다.

즉, 이 그래프에서 보면 알 수 있듯이, 가격은 살짝 올리거나(저가 와인 대비) 대폭 내리고 (프리미엄 와인 대비), 대중 마케팅 같은 고예산을 제거하고, 숙성도 따지는 일도 제거하고, 산지 명성은 감소시키고, 와인 맛의 복합성이나 종류 역시 감소시켰다. 여기에 더해 대중 친숙성, 선택 용이성, 재미와 모험이라는 경쟁 변수를 창출했다. 여지없이, 비교 경쟁 변수들 각각에 대해 증가, 감소, 삭제, 창출을 행한 것이다.

이렇게만 하면, 저가 와인사 간에 극심한 경쟁이나 프리미엄 와인

간 경쟁을 피해서 유유자적하게 아무 경쟁이 없는 상황에서 헤엄쳐 갈 수 있다는 것이다. 그래서, 피 튀기는 경쟁을 연상시키는 레드오션과 시원하고 기분 좋은 블루오션을 대비시켰고, 책의 제목도 '블루오션 전략'이라고 지었다고 본다. 이 책을 사서 혹은 빌려서 보거나, '블루오션 전략'으로 검색을 해 보면 정말 많은 자료가 쏟아져 나올 테니 여기서는 이 정도로 간단히 다루고 다음 항목이자 필자가 즐겨 쓰던 잘 알려지지 않은 방법론으로 'Virtual Transformation' 전략을 살펴 보자.

2
버추얼 트랜스포메이션(Virtual Transformation)

가상화 전략(Going Virtual)

혹시 'Virtual Corporation'이나 'Networked Corporation'이란 말을 처음 사용하거나 유명하게 한 학자를 아시는지? 미국 MIT의 토마스 말론(Thomas W. Malone) 교수다. 경영 컨설턴트이기도 한 그는 1999년 전후에 이미 EDS, LG 등의 글로벌 대기업과 다양한 프로젝트를 진행하고 있었으며, 다음과 같은 유명한 연구를 하였다.

애플, 나이키, 페덱스, 델 컴퓨터들이 어떻게 빨리 경쟁사들을 따돌리고 독보적인 기업으로 성장할 수 있었는가를 연구하던 끝에 'Going Virtual(가상화 전략)'을 발견하게 됐다. 가상화, 네트워크화란 단지 일개 기업에만 국한된 것이 아닌 산업 자체를 아우르는 개념이

기도 하다. 예를 들어 할리우드 영화 산업이 강한 이유, 이탈리아 직물 산업이 강한 이유를 이야기할 때, 할리우드나 이탈리아 직물 산업 내에는 수만 개의 10인 이하 소기업이 활발하게 움직이며 서로 정보를 주고받으며, 큰 프로젝트를 감당해 낸다는 것이다.

마치, 우리 몸속 작은 세포나 기관들이 각자 역할을 하며 전체적으로는 단일 생명체를 유지해 내듯이 말이다. 그래서 경기 불황이 와도 그 산업 내 일부 소기업들은 망하거나 합병될 수는 있을지언정, 할리우드나 이탈리아 직물 산업 전체는 망할 수 없다. 예를 들어, 아메바 같은 단세포 동물들처럼, 거대한 적의 공격으로 일부는 파괴되어도 시간이 흐르면 다시 복원되거나 더 생장하는 방식에 비유할 수 있다. 한마디로 작은 소기업들이 네트워크화되어 있어 일부 소기업이 망해도 금세 다른 신생 소기업이나 기존의 다른 소기업들이 빈

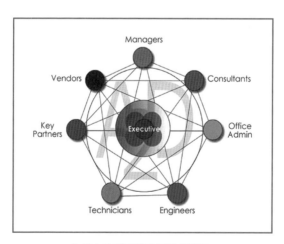

[그림 2-6] 네트워크 조직 조감도.

자리를 대신 메울 수 있고, 결국 전체 생태계가 돌아가는 데는 별 무리가 없다는 것이다.

실제로 브라질의 한 거대 기업은 큰 불황이 닥쳐서 회사 전체가 망할 위기에 처했을 때, 용단을 내려 핵심 사업부 위주로 여러 작은 기업으로 분사했다. 거대 불황기 속에서, 해당 소기업들은 잘 견뎌냈다. 모기업이 아닌 여러 고객사에 핵심 제품군들을 판매할 수 있게 됨으로써 오히려 더 큰 매출을 올리게 되며, 나중에는 모기업을 역으로 인수하거나 되살리는 방법이 가능해진 것이다. 나중에 노키아의 경영난 때도 이런 방식으로 훌륭한 소기업들이 많이 파생되었고, 그중 일부가 현재는 슈퍼셀, 앵그리버드로 유명한 로비오 등의 거대 기업으로 발전하였다.

나이키 역시 초기에는 아식스, 프로스펙스, 아디다스 등 여러 스포츠 브랜드와 치열한 경쟁 속에서 위기를 맞았다. 공장 관리의 문제, 재고 관리의 문제, 생산 인력의 문제 등등. 이후 나이키는 디자인과 마케팅에만 집중(애플 전략이 떠오르지 않는가?)하기로 한다. 많은 부서를 폐지하고 생산, 창고 등은 아웃소싱했다.[2] 그래서 나이키는 어떤 브랜드보다 시장과 고객의 마음을 더 잘 알게 되었고, 디자인과 마

---

2 여기서 아웃소싱은 한국에서 말하는 외주와는 구분할 필요가 있다고 본다. 한국의 외주는 흔히 불평등한 갑을 관계의 관행이 존재한다. 그러나 아웃소싱은 원칙적으로 파트너십의 성격이 강하고, 독점적인 관계보다는 하나의 우수 고객 관리 차원에서 이루어지는 개념이 강하다. 참고로 한국의 경우 특정 대기업에 기술 납품을 하게 되면 통상적으로 경쟁 관계의 다른 대기업에는 동일한 기술 납품을 못하는 경우가 많다. 한국 시장에서 하드웨어를 만드는 벤처가 매출을 내기 어려운 이유 중 하나다. 반면 미국은 스타트업들이 경쟁 관계인 많은 대기업에 기술 납품을 할 수 있다. 헌법상 보장된 경쟁의 자유를 누리고 있는 것이다. 스타트업이 더 큰 시장과 더 큰 매출을 조기에 달성할 수 있고, 그래서 신생 기업이 거대 기업으로 성장하기 좋다.

케팅을 잘 하는 회사로 포지셔닝하며 2024년 4월 현재 시가총액 약 200조 원의 회사로 성장했다. (인텔이나 알리바바가 약 240조 원)

1984년 대학생이었던 마이클 델이 창업한 델 컴퓨터는 공룡 기업이던 휴렛 팩커드(HP), 컴팩(Compaq), 아이비엠(IBM), 애플(Apple) 등이 개인 컴퓨터 시장을 석권하고 있었음에도 불구하고, 온라인 컴퓨터 판매 홈페이지 한 장만 띄어 놓고, 적지 않은 시간에 전 세계 1위의 개인 컴퓨터 판매업체로 등극한다. 그 비결은 바로 이 가상화 전략 때문이었다. 사용자 고객은 델의 홈페이지에 접근해서 부품 (사양) 선택만 하면 된다. 어제 새로 출시된 사운드 카드나 랜 카드, 최신 CPU 등 선택한 부품에 따라 가격이 매겨지고 주문을 확정하면 약 1주일 뒤에 집에서 받게 된다. 그런데 여기서 재미있는 점은, 최신 부품으로 중무장된 컴퓨터를 받게 되기 때문에 1주일을 기다릴 가치가 있다는 것이다.

또한, 온라인 주문 생산 체계에서는 경쟁하는 대기업처럼 광고, 창고, 대리점 등이 필요 없기 때문에 델 컴퓨터는 최신형 PC임에도 가격마저 저렴했다. 이 당시 대기업이 제조하고 유통하던 컴퓨터는 재고 관리상 보통 6개월 전에 출하된 컴퓨터를 지금 사는 것이라 부품 성능도 6개월 훨씬 이전 과거의 구식인 셈이었다. 한편, 대리점이 없으므로 수리는 오로지 전화 통화로 모두 해결해 주는 식이었다. 그래도 해결이 안 되는 경우, 무상 반품 및 전액 환불 서비스를 했다. (어떤 사람은 이를 악용하여 1년 동안 반품을 계속하며 무상으로 컴퓨터를 사용했다고 하지만 이런 경우는 극히 드물다는 양심을 믿은 전략이기도 하다.)

델이 한창 성장할 시기엔, 삼성전자의 모니터가 OEM 방식으로 델에 공급되기도 하였다. 델 주문 페이지에서 최종 소비자가 주소를 입력하고 결제 후 주문을 완료하면, 모니터는 삼성에서 생산하거나 창고에서 꺼내져 고객의 미국 주소지로 정해진 날짜에 도착하도록 별도 처리된다. 하지만 고객은 델 컴퓨터 로고가 찍힌 모니터를 한날한시에 PC 본체와 받으니 삼성 것인지 알 수 없다. 델 컴퓨터는 페덱스와 같이 Virtual 전략을 잘 구사하던 물류업체와 협업함으로써 미국, 한국과 같이 서로 다른 곳에서 보내더라도 같은 시각에 최종 소비자의 집에 도착하도록 조율이 가능했던 것이다.

Virtual 전략을 잘 구사하면, 자기 회사 안에서만 업무 프로세스를 최적화하는 것이 아니라 협업 파트너사와 해당 프로세스를 연동하여 전체 최적화할 수 있다. 즉, 양사의 전체 최적화를 통해 더 단축된 프로세스를 기획하는 것도 가능한 것이다. 여기서 양사의 비용 절감, 스피드 증대, 고객 품질 향상 등이 일어나고 파트너사 간 경쟁력도 전체적으로 상승한다. 이는 곧 고객의 만족으로 이어지고, 소문이 나면서 매출 급성장의 원인이 되어 준다.

그래서 고객이나 외부에서 보면, 델 컴퓨터, 페덱스, 삼성전자는 하나의 단일한 컴퓨터 공급업체가 되는 것이다. 토마스 말론 교수는 이를 가리켜 버추얼 조직, 네트워크 조직이라고 명명했다.

오프라인 전체 상황의 온라인화

이제야 필자가 말하려고 하는 신제품 혁신 방법론인 '버추얼 트랜스포메이션(Virtual Transformation)'이라는 지점에 온 것 같다. 필자가 생각하는 신제품 개발 방법론으로서의 Virtual Transformation이란 한마디로 표현하자면, '오프라인 전체 상황의 온라인화'다. 배달의 민족, 싸이월드 초기의 사진첩 앨범 공유, 페이스북의 하버드대 신입 여학생 투표 등 상당수 인터넷 비즈니스가 기존에 존재하던 오프라인의 관행과 문화를 온라인화했다. 어찌 보면 당연한 것 같지만 아직 'Virtual'이나 '디지털 트랜스포메이션(Digital Transformation)'이 덜 된 영역을 찾아 새로운 비즈니스들이 계속 탄생하고 있다. 최근 'Digital Transformation'이 화두가 되었는데, 주로 대기업이나 산업에 대해 외치는 구호 같기도 하지만, 이전부터 언급되어 온 'Virtual Transformation'과 맥락은 비슷한 면이 있다고 본다. 자영업은 물론 우리의 일상 곳곳에서 얼마든지 Virtual Transformation 전략을 활용한 신규 사업의 가능성이 있다고 보아도 과언이 아닐 것이다.

배달의 민족부터 보자. 필자가 오랫동안 보아온 광경에는, 새로운 동네 가게가 오픈하면 흔히 말하는 지라시(전단지)[3]를 곳곳에 뿌리곤 하던 상관행이 있었다. 신문 배달이 성행할 때는 신문 사이에 끼어서 뿌리는 것이 일반적이었고, 우편함에 넣기도 하고, 심지어는 길바닥에 뿌리기도 했다. 어떤 가게들은 냉장고에 붙이기 좋도록 얇은 자석을 덧대 배포하기도 하였다. 실제로 짜장면이나 치킨을 즐겨 시켜 먹는 집들은, 그러한 전단지나 자석을 냉장고에 붙여 놓고 필요할 때 애용하였다. 그런데 막상 필요할 때 전단지가 없으면 114에

3 컬러로 인쇄된 1장짜리 홍보 전단물.

전화해 가게 번호를 묻거나, 집 주변에 생활정보지가 없는지 찾아보곤 하였다. 심지어 집안 쓰레기통도 뒤져 보기 일쑤였다.

이러한 모습들과 불편함을 포착해, 이 상황을 통째로 온라인으로 옮겨 주문자 문제의 핵심을 해결한 것이 배민의 시도였다. 지역별로 모든 종류의 가게 연락처가 잘 정리되어 있을 뿐 아니라, 전화로 주문할 때의 번거로움이나 가능한 오류를 피해서, 가격과 메뉴를 확인하고 선택만 하면 전화가 아닌 문자 주문[4]이 이루어지는 것이다. 나중에는 배달 도착 시간까지 알려 주게 되었다. 이전에는 배달이 늦어진다고 생각되면 전화로 수차례 확인하곤 했는데, 이때 항상 돌아온 대답은 "다 왔어요. 조금만 기다리세요."였다.

페이스북 극초기 모습을 살펴보자. 하버드생도 한국의 과거 대학생들과 마찬가지로 교정에 삼삼오오 모인 남성 친구들끼리 자신들 앞을 지나는 갓 입학한 여대생들의 외모 평점을 매기곤 했다. 대학교에서 수업 평점으로 통용되던 A+, B- 식으로 말이다. 물론 이런 대화는 여대생들에게 들리지 않게 은밀하고 조용히 이어졌다. 페이스북의 창업자인 마크 저커버그는 자기를 포함한 남학생들의 이러한 욕구를 알고 있었기 때문에 학교 행정실에 저장되어 있던 신입 여대생의 사진들을 해킹하여 모두 온라인으로 옮겨 놓은 다음에 주변 남성 친구들이 투표하도록 e메일로 초대하였다. 그러면 초대받은 남성 친구들은 학교 여학생들이 랭킹이나 평점이 부여된 것을 보

---

4 젊은층은 엄지족이라고 불릴 정도로 문자 주고받기를 음성 전화보다 선호한 것이 이미 대세가 되었던 때다.

며 재미있어 하고, 또다른 친구도 초대했다. 이런 식으로 며칠이 안되어 순식간에, 하버드 남학생 데이터베이스를 구축할 수 있었다. 이 역시, Virtual Transformation 관점에서 보면, 오프라인의 문화적 관행을 통째로 온라인화함으로써, 그 재미와 효과를 극대화할 수 있었던 것이다.

싸이월드의 초기 모습을 살펴보자. 싸이월드는 페이스북보다 먼저 '소셜 네트워크'를 '신뢰기반의 정보 공유' 콘셉트로 인식하고 있었다. 그래서 소셜 네트워크에 의하여 달성될 수 있는 오프라인의 모든 문화적 현상이나 관행을 통째로 온라인화하였다. 첫 번째는 오프라인의 강력한 관행인 남녀 간 소개팅 효과나 지인 간 일자리 소개 등을 위하여 1촌, 2촌, 3촌, 4촌, 5촌, 6촌[5]의 소셜 네트워크 망을 구축하고자 했다.

두 번째로는 오프라인의 모임은 크게 3가지 공개도의 형태를 갖는다는 점에 착안하여, 온라인 그룹 기능에 공개 그룹(정당이나 조기축구 같이 신청만 하면 다 받아 주는)/ 반공개 그룹(일정 자격을 가진 사람만 받아 주는 동문 클럽 혹은 사교 클럽처럼 장의 허락 과정을 거쳐야 하는) / 비밀 그룹(오프라인 계 모임이나 비밀 결사대와 같은 사적 모임을 위한) 기능을 추가했다. 페이스북은 이것과 동일한 그룹 기능들을 몇 년 뒤 장착한 바 있다.

세 번째는 이것도 1촌 기능이 있었기에 가능했지만, 오프라인 앨범의 온라인화였다.

---

5 이때는 너무 이론적이어서 6촌까지 표시를 해 주었다. 하지만 곧 서버 로드가 너무 심해져서 가능한 관계 정보 표기가 5촌, 4촌, 3촌으로 줄어들었다.

예전에는 중·고등학교 때 학년이 올라가 반이 바뀌면, 새로 사귄 친구들을 집에 초대하는 일이 흔히 있었다. 조그마한 자기 방 안에서 두꺼운 사진 앨범을 몇 개 꺼내 놓고는 어릴 때부터 자라온 모습을 담은 친구들의 사진첩을 함께 보며 친해지는 것이었다. 이때는 남녀공학이 극히 드물었기 때문에 사촌 여동생이나 누나랑 함께 찍은 사진이라도 나오면 친구들은 으레 관심을 보이며 "누구야?"라고 물었다. "언제 소개해 줄 수 있냐?"는 식의 농담을 주고받던 기억도 있다. 이러한 오프라인 관행을 온라인으로 옮기니 여러 효과와 재미가 생겨난 것이다. 예를 들어, 좁은 방 안에 반 친구 수십 명을 다 불러들일 수 없었는데 원한다면 수백, 수천 명의 전교생에게 앨범을 보여 줄 수 있었다. 시간이 한참 흘러 나중에 온 친구들도 사진 앨범을 함께 본 것과 같은 효과를 낼 수 있었다. 같은 시간, 같은 장소가 아니라도 모든 친구가 덧글 릴레이를 통하여 수다 떠는 것도 가능하게 된 것이다.

Virtual Transformation(VT) 방법론은, 오프라인의 불편함을 온라인으로 해결하고자 할 때, 혹은 오프라인을 온라인으로 옮김으로써 특정한 효과나 만족을 극대화하고자 할 때, 요긴하게 활용될 수 있다고 본다. 이 방법론은 오히려 이런 방향성을 가진 사고의 습관이나 훈련이 될 수도 있다. 이 VT 전략은, 어떤 문제 상황에 맞닥뜨렸을 때 이를 온라인으로 통째로 옮겨 기존의 불편한 관행이나 프로세스를, 다음에 설명할 '소셜 프로세스 리엔지니어링' 관점에서 재구성해 보면서 사업적 가치나 가능성을 시뮬레이션하기에 좋다.

3

소셜 프로세스 리엔지니어링
(Social Process Re-engineering)

최단 경로, 부분 최적화, 전체 최적화 사례

이제 소셜 프로세스 리엔지니어링(SPR · Social Process Re-engineering) 방법론을 살펴보자. 앞서 스티브 잡스가 mp3 플레이어인 아이팟 아이디어를 어떻게 떠올리게 되었고, 그 불편한 지점들을 잘 짚어서 어떻게 효과적으로 해결하는지를 자세히 살펴보았다. 그러한 접근 방법을 필자는 PRP(Personal Resource Planner) 관점에서 기업 세계의 기존 '업무/비즈니스 프로세스 리엔지니어링(BPR)' 대비 '소셜 프로세스 리엔지니어링(SPR)'이라고 명명한 바 있다. 뒤늦게 알게 되었지만 이러한 접근은 '디자인 씽킹'이나 다름없다. 필자가 디자인 씽킹이란 혁신 방법의 존재를 어떻게 알게 되었는지를 밝히기 전에 다양한 (오프라인) 소셜 프로세스 이야기를 먼저 해 보고자 한다.

사회 생활을 하다 보면, 다양한 사회적 프로세스에 놓이게 된다. 거주지를 구하는 프로세스, 맛집을 찾는 프로세스, 좋은 책을 찾는 프로세스, 음식을 주문하는 프로세스, 택시를 잡는 프로세스, 킥보드를 타는 프로세스 등 무수히 많은 프로세스에 놓이게 된다. 혹자는 개인의 삶은 live, work, play 이 세 가지 중 하나의 프로세스라고도 한다. 결국, 무수히 많은 프로세스는 live, work, play 프로세스의 부분 집합 내지는 융복합 프로세스인 셈이다.

예전에는 밤늦게 택시를 잡으려면 택시 승강장을 찾아가야 하거나 택시가 몰리는 곳으로 가거나 도로변에서 막연히 기다려야 했다. 허가받지 않은 일반인이 은밀히 다가와서 택시 요금의 두 배(따블)를 주면 태워다 주겠다는 관행(은어로 나라시)도 존재했다. 이런 불법적인 옛 관행이 현재는 합법적으로 미국이나 서구권에서 가장 큰 가상의 택시 회사 '우버(Uber)'가 되었다. 콜택시 프로세스도 생겨났다. 한국은 이제 카카오 택시를 많이 쓴다. 어느 나라는 우버가 대세다. 이러한 서비스의 발전 역시 모두가 기존 관행이나 프로세스를 개선(최적화)하고, 최대한 Virtual Transformation화 혹은 디지털화한다. 물론 아이디어 범주에 따라 우버와 마찬가지로 해당 사회의 법과 제도에 의하여 제약이 생기기도 한다.

소셜 프로세스 리엔지니어링은 '최단 경로', '부분 최적화'와 '전체 최적화' 철학을 내포하고 있다. 한 예를 보자.

한 컨설턴트가 필자에게 들려주었던 실제 사례. 처음에는 창고 내 부품을 조립공장으로 옮기는 과정은 이런 형태였다고 한다.

주문 수요에 비해 완제품이 너무 늦게 조립된다고 판단, 조립공장 안에서 어떻게 하면 더 빠르게 조립시킬 수 있을지 고민 중이었다고 한다. 그래서 2교대제로 할지, 더 빠른 조립을 위해 조립 훈련을 별도로 더 시켜야 할지 등 다양한 아이디어 토론을 했다. 2교대제는 인건비가 곱절이 될 수 있는 고비용 대안이었다. 교육 훈련은 별도의 시간을 내야 해서 당장 조립량이 줄어들 위험이 있었다. 더 알아보다 보니, 조립은 빨리 되었는데 이번엔 부품 수급이 너무 늦는 경우

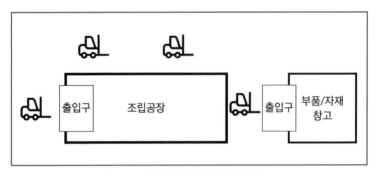

[그림 2-7] 출입구가 1개뿐인 조립공장.

가 생겼다고 했다. 부품창고에서 전달받기까지 대기하곤 한다는 것.

　수년간 같은 현장에서 일을 해 오던 경영진과 근로자들은 딱히 대안을 내놓지 못하고 있었다. 바로 이때 오 컨설턴트는 조립공장의 출입구 문을 반대편에도 하나 더 내자고 제안하였다. 모두가 처음엔 고개를 갸우뚱했지만 (너무 오랫동안 공장 안에 갇혀 지내서 벽을 건드리면 안 된다는 막연한 고정관념 때문에) 곧 열화와 같은 지지를 보냈고, 결국 다음 그림과 같이 조립공장의 출입구를 창고 바로 코 앞에 냄으로써 부품 조달 스피드는 물론, 기름값 등 물류비도 절약할 수 있었다. 결국 평균적 전체 조립 공정 시간이 단축되었다.

　공장 안에서 조금이라도 더 빠르게 조립하는 노하우를 공유하거나 분업의 효율화를 꾀한다든가 할 수도 있었을 것이다. 이러한 노력은 일종의 '부분 최적화'에 해당한다. 그런데 [그림 2-8]처럼 이동 거리까지 줄이면서 더 큰 그림을 보며 종합적으로 접근한다면, 이는 '전체 최적화' 노력에 해당된다고 볼 수 있다.

　실제로 기존 관행적 프로세스는 시간이 지나면 조금씩 더 그 경로

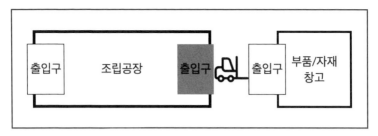

[그림 2-8] 출입구가 양쪽에 있는 조립공장.

를 줄일 기회가 있게 마련이다.

새우깡 하나가 우리에게 전달되는 과정(프로세스)을 보자. 아래 그림의 동그라미를 학계나 업계에서는 흔히 노드(node)라고도 한다.

편의점 같은 사업 모델에서는 새우깡을 생산하는 공장을 운영하는 생산자 노드, GS25 본사/거점별 대형 창고를 운영하는 도매상 노드, 동네마다 산재해 있는 소매상(편의점) 노드를 거쳐 소비자 노드인 우리에게 온다.

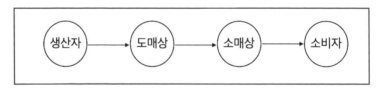

[그림 2-9] 중간 경로가 긴 유통 과정.

코스트코나 대형 할인점 같은 곳은 다음과 같은 프로세스와 노드를 띠고 있을 것이다. 거대창고형 매장은 도매 역할을 하는 동시에 소비자들이 거리가 좀 멀어도 가끔 와서 대량으로 물건을 사 가는 곳으로, 소비자 입장에서는 소매상이다.

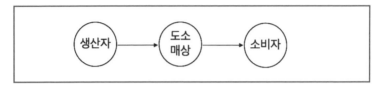

[그림 2-10] 중간 경로가 압축된 유통 과정.

아마존이나 쿠팡 같은 곳은 어디에 속할까? 그렇다. 요즘은 아마존 같은 경우 거점별 창고도 직접 운영하면서, 생산자들의 물건들을 미리 재어 놓고 온라인으로 소비자가 주문하면 근처 창고에서 빠르게 배송해 준다. 도소매상을 겸하고 있는 것이다. 온라인 쇼핑몰들은 처음엔 생산자와 소비자를 직접 연결해 주는 직거래 플랫폼처럼 느껴졌다. 이 '느껴졌다'란 의미도 사실은 '가상화'전략 때문이었다. 하지만 실상은 초기에는 개별 생산업자들이 알아서 재고 관리를 하며 직접 배송도 해야 했다.

이후 거대 도매상 역할을 하는 온라인 플랫폼이 모든 생산자의 창고 관리 및 배송 서비스를 과학적으로 최적화하여 대행해 줌으로써, 업계 전체 비용 최적화 내지는 배달 속도 증대, 재고 품절 사태 사전 방지 등의 효과를 달성하고 있다. (유닛 프로세스의 범위는 달라지고 있지만 앞에서 언급된 가상화 전략이나 Going Virtual과 동일함) 심지어는 고객들의 주문 시간대와 양까지 예측해 미리 창고 물량을 확보한다. 알리익스프레스가 한국에 많은 투자를 하는 부문이기도 하다.

가끔 보거나 듣게 되는 농산물 직거래. 필자도 우연한 기회에 경험해 보았는데, 다래 농장 같은 곳에서 카톡으로 다녀간 고객들을 관리하며 온라인 커머스 기능을 갖춘 플랫폼을 활용하거나 블로그로 홍보도 하면서 직접 주문을 유도하는 경우가 그것이다. 소셜 프로세스 리엔지니어링 방법을 통해 개별 고객군 상황과 필요에 맞는 주문 프로세스를 어떻게 설계하느냐에 따라 다양한 사업 모델이 가능하다. 예를 들어, 한때 붐이 일었던 소셜 커머스처럼 (쿠팡도 이때 후발 소셜 커머스 형태로 출현) 일정 시간대에 일정량의 집단 주문이 채워지면, 가격 및 배송의 효율화를 꾀하여 생산자와 소비자가 윈 - 윈이 되도록 하는 모델 등이 탄생했듯이 말이다. 씨앗 발아 시점에 주문을 받아 생육하는 과정을 보여주며 기대하게 하는 재미도 추가하는 소셜 프로세스 설계도 가능할 것이다.

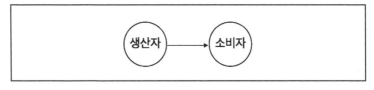

[그림 2-11] 생산자와 소비자 간 직거래.

소비자 욕구나 필요 등의 상황에 따라 여러 사업 모델이나 프로세스는 공존할 수가 있고, 시대가 변함에 따라 더 흥하고 망하기도 할 것이다. 편의점은 가까운 데서 즉시 구매할 수 있다는 장점이 약간 비싸다는 단점을 상쇄하는 경우의 소비자 욕구를 만족시킨다. 대형 할인점은 거리는 다소 멀어도 어쩌다 가서 자주 먹는 음식 재료를 할인된 가격으로 대량 구매할 때 그 전체 비용 절약이 편의점이나 온라인 쇼핑몰보다도 저렴하거나 바로 오늘 저녁에 여러 손님을 위한 요리를 하거나 간식을 준비해야 할 때 유효하다. 방대하고 다양한 곳을 가족들과 함께 둘러보며 매우 저렴하고 맛도 좋은 피자 등을 사 먹으면서 하는 쇼핑의 재미도 무시할 수는 없다.

온라인 쇼핑몰은 검색만 하면 모든 물건이 존재하고, 대체로 (배송비를 감안해도) 저렴한 판매 구조를 가지니 배송을 며칠 더 기다리게 해도 이 또한 막강한 시장 지배력을 가질 만하다. 특히 요즘은 새벽 배송 물류 서비스 개선으로 더욱더 그 지배력이 커졌다고 볼 수 있다. 새벽 배송이 가능하게 하려면, 생산자나 도매업자 혹은 물류업자/쿠팡맨 등과의 오프라인 업무 프로세스를 개선하거나 수정해야 하며, 이의 효율화나 자동화를 위해 온라인이나 소프트웨어에 반영하는 과정을 거치게 되었을 것이다.

PRP사례 – 싸이월드와 신뢰 기반의 소개팅 프로세스

필자는 카이스트 박사 과정 중에 ERP를 공부하면서 기업이 아닌 개인 생활의 디지털화에 걸맞는 'Personal Resource Planner'라는 프레임워크를 고안하게 되었다. 이 안에는 Social Process Re-engineering이라는 개념이 내포되어 있었고, 또한 토마스 말론 교수의 Virtual Transformation 개념을 온라인 서비스 개발에 접목하는 철학도 있었다.

싸이월드는 물론 세이큐피드라는 사업도 그런 관점에서 펼친 것이다. 먼저 싸이월드를 보자. 앞서 이야기한 것 중에 사회학의 아버지 막스 베버는 우리가 사는 이 사회 자체는 어떻게 보면 소셜 네트워크라고 했다. Virtual Transformation이란 철학으로 생각하면, 이 사회를 통째로 온라인으로 옮기려면 저 소셜 네트워크를 온라인에 구축해 가면 될 것 같았다. 그렇게만 된다면, 다양한 효과와 재미를 창출할 수 있겠다고 생각했다.

마침 미국에서 식스디그리즈닷컴(SixDegrees.com)이라는 사이트가 폭발적인 성장을 일으키고 있다는 외신 보도를 접했다.

지금으로부터 25년도 더 된 사이트의 랜딩 페이지가 검색되길래 여기에 소개해 본다. 이곳은 지인으로부터 e메일로 초대를 받아야만 가입이 가능하도록 설계를 해 두었다. 초기 서비스의 취지는, 마르코니의 이론이 맞는지, 정말로 세계인들이 6촌 안에 연결되어져 있는지를 확인해 보자는 것이었다. 그래서 가입 즉시 몇 명 이상에게 초대하도록 유도를 했다. 그렇게 해서 가입한 친구들은 또다시 다른 지인들에게 초대를 하는 아주 무서운 바이럴 스킴(광고·홍보 없이도 회원이 회원을 불러들이는 자가 확산 구조)[6]을 갖고 있었다. 그래서 인터넷 인구가 별로 많지 않았을 때임에도 불구하고, 수개월 만에 e메일을 사용 중인 수백만 명의 회원을 모으며 기사화가 된 것이다. 필자도 어쩌다 가입하게 됐는데, 어떤 경우엔 12촌을 건너와서 연결되고, 또 어떨 때는 3촌 만에 연결되었다.

이 사이트가 한국에는 노무현 대통령 당시 소개되어 중앙일보에서 실제로 유사한 테스트를 국내에서 한 적이 있다. 그 결과, 한국은

---

6 혹자는 이 모습이 다단계 구조와 흡사하다고 하지만 그렇지 않다. 이는 네트워크 구조라 한다. 다단계는 트리 구조로써, 끝의 가지는 상층부와 연결되지 못하지만, 네트워크는 수평적 구조로써 가지가 얼마든지 시간이 흐르면서 상층부와 연결될 수 있는 것이다. 인터넷망, 뇌세포, 신경세포들도 모두 네트워크 구조로 표현된다.

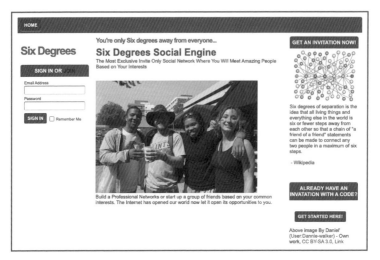

[그림 2-12] 식스디그리즈닷컴(SixDegrees.com) 홈페이지.

평균 2.57촌 이내에 연결되더라는 식이었다. 그래서 친구를 만나면, '너, 노무현 대통령이랑 2.5촌 이래'와 같은 식의 농담을 가끔 주고 받곤 했다.

다시 요점으로 돌아와, 그렇게 해서 싸이월드는 오프라인 사회를 통째로 온라인으로 옮겨 오기 위해 '소셜 네트워크' 구축 방법을 차용했다. 다만, 여기에 ERP 공부를 하다가 배운 Trust 없이는 긴밀한 정보가 공유되지 않는다는 것과 개인적으로 조립한 개념인 Personal Resource Planner를 장착하여 싸이월드의 창업 철학을 완성하였다.

온라인에 소셜 네트워크 인프라만 깔아 놓으면 그 위에서 신뢰 기반의 정보 공유(trust based information sharing)가 얼마든지 가능해진다. 반면 당시 온라인 채팅으로 만난 사람들은, 온라인 채팅이나 게시판에서 서로 마음 놓고 자신의 신분이나 나이 등에 대하여 거짓말을 하여도 확인할 길이 없었다. 그래서 저녁 9시 뉴스를 장식하는 사건·사고도 많았다. 그래도 신뢰 기반의 정보 공유 네트워크인 온라인 소셜 네트워크 사이트에서는 우리가 그 당시 행하던 소개팅, 지인 간의 일자리 추천 및 소개, 중요한 비밀 지식의 전수, 중간에 낀 사람을 믿고서 돈을 빌려주는 행위, 심지어는 중고 거래까지 가능하다. 소개팅의 경우, 양쪽의 학력·직업·미혼 여부에 대한 주선자의 인적 보증 개념도 담고 있었다.

게다가 소개팅의 좋은 점은 중간에서 소개하는 사람이 양쪽이 잘 맞을까, 어울릴까 등에 대한 감을 갖고서 해 주기 때문에 매우 커스텀화된 서비스라 할 수 있다. 그래서 실제로 싸이월드, 페이스북에서는 믿고 만나는 신뢰 기반의 남녀 만남이 쪽지를 통해 어마어마하게 일어났다. "반가워요, 용준이랑 1촌이시네요? 어떤 관계세요? 아네 그렇군요. 어쩌고저쩌고……." 쪽지로 간단히 인사를 주고받고, 중간에 끼어 있는 친구에게 바로 전화를 걸어 물어본다. "용준아, 그 사람에게 관심 가는데, 어떤 사람이야? 어쩌고저쩌고……." 이런 식으로 만남이 안전하고 신속하게 이루어진다. 구인 구직도 마찬가지였다.

신뢰 기반의 구인 구직 효과

이제 싸이월드에서 벌어진 신뢰 기반의 구인 구직 기능을 소셜 프로세스 리엔지니어링(SPR) 관점에서 살펴보자.

현재 세계적인 대작 게임을 제작·서비스 중인 크래프톤의 이사회의장으로 유명한 장병규 씨. 그도 예전에 네오위즈 개발이사로서, 싸이월드의 2촌 검색 기능을 자주 사용했다고 한다. 필자 역시 후속 창업 기업인 세이큐피드에 필요한 인재 소싱을 위해, 싸이월드 2촌 검색 기능을 활용하여 톡톡히 덕을 본 적이 있다.

해당 서비스 프로세스는 이렇다. SKT에 인수되기 전 싸이월드에서는 일단 '웹디자이너'로 검색하면 1,000명의 웹디자이너 회원 목록이 뜬다. 사람 수가 너무 많다. 또 프로필을 일일이 검토한다고 해도, 포트폴리오만 봐서는 진짜 그 사람의 작품인지를 알 수 없다. 더군다나 시간 약속을 잘 지키고 같이 일하기에 어렵지는 않은 사람인지는 전혀 알 길이 없다. 그런데 이때 2촌 검색을 클릭하면, 이 중에서 나와 2촌 관계(지인의 지인)만 10명 정도로 확 줄여 보여 준다.

그래서 중간에 내가 잘 아는 친구들을 확인해 보며, 중간에 낀 친구에게 전화나 쪽지를 보내 다양한 질문을 해 보는 것이다. "성격이 어때? 나랑 맞을까? 정말 일을 잘 할까?" 등등 말이다. 그렇게 해서 우수한 인재인 신 모 기획자, 이 모 디자이너를 뽑을 수 있었다. 조 모 개발팀장, 하 모 디자인팀장도 오프라인 소셜 네트워크를 통해 소개받았다. 정 모 개발자는 조 개발팀장을 통해 연결되어 입사했다. 그 당시 세이큐피드 개발 이사는 현재 시그마체인 대표로 재직 중인 곽진영 씨였다. 싸이월드 당시 트래픽이 많이 몰릴 때마다 서버가 자주 다운되어서, 데이터베이스 튜닝을 전문적으로 해 오던 그를 스카우트했는데, 이 인연으로 그렇게 발전이 된 것이었다.

신뢰 기반의 중고 거래 효과

이번에는 중고 거래 효과를 살펴보자. 싸이월드 게시판에는 중고 거래 카테고리가 있었는데, 여기에 중고 거래 관련 글들이 자주 게 시되었다. 그런데 싸이월드가 태동한 1999년에는 온라인 쇼핑몰들 이 있었으나 지금처럼 에스크로 결제 서비스가 제대로 장착되지 않 았다. 그러니 돈을 보내 놓고도 물건이 오지 않을까 염려할 때도 있 고, 하자 있는 물건이 왔을 때 하소연할 방법도 딱히 없었다. 쇼핑몰 의 상대방도 그냥 익명 아이디이니 욕을 많이 먹어도 계정을 바꾸거 나 하면 그만이었다. 물론 물건을 보내 놓고 '돈이 입금 안 되면 어 떡하나?'하고 걱정하는 사람도 많았다.

그런데 싸이월드에서는 물건을 올린 사람이 나랑 어떤 관계인지, 내 친구 아무개의 친구구나 하는 인적 보증 장치가 돌아가고 있는 것과 마찬가지였으니 이를 믿고 안심하고 거래했다. 회원이자 내 주 변 친구였던 정 모 씨도 음악 LP 레코드판을 거래할 때 먼저 물건을 보내고 나중에 입금받았다. 요즘 당근 앱을 사용한 중고 거래가 많 은데, 여기에 1촌, 2촌 네트워크를 추가하면 더 신뢰가 갈 수 있지 않을까? 물론, 이게 전체 최적화가 필요하기 때문에 단순 1촌 기능 더하기 형태로 가기는 힘들 수 있다고 본다. 예를 들어, 아는 지인 간 에는 중고 물건을 판매하느니 모두 공짜로 물려 주는 게 더 맞을 수 있다는 지적이 있듯이 말이다.

Virtual Transformation+Social Process Re-engineering을 통한 남녀 매칭 서비스

이제 Enjoy your single life, single community!, 세이큐피드(saycupid)를 보자. 이 역시 이성 매칭을 가장 원하는 20대, 30대 초반 미혼남녀를 대상으로 하며, 오프라인의 남녀 매칭의 최적 상황을 Virtual Transformation하고자 했다. 남녀 만남은 오프라인의 중요성이 큰 본질을 가지므로 오프라인과 온라인의 결합에 있어서 소셜 프로세스 리엔지니어링을 통해 최적화를 꾀하고자 한 것이다.

이때는 합법적인 남녀 만남의 사업은 너무 무거운 듀오, 선우 등의 결혼 정보업체들이 대부분이었고, 세이클럽 등 여러 채팅 형식의 사이트들은 익명 중심으로 운영되다 보니 거짓말과 장난이 난무하고, 뉴스에 오르내릴 정도의 사건·사고가 끊이지 않는 부작용도 낳을 때였다. 싸이월드의 2촌 중심 소개팅 기능 역시, 오프라인 소개팅의 한계를 그대로 노출할 수밖에 없었다. 소개받는 과정은 더 쉬워지고 효율화되었을지 몰라도, 만남을 위한 만남이다 보니, 아주 친해지기 전까지는 서로 민낯을 숨기는 형태로, 진솔한 내면의 교제나 요즘 인기를 끄는 자만추(자연스러운 만남의 추구)가 쉽지 않았다.

반면, 남녀공학의 고등학교나 대학교의 경우, 같은 취미를 가진 남녀끼리 자연스럽게 동아리 형태로 모여서 취미 중심으로 매주 정모로 만나다 보면 외모 일변도의 데이팅 서비스들에 비해, 서로의 진면목을 더 잘 알 수 있게 되고 내면 중심의 사교가 가능하다. 그래서, 이러한 상황을 통째로 온라인으로 구현[7]해 보고자 했다.

미국에서 인기를 끌던 다양한 이성 매칭 서비스들인 match.com, matchmaker.com과는 달리, 한국 문화와 지리적 공간을 고려한 차별적 기능들이 존재하였다. 가장 중요했던 것이 인증 서비스였다. 미혼 여부, 나이, 직장, 졸업 학교의 진위 여부를 인증해 주었다. 이때만 해도 결혼정보업체 등에 가입하려면 졸업증명서, 재직증명서, 호적등본 등을 직접 오프라인으로 제출해야 했다. 이는 심리적으로 자존심을 상하게 하는, 당사자의 진입 행위를 불편하게 만드는 것 중의 하나였다. 그래서 세이큐피드는, 일상적인 온라인 정보(학교명, 회사명, 생년월일 등)를 입력만 하면, 나름의 세이큐피드 노하우로, 일종의 '뒷조사'를 해서 통과가 되면 온라인에서 회색 아이콘(예비 회원) 대신 주황색 아이콘(정회원)을 달아 주었다. 좋은 프로필을 가진 남성 회원들이 인증을 받고 주황색 아이콘을 달면, 그날 밤은 여성 회원들로부터 쪽지 세례를 받았다.

또 정회원 스스로 자신의 장기 자랑도 되는, 자신의 취미를 중심으로 한 온라인 클럽을 개설할 수 있도록 했다. 예를 들어 모 대학의 힙합 댄스 동아리 출신 직장인이 세이큐피드 내에 온라인 힙합 클럽을 만들어 회원을 초대해 운영하다, 나중에 오프라인 정모를 갖게 되면 자연스럽게 취미 중심의 남녀 만남이 이루어지는 형태다. 이런 식으로 해서 힙합 클럽도 생겨나고, 독서 클럽, 기독 클럽, 라틴댄스 클럽 등 수백 종류의 다양한 클럽들이 번성하였다.

취미가 다른 사람들 간에 만남의 기회도 중요하다. 세이큐피드에

---

7 앞서 설명한 'Virtual Transformation'.

서는 그래서 매월 지역별로 돌아가며 오프라인 파티를 개최했다. 보통 통째로 임대한 카페들이 발 디딜 틈 없이 만원을 이뤘다. 이후, 투자를 받아 압구정동 로데오 거리에 회원제 전용 오프라인 정모 장소를 제공하며, 댄스 연습 모임, 독서 모임 등을 가질 수 있게 했다. 간단한 식음료도 제공하였고, 이곳에서 매달 클럽 파티도 할 수 있게 되었다.

매달 업데이트되는 세이피플 페이지는 마케팅적으로 중요한 역할을 했다. 트렌디한 커리어를 가진 남녀 4인씩을 매달 선발해 잡지 인터뷰식으로 진행하였다. 이들의 프로필 사진, 인터뷰 등이 업데이트되면, 그날은 온라인 트래픽이 매우 커지는 날이 되었다. 곧이어 이들을 호스트로 하여 파티를 열게 되면, 이들 세이피플을 만나러 오기 위해 파티장이 더욱 성황을 이루었다.

그리고 무엇보다도 그 당시 남녀 만남에 있어 신세대들의 숨은 니즈를 잘 반영한 슬로건(Enjoy your single life, Single Community)과 니즈에 충실한 기능의 실제적 반영이 주효했다고 본다. 당시는 일종의 시대적 과도기로, 20대 중후반에 한국의 어엿한 여성이 결혼을 안 하고 있으면 '큰 일'이나 '창피한 일'이 되던 시대에서[8] 싱글이라 해도 커리어우먼으로서 당당히 살아가고자 날갯짓하려던 때였다. 그래서 슬로건도 결혼을 하지 않고 싱글인 것을 부끄럽게 생각하거나 숨길 게 아니라, 당당하게 당신의 싱글 상태를 이야기하고 그 자체를 즐

---

8 그래서 실제로 자녀 중 딸이 20대 중·후반에 결혼할 짝이 없으면, 부모님들이 자녀 몰래 결혼정보업체에 돈 내고 등록하여, 맞선 자리에 반강제로 등 떠밀어 내보내기도 했을 정도였다.

기라는 것이었다. 나이, 결혼 여부, 직장 등이 인증된 싱글들이 취미와 관심사 중심으로 만나다 보면 자연스럽게 소울메이트도 만나고 그러지 않겠는가. 그런가 하면 국회의원·장관의 자녀들도 자연스러운 취미 활동과 파티 중심의 세이큐피드에 와서 활동하다가 간혹 세이피플이 된 경우가 있었다. 그 과도기라 그랬는지, 세이피플 사진이 언론에 노출되었을 때, 이들의 부모들이 명예훼손이라고 반발해 오는 해프닝도 있었다. 그 당시에는 초상권 보호가 강력하지는 않았고, 다만 '이상한 곳(?)'에 다닌다는 점이 어른들의 이슈 포인트였다.

취미 정모나 파티에서 서로 눈도장을 찍은 날 저녁, 온라인 세이큐피드는 쪽지, 채팅으로 더욱 활성화되곤 했다. 물론, 바람피우기 막기 기능도 있었다. 한 번 사귀게 되면 상대방의 동의하에 타인으로부터의 쪽지나 채팅 요청을 차단하는 기능이었다.

초기 기획 시에는 남녀 그룹을 초대하여 그들의 숨은 니즈를 발견하고자 포커스 그룹 인터뷰도 자주 하였다. 그런데, 지금 와서 깨달은 것이지만, 디자인 씽킹 관점에서 보더라도, 진짜 숨은 니즈 발견을 위한 인터뷰는 한 사람만 대상으로 해야 한다. 예를 들어, 이성 만남 서비스 기획 시, 다른 이성들이 보고 듣고 하는 자리에서 자신의 솔직한 숨은 니즈를 모두 공개하기에는 멋쩍을 수 있기 때문이다. 소셜 프로세스 최적화와 Virtual Transformation만 신경썼지 이때는 디자인 씽킹 철학이 부족해 페르소나(Persona) 개인에 대한 깊은 공감대가 덜 했던 것이다.

한편, 이즈음 미국에서는 유태인의 남녀 만남 풍습인 '스피드 데이팅'이 한국 언론에 소개된 적이 있다. 월가의 바쁜 미국 유태인들이 1인당 1만 달러의 회비를 내면, 하루 동안 이성을 20명을 소개해 주는 데이팅 서비스이다. 당시 박사 논문에 의하면, 이성들은 특히 여성은, 새로 소개받은 남성이 앉고 나서 대화를 시작한 지 3분 안에 다음에 이 남성을 또 만날지 말지를 판가름 낸다는 것이다. '스피드 데이팅'은 여기에 착안했다. 하루에 20명을 한 사람씩 5분만 시간을 주고 만나야 하고, 서비스 주간사 직원(매니저)이 쇠 종을 땡땡하고 치면 남성이 일어나서 옆 테이블에 있는 여성 반대쪽 의자로 옮기는 식이었다. 그래서 1시간 40분이면 20명의 이성 파트너를 다 만나볼 수 있다. 그런 뒤 호감이 가는 파트너들을 쪽지로 매니저에게 남기고 귀가하면, 며칠 내로 양쪽이 서로 원하는 커플을 중심으로 2차 만남을 주선해 주는 식이었다.

세이큐피드는 이 역시 놓칠세라, Virtual Transformation과 SPR을 적용하였다. 이번에는 온라인에서 러시아 룰렛식의 화상 채팅을 하지 않고, 미팅 로테이셔너(Meeting Rotationer)라는 오프라인상의 미팅 기계를 고안하여 내놓았다.

그 당시 촬영해 놓은 사진이 없어 간단한 도형 형태의 그림만 다음과 같이 공유한다.

한마디로 말해서, 안쪽의 작은 원판 위 4개의 작은 테이블에 여성 4명이 각각 둘러앉고, 밖의 큰 원판상 4개의 작은 테이블에 남성 4명이 앉는다. 매니저가 5분이나 8분식으로 타임 세팅을 해놓고 출발

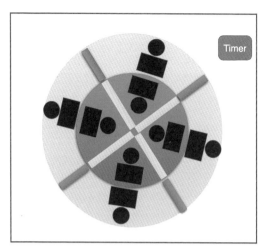

[그림 2-13] 스피드 데이팅을 위한 미팅 로테이셔너 평면도.

버튼을 누르면, 가만히 앉아만 있어도 시간에 맞춰 바닥의 작은 원판이 모터로 돌아가면서 테이블 앞의 파트너가 강제로 바뀌는 형태이다. 또 각 참가자들이 바로 앞의 이성 외에는 보이지 않도록 인테리어적으로 설계가 되어 있었다.

한국은 그 당시 문화적으로 회식을 가더라도, 자주 자리를 옮겨가며 로테이션 형식으로 사람을 만난다기보다는 한 자리에 앉아 끝날 때까지 옆 사람이나 앞 사람과만 이야기하는 스타일이었기 때문에, 유태인의 오프라인 스피드 데이팅[9]을 이런 식으로 소셜 프로세스 리엔지니링하여 한국식으로 편하게 만들어 낸 것이다. 미팅 로테이셔너의 제작 비용은 인테리어, 대형 원형 철판, 대형 모터, 작은 테

---

9 유태인의 스피드 데이팅은 남성이 최초로 한번 앉은 다음, 종을 칠 때마다 일어나서 옆자리로 옮겨 이야기 나누는 것을 19번 해야 한다. 다리 운동 효과도 있었을 것이다.

이블과 의자 8개 등 모두 포함하여 총 1,000만 원 남짓하였다.

　이러한 미팅 기계가 재미있다는 소문이 퍼져서, 그 당시 핫한 TV 예능 프로그램의 출연 연예인들도 단체로 와서 놀면서 촬영해 간 적이 있다.

7장

창업 디자인
씽킹

＊

이제 필자가 어떻게 디자인 씽킹(Design Thinking)을 알게 되고 (창업) 디자인 씽킹 전도사가 되었는지 말해 보려 한다.

전 세계 ERP 시장 점유율 70% 이상을 갖고 있던 독일의 대기업 SAP가 있다. 삼성전자, 현대자동차, LG전자 등 모든 글로벌 기업들이 SAP의 ERP를 수백억씩 구매하여 사용하고 있을 정도다. 어느 날 SAP Korea 한국 지사장이었던 형원준 사장을 통해 아시아에서는 최초로 설립되었다고 하는 SAP AppHaus 센터의 센터장 크리스토퍼 한을 소개받게 되었다. 크리스토퍼 한은 디자인 씽킹 전문대학원인 스탠퍼드의 D.School 출신으로, 첫 만남에서 필자에게 성공적인 창업 스토리와 실패한 창업 스토리를 들려 달라고 하였다. 가만히 듣고 있더니, 성공적이었던 경우는 디자인 씽킹의 5단계를 잘 지킨 것이고, 실패한 경우는 디자인 씽킹의 5단계 중 하나를 게을리한 것이라고 했다. 더군다나, 스티브 잡스 역시 항상 성공적이었던 게 아니고, 실패한 것들도 몇 있는데, 이 역시 디자인 씽킹을 잘 했느냐 여부라고 했다.

디자인 씽킹의 개념은 2008년, 세계적인 디자인 경영 그룹 미국 IDEO사의 CEO인 팀 브라운(Tim Brown)이 Harvard Business Review에

'Design Thinking'을 기고하면서 알려지기 시작했고, 2009년 독일 경영 솔루션 그룹 SAP사의 설립자인 하소 플래트너(Hasso Plattner)가 이를 중요시 해 스탠퍼드대학교 대학원에 D.School 설립을 후원하면서 확산되었다

이후 필자는 우연한 기회에 경기도 여성능력개발원 지원의 경력단절 여성 수백 명을 대상으로 3년 동안 디자인 씽킹을 진행하며, 창업의 경험을 나누게 되었다. 이후 디자인하우스의 투자를 받아 김 모 씨와 함께했던 메이커 운동을 접하면서, 디자인 씽킹과 메이킹[1] 궁합이 너무 좋아 의도치 않게 디자인 씽킹과 메이킹이 결합된 형태로 스타트업 캠퍼스, 도청, 시청, 대학 등 여러 곳에서 진행하게 되었다. 현재는 카이스트에서 외부업체들과의 협업 수업인 융합캡스톤 디자인 수업, 학석박사 대상의 창업 디자인 씽킹 수업, 학부생 대상의 스타트업 101 수업 등에서도 창업 아이템 도출 및 검증 목적의 창업에 특화된 디자인 씽킹을 진행하고 있다.

한편, 일본의 연쇄 창업가가 지은 책 '창업의 과학'에서 나오지만 4,000개의 스타트업을 조사한 스타트업 게놈 프로젝트에 의하면, Product-Market Fit(제품 시장 적합성)을 못 찾아서 80%의 벤처가 실패한다고 한다. 제품 시장 적합성을 못 찾는 이유는 그 앞 단계인, Problem-Solution Fit(문제에 대한 해결책 적합성)을 무시하거나 등한시 해서 그런 것이고, 이는 Customer-Problem Fit(고객 문제 적합성)을 소홀히 했기 때문이라고 한다.

---

[1] 스마트 D.I.Y 운동이자 신제품 개발 시 프로토타이핑에 요긴함.

[그림 2-14] 스탠퍼드 D.School 내 메이킹 공간과 디자인 씽킹 홀 + 아이디오
(IDEO) CEO 팀 브라운, 창업자 데이빗 켈리.

사실 '린 스타트업(Lean Startup)'이나 '창업의 과학' 모두 디자인 씽킹에서 분파된 한 가지라고 한다. 디자인 씽킹은 대기업의 신제품 개발, 벤처의 신제품 개발, 정당이나 사회적 기업의 사회 문제 해결 능력을 향상시키는 데 두루 쓰일 수 있다면, 린 스타트업은 디자인 씽킹을 벤처 상황에 집중해서 재해석한 것으로 본다. '창업의 과학' 은 린 스타트업을 포함하여 좀 더 일본 문화에 맞게 알기 쉽게 재해석했다. 항상 유의해야 할 점은 포맷, 형식, 절차, 방법론에 너무 매몰되면 안 되고 디자인 씽킹이 주고자 하는 바른 철학, 상식과 본질에 집중해야 한다는 것이다.

1
디자인 씽킹 개념도

이제 디자인 씽킹을 개관하면 다음과 같다.

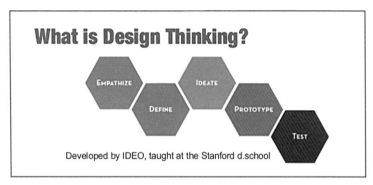

[그림 2-15] 디자인 씽킹 5단계.

① 페르소나 한 명에 공감하기

② 페르소나의 참 문제 정의하기

③ 참 문제 해결을 위한 아이디어(솔루션) 내기

④ 값싸고 빠르게 프로토타이핑하기

⑤ 페르소나에게 테스트해 보기

조금 더 자세히 살펴보자.

어떤 학자에 의하면, 갓 태어났을 때 아기의 아이큐(IQ)는 약 300이나 된다고 한다. 그런데 이 높던 아이큐가 유치원, 초등학교, 중학교, 고등학교 등을 거쳐 사회화되고 조직 생활을 하게 되면서 급격히 줄어든다는 것이다. 특히, 아이 때는 자기만의 특장점을 갖는 형태의 창의력이 좋고, 손가락이나 손으로 짚고 만지고 느끼고 하며 뇌에 좋은 자극을 주면서 창의력을 강화해 가는 때다. 어릴 때 가위로 오리고, 자르고, 풀로 붙이고 만들고 하는 데서 창의력 발휘의 기쁨을 느끼는 것은 물론 힐링까지 된다고 한다. 인간은 원래 그렇게 창조된 것이다. 그런데 사회화를 거치면서 분업과 효율성 그리고 스피드를 중시하는 문화가 강할수록 이 창조 본능이 쇠약해지고, 아주 가끔 '덕후'나 '금손'이란 사람들만 남는다.

하지만 신석기 때로 거슬러 올라가면, 아이들이 어릴 때부터 아빠와 수렵을 하고 이를 위한 도구를 미리 만들고 배우고 사용하는 것이 경제이자 교육이자 놀이였다. 미국의 DIY 문화나 중국의 메이킹 문화는 이러한 창조적 본능을 이어받아 지금까지 생활화한 면이 있다고 본다. 디자인 씽킹 창립자들에 의하면 이 안에 디자인 씽킹의 중요 요소들이 모두 내포되어 있다고 한다. 아이들이나 아내가 필요하면 만들어 주고 만든 걸 쓰는 과정을 관찰하며 더 개선할 것은 없는지 살펴보고 물어도 보고 하면서 꾸준히 개선해 가는 것이다.

그래서 디자인 씽킹은 거창하거나 어려운 것이 아닌, 창조 본능을 회복하는 것이라고도 한다.

2

창업 디자인 씽킹 첫 번째 단계 – 공감하기

디자인 씽킹의 첫 번째 단계인 공감하기.

공감하기란 무엇일까? 우선 공감하려면 누군가 대상이 있어야 한다. 앞으로 이 공감 대상을 '페르소나(Persona)'로 지칭하겠다. 그럼에서 보듯이 어린아이가 울 때 왜 우는지 알아가며 다독이는 선생님, 엄마가 있을 수 있다. 슬픈 일이 있는 친구 간에도 위로해 주고 하면서 깊이 공감해 주며 대화를 나눈다. [그림 2-16]에도 있듯이, 공감이란 다른 사람의 눈으로 보고 다른 사람의 귀로 듣고 다른 사람의 마음으로 느끼는 것이다. 여기서 중요한 포인트 하나는 '한 사람'이라는 것이다. 신이 아닌 이상 백 명을 동시에 공감해 내기란 거의 불가능에 가깝다.

내가 혹은 소수의 사람이 울고 있는 사람 모두를 동시에 공감해 내기란 불가능하다. 시간을 들여 릴레이 위로를 한다 해도, 한 사람에게만 집중해 상황을 살피고 대화하면서 사용하는 시간을 고려한다면 그만큼 공감할 수는 없다. 특히, 서로 이유가 다르고 정황도 다르고 하면, 공통된 공감 영역을 찾아내기는 더욱더 힘들어질 것이다. 그래서 디자인 씽킹 초기 공감 단계에서 대량 설문 형태의 인터뷰를 지양하거나 그 활용을 매우 경계한다. 설문행위는 통계적 유의성을 전제로 참고자료로 활용할 수는 있으나 가급적 안 하는 것을 권장한다. 엑스레이가 없는 상태에서 작은 암 조각 샘플링의 실

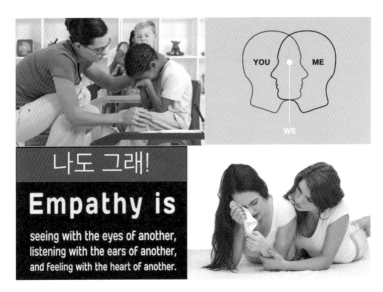

[그림 2-16] 공감하기.

패 위험성을 떠올려 보아도 좋을 것이다. 암이 없는 대부분의 부위를 샘플링해 놓고, 다른 부위에 엄연히 암세포가 존재하는데도, 암이 없다라고 하는 경우 말이다.

3
창업 디자인 씽킹 두 번째 단계 - 문제 정의하기

여기서 한 사람을 깊이 공감하다 보면, 그 사람이 무엇 때문에 슬픈지, 또는 왜 우는지를 정확히 알게 될 것이다. 원인을 제대로 알아야 그에 따라 맞는 대화를 할 수 있고 제대로 된 위로를 할 수 있다. 그렇다. 깊은 공감대 형성 없이는 제대로 된 문제의 파악이 어렵다.

[그림 2-17] 진짜 문제가 무엇인가?

남녀가 싸우는 모습을 보게 되었다고 가정하자. '당장 나가!' 라든지, 여성이 남성을 발로 턱을 가격하여 쓰러뜨릴 때 모습을 보자. 그 문제의 원인을 파악하여 적절한 해법을 제시해야 할 때, 전자의 경우 보통은 엄마가 아이에게 혹은 아내가 남편에게 할 수 있을 것 같다. 후자의 경우, 태권도를 배운 여성이 추행하려 드는 치한을 가격하는 것일 수 있다. 그런데 잘 관찰하고, 심지어 가해자나 피해자에게 자세히 물어보니 전자는 스토커나 음란한 생각을 갖고 덤벼드는 동네 아저씨에게 용감한 여성이 소리를 지르는 것이었고, 후자는 태권도를 배운 두 남녀 친구가 겨루기를 한 것뿐인데, 발차기가 잘못나가 턱을 가격한 것이다.

실제로 중1 시절의 여성 조카가 태권도 자랑을 하다가 반창인 남자의 턱을 가격하여 쓰러뜨렸다는 이야기를 들은 적이 있다. 문제나 원인 파악은 이렇게 깊은 관찰과 공감대 속 인터뷰가 있어야 정확해질 것이다.

4

창업 디자인 씽킹 세 번째 단계
– 아이디어(해법·솔루션) 내기

가족 간 싸움에 함부로 끼긴 힘들지만, 스토커를 함께 제압해 주는 건 오히려 마음이 편할 것이다. 이때 해법은, 1) 그냥 지나치는 게 상책일 수 있고, 아니면 2) 경찰에 신고하는 것일 수 있고 3) 또 함께 싸워주는 것도 있다. 쓰러진 남성이 치한이었다면 위로고 뭐고 해 줄 필요도 없고, 경찰서로 끌고 가야 할 것 같지만, 겨루기 시합이었다면 반창고를 찾아보거나, "이런, 평소 좀 연습을 더 하지 그랬어. 아무리 여성 상위 시대라 하지만 그래도 격투기는 남성이 우월하잖아."라는 식으로 말할 수 있다. 이 경우도 아이디어나 솔루션(해법)이 페르소나의 문제가 무엇이냐에 따라 경찰 신고냐 반창고를 붙여 주느냐 할 정도로 천지차다. 이렇듯 문제의 제대로 된 파악만이 알맞은 답이나 솔루션을 낼 수 있다. 안 그러면 오히려 안 하느니만 못한 결과를 가져올 것이다.

해법을 낼 때도, '해법수학'처럼 동일 문제에 대해 답이 하나만 존재하지 않고 여러 개의 솔루션 또는 더 세련되고 근사한 해법, 돈이 덜 드는 해결책이 있을 수 있다. 그래서 한 가지 아이디어에 꽂혀서 자만하거나 심취하지 말고, 한 걸음 물러나서 더 나은 혹은 더 현실성 있는 해법이나 아이디어를 내보는 노력을 게을리해서는 안 된다. 한마디로 '다다익선'이다. 좋은 아이디어가 있을 때 이걸 바로 실행하려 들지 말고, 조심스럽게 시간을 갖고서 '검색'을 통해서라도 유사한 아이디어나 솔루션은 없는지 확인도 해봐야 할 것이다. 이 부분이 업계에서는 벤치마킹이라고도 불린다.

네이버 카페가 다음 카페를 이기기 위해 기존의 유사한 게시판이나 카페, 클럽, 그룹 서비스들을 모두 분해하고 그에 따라 자연스럽게 더 나은 대안을 제시한 사례도 있다.[2] 즉, 남의 아이디어를 빌려서라도, 다다익선처럼 여러 아이디어와 대안을 펼쳐 놓고 비교만 해 보더라도, 그 안의 허점이나 기회를 발견하기 좋게 된다.

이때 앞서 소개되었던 '블루오션 전략 캔버스' 그림을 활용해 보면 한눈에 들어오게 될 것이다. 1단계의 공감대 대상인 '페르소나'의 니즈. 그 속에 숨어 있던 참 문제와 일치하고 있는지를 계속 확인해 보아야 한다. 페르소나의 미처 발견하지 못했던 숨은 니즈라는 새로운 깨달음에 근거한 것이라면 다른 아이디어나 솔루션을 추가할 수 있다. 하지만 페르소나의 니즈와 어떻게든 연동되는 시나리오상의 솔루션이나 아이디어가 안 된다면, 그것이 독립적으로 볼 때는 아무리 좋은 기능 같아 보여도 해당 페르소나의 핵심문제를 푸는데 큰 도움이 되지 못하는 경우가 많다.

오히려 방해가 되는 경우가 종종 있다. 이 부분이 신규 기획을 할 경우, 통상적으로 범하기 쉬운 오류이니 다시 한번 상기해 보기 바란다. 이미 숙성된 다른 서비스에 존재하는 다양하고 당연해 보이는

---

2 싸이월드 서비스 기획팀장였던 이람 씨가 SKT에 싸이월드가 인수된 직후 네이버로 옮겨 와서 하게 된 카페 프로젝트.

좋은 기능을 무조건 갖다 붙이면 소위 아무도 안 쓰는 '괴물'처럼 되는 경우가 많다. 정확한 이유와 적당한 기능 추가 시점을 고려하지 않은 채로 무조건 좋은 기능을 추가하다 보면, 개발 기간과 비용이 더 오르면서 결국 해당 팀이나 조직은 자금 소진으로 인해 좌초하게 된다. 핵심 기능이 주변 기능들에 가려져서 막상 모아야 하는 얼리 어답터도 못 모으고 만다.

태권도 배울 때 며칠이고 가랑이를 찢는 훈련을 하곤 한다. 마찬가지로, 같은 문제를 해결하는 아이디어나 솔루션을 낼 때도 시간을 더 쓸수록 고민을 많이 해 볼수록, 신기하게도 완전히 다른 해법이 출현할 가능성이 크다. 뇌의 특성이 그렇다고 한다. 그러니, 태권도

[그림 2-18] 아이디어(솔루션)내기.

훈련처럼 솔루션을 찾는 고민도 많이 해 봐야 한다.

5
창업 디자인 씽킹 네 번째 단계 – 프로토타이핑

아이디어나 해법을 아직은 콘셉트나 스케치 정도로만 갖고 있다면, 이를 실제로 구현해 내기 위해서는 아직 이게 가설, 가정, 시나리오에 불과할 수 있다는 신중한 마음, 겸손한 마음을 견지하자. 후회가 '적은' 선택이 되도록, '값싼' 재료, '값싼' 방법을 통해서 '빠르게' 구현해 보라는 것이다.

당신이 글루건을 최초로 발명하여 시제품을 값싸게 만들어 테스트해 보는 상황이라고 가정해 보자.

일단 전체적인 윤곽을 잡아 보기 위한 적당한 형상화가 먼저일 것이다. 미용을 즐겨하던 사람이면 미용 도구들이 많고, 레고를 좋아하는 사람이면 레고 블록이 많을 것이다. 아무것도 없다면 폐박스, 쓰다 남은 종이, 진흙이라도 좋다. 이렇게 당장 손에 쉽게 잡히는 도구나 재료들을 활용하면 시각화나 손으로 잡아 볼 수 있는 형상화가 가능하다. 프로토타입은 아주 단순하고 러프한 콘셉트 수준의 모형에서 출발하여 이러한 싸이클을 여러 번 돌면서, 양산 직전의 목업(mockup)이나 시제품까지 발전해 갈 것이다.

값싸게 빠르게

[그림 2-19] 프로토타이핑하기.

6
창업 디자인 씽킹 다섯 번째 단계
– 페르소나 테스트해 보기

이제 어느 정도 형상화가 되었다고 가정해 보자. 그러면 어떻게 해야 하겠는가?

그렇다. 처음에 공감을 불러일으키며 참 문제를 던져 준 그 한 사람의 장본인 페르소나를 다시 만나자. 아주 값싸고 빠르게 만들어 낸 그 초벌의 '모형'을 보여 주고 반응을 보는 것이다.

프로토타입은 아주 단순하고 러프한 콘셉트 수준의 모형에서부터 양산 직전의 목업(mockup)이나 시제품까지 다양한 수준이 존재

[그림 2-20] 페르소나에게 검증받기.

하겠지만, 처음부터 시간과 재료비를 많이 들여 보다 정교한 목업으로 가지 말고, 러프한 수준에서부터 페르소나를 통해 그 반응을 살피자. 자세한 질문과 답이 오가는 대화 속에 전달되는 깊은 공감대 형성이 필요하다. 피드백을 위한 인터뷰나 질의 응답은 시행착오를 통해 미로를 찾아가듯 페르소나의 니즈를 만족시킨다는 목표와 방향성을 갖고서 한땀 한땀 목업 수준을 발전시켜 나가야 한다. 그리고 디자인 씽킹의 첫 번째 단계에서부터 이 테스트 단계까지의 전체 과정을 "이 정도면 충분해."란 말이 나올 때까지 혹은 그 진정한 만족도가 느껴질 때까지 반복해 내야 할 것이다.

이제 디자인 씽킹 실전, 실무를 살펴보기로 하자.

8장

창업 디자인
씽킹 실무

*

1
스탠퍼드 D.School 템플릿을 활용한 퀵 디자인 씽킹

드디어 필자가 전국민적으로 공유하고 싶었던 곳에 집필 순서가 도달하였다. 창업 디자인 씽킹 실무이다. 'Personal Resource Planner/ Social Process Re-engineering/ Virtual Transformation'이라는 필자만의 신제품 개발 프로세스. 7회 이상의 창업 경험[1]과 다양한 상대로 진행했던 수십 번의 디자인 씽킹을 거치면서 마련한 필자만의 실용적인 (창업)디자인 씽킹 기법을 소개하고자 한다.

특히, 기후위기, AI위기, 인구위기를 함께 맞고 있는, 경력 단절 여성, 불확실한 미래를 대비한 청소년 교육으로 고심 중인 학부모, 700만 자영업자, 취업을 앞둔 청년들, 퇴직을 앞두고 제 2의 경력을 준비 중인 은퇴층들에게 도움이 되길 바란다.[2]

---

1 싸이월드, 세이큐피드, 쿠쿠박스, 스토리블렌더(미국), 그룹틱, iBabyBox(미국), 메이크워드 등.
2 참고로 미국 최대 IT미디어인 테크크런치가 미국의 AOL에 매각되고 나서 테크크런치 멤버들이 나와서 만든 새로운 매체인 Pandodaily에서 미국 최초로 2012년경 아시아 벤처 탐방 투어 시 필자를 한국의 대표 Innovator로 소개한 바 있다. 당시 네이버는 미국의 야후 · 구글을, 카카오톡은 미국의 왓츠앱을 카피한 반면, 필자가 창업한 싸이월드, 세이큐피드, 쿠쿠박스, 스토리블렌더는 미국보다 먼저 시작하여 시장에 충격을 주었다. Personal Resource Planner라는 신뢰 기반의 개인 디지털 자원을 공유할 수 있는 프레임워크(framework)를 창안했기 때문이었다.

다시 디자인 씽킹 필수 선순환 단계를 짚어 보자.

1. 공감 대상이 되어 줄 페르소나의 선정/ 페르소나 집중 인터뷰, 행태 관찰을 통한 참 문제 정의
2. 정의된 문제에 대한 해결책 몇 가지 뽑아 보기
3. 해결책들에 대한 페르소나 피드백을 망라한 솔루션 종합
4. 값싸고 빠른 프로토타이핑
5. 프로타이핑 작업물의 페르소나를 통한 피드백

아래는 스탠퍼드 디스쿨(D.School) 홈페이지에 공개된 '지갑 만들어 보기' 혹은 '선물 주는 경험을 새롭게 디자인해 보기' 등의 연습용 프로젝트를 위한 디자인 씽킹 5단계 진행 템플릿이다.

템플릿 1단계를 보면, 페르소나에 대한 인터뷰를 참 문제 발견을 위해 8분 동안만 해 보라고 하고 있다. 8분이란 시간이 중요하진 않다. 다만, 현장에서 한 팀당 통상 4~6명 정도의 팀 구성원을 이루고, 5개 내외의 여러 팀이 동시에 가동된다. 이는 시간 내 팀 간 경쟁이 있는 스포츠 같은 분위기 연출로 창의력과 재미를 극대화하기 위한 취지다. 실전에서는 혼자서 페르소나 1인과 해 가면 된다.

페르소나 선정 방법

그런데 페르소나 인터뷰를 위해서는 먼저 페르소나 선정이 필요하다. 페르소나는 어떻게 보면 영화 속 주인공을 떠올려도 좋다. 영

화 속 주인공은 보통 1명 때로는 2명 정도 나오게 마련인데, 여기서는 오직 1명이다. 영화 속 주인공을 따라 1시간, 2시간을 생각에 잠기면 그 1명에 대해 깊이 공감하게 된다. 그 사람의 옷차림, 언행, 생활 환경, 사고방식, 생활 습관, 취미, 주변 지인과의 관계 등을 통해 삶을 들추어 보면서 그 사람을 이해하게 되고, 동시에 행동 패턴에 대한 예측도 어느 정도 가능해진다.

마찬가지로, 아직 세상에 없는 신제품이나 새로운 서비스를 구상한다고 할 때, 이러한 제품이나 서비스가 태어나면 이를 가장 열광적으로 즐겨 쓸, 일종의 제품 사용 '주인공'을 페르소나로 설정하는 것으로 이해해도 될 것이다. 아니면 거꾸로 생각해, 신제품을 누구의 삶에 던져 넣었을 때 어떤 상황에 놓인 사람에 의해 가장 사랑받고 쓰이게 될지 생각하며, 그 신제품을 가장 잘 쓸 것 같은 사람을 찾아내는 것일 수 있다. 스파크랩 같은 엑셀러레이터에서는 이를 evangelist나 전도사로 지칭하기도 한다.

주변 지인 혹은 스스로가 아직 해결되지 못한 문제, 절실한 필요나 니즈(Needs)가 있거나, 반복적으로 발생하는 같은 문제를 갖고 있다면, 이들이 페르소나로 아주 좋다. 왜냐하면, 시간도 덜 들이며, 돈 안 들이고 질문과 인터뷰를 자주, 반복적으로 할 수 있을 것이기 때문이다. 막상 어떤 좋은 아이템이나 아이디어가 떠올랐어도, 이를 섞어 볼 적합한 페르소나를 찾기가 쉽지 않은 경우가 많다. 그래서 보통 투자자들도 창업자 자신의 스토리텔링을 선호한다. 한편 일본에는 페르소나 매칭 사이트도 성행하고 있다. 매칭된 페르소나에게는 인터뷰 시간당 10만 원 정도를 주면서 말이다. 정 못 찾으면, 일단 어떤 경우에는 영화 속 주인공처럼 가상의 인물을 설정하기도 한다.

그렇다고 페르소나 선정을 너무 어렵게만 생각할 것도 아니다. 아이템 종류에 따라 다르겠지만, 지갑을 혁신해야 하는 상황이 된다면 당사자 자신을 혹은 디자인 씽킹 팀 내 지갑을 매일 들고 다니는 사람 중 지갑에 100% 만족한다고 주장하는 사람 빼고는 누구든 페르소나로 선정하여 일단 시작하는 것이 좋다. 한 사람을 붙잡고 대화의 깊이를 더해 가다 보면 의외의 단서들이 잡히고, 때로는 다른 종류의 페르소나가 필요하겠다는 나침반과 같은 페르소나 선정 관련 향방에 대한 지식을 얻게 된다. 참고로 지갑을 안 들고 다니는 사람도 페르소나 후보가 될 수 있다. 대화를 해 보면, 의외로 기존 지갑이 만족스럽지 않기 때문이라고 할 수도 있기 때문이다. 확인이 필요하

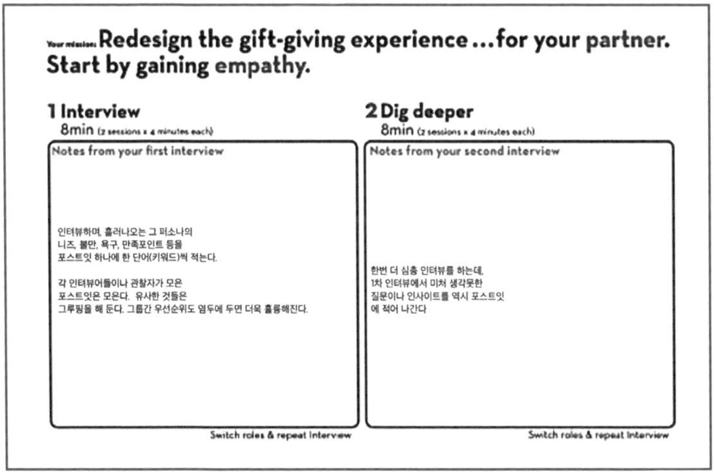

Your mission: Redesign the gift-giving experience ... for your partner. Start by gaining empathy.

1 Interview
8min (2 sessions x 4 minutes each)

Notes from your first interview

인터뷰하며, 흘러나오는 그 페르소나의 니즈, 불만, 욕구, 만족포인트 등을 포스트잇 하나에 한 단어(키워드)씩 적는다.

각 인터뷰어들이나 관찰자가 모은 포스트잇은 모은다. 유사한 것들은 그룹핑을 해 둔다. 그룹간 우선순위도 염두에 두면 더욱 훌륭해진다.

Switch roles & repeat interview

2 Dig deeper
8min (2 sessions x 4 minutes each)

Notes from your second interview

한번 더 심층 인터뷰를 하는데, 1차 인터뷰에서 미처 생각못한 질문이나 인사이트를 역시 포스트잇에 적어 나간다

Switch roles & repeat interview

[그림 2-21] 디자인 씽킹 템플릿-페르소나 인터뷰하기.

며, 대화가 시작점이다. 질문이 시작이다. 필자도 그런 적이 있지만, 탁상공론처럼 자신만의 상상의 나래에 취해 현장을 무시하고 바로 개발에 들어간 경우, 10 중 8~9는 실패할 수밖에 없다.

지갑을 100% 만족하면서 가지고 다니는 사람도 없겠지만 설사 그런 사람이 있다고 해도, 무언가를 간과하고 있거나 적합한 솔루션이 보이면 "당연히 그거 쓰죠."라고 할 텐데 워낙 보수적이고 수동적인 성향이라 '더 이상 지갑 개선이 필요 없다'고 할 수 있다는 점도 잊어선 안 된다. 그래서 인터뷰 스킬은 어쩌면 이리저리 몰아가며 '떠 보는' 스킬이기도 하다.

페르소나 인터뷰를 통해 도출된 키워드 데이터 관리하기

페르소나를 1명 붙잡고 대화하다 보면, 질문과 답변이라는 문장 안에는 항상 키워드가 존재하게 마련이다. 무시해도 될 만한 키워드에서부터 전체 이야기 맥락에서 상당히 중시해야 하는 키워드들도 나타나게 될 터이다. 10분만 깊이 있게 대화해 보면 보통 30~40개 키워드가 쏟아져 나온다. 얼마나 내실 있고 심도 있게 인터뷰와 질문을 진행하느냐에 따라 그 키워드의 숫자는 10개 이하밖에 안 될 수도 있고, 60개씩이나 나올 수도 있다. 키워드가 많이 쏟아져 나올수록 빠른 정리가 필요하다.

이에 대응하기 위한 전통적 노하우로, 보통 포스트잇(정사각 모양 중간 사이즈 크기의)을 한 첩 준비한다. 포스트잇 한 장에는 하나의 키워드만 적는다. 이때 네이밍·마커 펜 같은 걸 쓰면 글씨 쓰는 속도

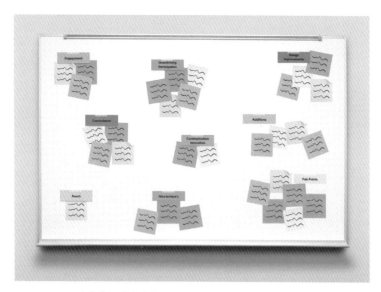

[그림 2-22] 어피니티 기법의 수집-그룹화-레이블링(Collect-Group-Label).

가 빨라진다. 포스트잇 한 장에 키워드 하나만 적는 이유는, 수십 개
가 짧은 시간에 쏟아져 나오면 그때그때 혹은 쉬는 시간에 유사 키
워드끼리 그루핑(묶음)하기 좋고, 그루핑한 것끼리 상, 중, 하식의 우
선순위 혹은 상관관계를 고려하여 일괄 배치가 가능하고 위치도 쉽
게 변경이 가능하기 때문이다.

이러한 데이터 수집 및 관리 방식은 이전부터 방대한 데이터 속에
서 의미 있는 규칙을 발견하기 위해 쓰이던 어피니티(Affinity) 기법
이기도 하다. 인공지능도 어찌보면 이러한 Affinity 같은 접근을 수백
만 번 시행한 것이라고 볼 수 있다.

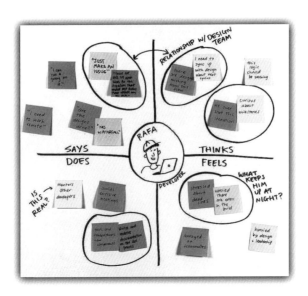

[그림 2-23] 직업이 개발자인 Rafa(페르소나)와의 인터뷰를 통해
그의 말, 생각, 행위, 느낌으로 페르소나 상황 파악해 보기.

페르소나 인터뷰 질의 요령

혼자서도 모든 걸 다 할 수 있으나 인터뷰 전담자 1~3명, 포스트
잇에 빠르게 적는 사람 1명 등 미리 분담 계획을 짜놓고 임하면 짧
은 시간에 많은 일을 해낼 수 있게 될 것이다. 상대방이 생각을 잘
표현하게 유도하는 것도 인터뷰 스킬이다. 페르소나 스스로도 미처
생각 못 했던 속 깊은 니즈를 끄집어내는 경우도 많다. 이때는 마치
'Aha moment(아, 그치, 아 맞아!)' 같다.

양 당사자가 기뻐하는, 의외의 인사이트와 발견을 주는 순간이기
도 하다. 인터뷰 스킬이 없더라도, 진심과 열정이 더 중요하다고 본
다. 샅샅이 뒤져서 한번 알아내고야 말겠다는 집념 내지 포기할 줄

모르는 집요함도 필요하다. 그래서 디자인 씽킹 테크닉 중에 유명한 것이 '5 whys'이다. 왜? 왜? 왜? 왜? 왜? 사람들이 귀찮아서 혹은 민폐를 끼치는 거 같아서, 또는 체면 차리느라 잘 못하는 경우가 많은데, 최소 5번은 가지치기 질문을 해야 한다. 예를 들면, 다음과 같이 질문을 이어 나가는 것이다.

밥을 오전에 잘 챙겨 먹지 못하는 직장인들을 위한 간편식 서비스를 기획 중이라고 가정해 보자. 참고로 오전에 밥을 잘 챙겨 먹지 못하는 것이 진짜 문제인지는 아직 단정할 수 없는 상황이라 이 역시 알아봐야 할 항목이다.

> 질의자　오전에 밥을 잘 챙겨 드시는 편인가요?
> 페르소나　아뇨, 일어나자마자 후다닥 나오느라 밥 챙겨 먹을 시간이 없죠.

여기까지만 질문하고 말면, 아침에 밥을 못 챙겨 먹는 직장인을 한 명 발견했다는 정도의 수확이다. 그런데 이 사람이 아침 간편식 서비스의 타깃이라고 확신이 드는가? 오히려 시작도 하기 전에 간편식 서비스 시도 자체가 부정적으로 느껴지지 않는가? 아직 정보가 부족하지 않은가? 가지치기 질문을 조금 더 해 보자.

> 질의자　오전에 밥을 잘 챙겨 드시는 편인가요?
> 페르소나　아뇨 일어나자마자 후다닥 나오느라 밥 챙겨 먹을 시간이 없죠.
> 질의자　아, 보통 9시까지 출근이라면 몇 시에 일어나는데 그렇게 시간이

없으신가요?

페르소나 제가 좀 올빼미족이라 새벽 2시쯤 잠들고 오전 7시 30분에 일어나서 준비하고 8시엔 집을 나서야 합니다.

한 번만 더 가지치기 질문을 해 보면, 몇 시에 자는지, 몇 시에 일어나는지의 정보와 대략의 출퇴근 거리 정보가 추가된다. 여기서 '좀 더 일찍 자고 오전에 좀 더 일찍 일어날 수 있는지' 그래서 오전 간편식을 팔 수 있는 시간대를 벌 수 있을지 확인해 봐야 한다는 질의 욕구를 느껴야 한다.

질의자 오전에 밥을 잘 챙겨 드시는 편인가요?

페르소나 아뇨 일어나자마자 후다닥 나오느라 밥 챙겨 먹을 시간이 없죠.

질의자 아, 보통 9시까지 출근이라면 몇 시에 일어나는데 그렇게 시간이 없으신가요?

페르소나 제가 좀 올빼미족이라 새벽 2시쯤 잠들고 오전 7시 30분에 일어나서 준비하고 8시엔 집을 나서야 합니다.

질의자 새벽 2시까지 안 자고, 주로 무엇을 하시나요?

페르소나 뭐, 게임도 하고 유튜브도 좀 보고, sns 쪽지도 보고 그렇죠.

질의자 그럼, 결국 아침밥보다 새벽 일들이 더 포기하기 어려운 건가 봐요?

페르소나 네, 저는 아침엔 배고프지도 않고, 습관이 돼서요.

질의자 아, 네. 그럼 혹시 새벽에 라면이나 야식을 즐겨 드시나요?

다섯 번을 질문해 보면, 어떤 콘텐츠와 매체들을 좋아하는지, 야식을 먹는지도 알게 된다. 이런 생활 패턴을 지닌 사람이라면 아침 간편식 타깃으로 적합해 보이는가? 물론 아직 단정하긴 이르다. 인터뷰를 통해서 이 사람이 아침을 먹으면 더 효율이 올라가는 직업을 갖고 있는지? 혹은 이미 알고 있음에도 습관을 바꾸는 것이 힘든 이유가 정확히 무엇인지? 등도 확인해 볼 일이다.

같은 주제로 진행되는 또 다른 페르소나 인터뷰를 보자. 그리고 위쪽 페르소나와 비교해 보자.

질의자 오전에 밥을 잘 챙겨 드시는 편인가요?

페르소나 아뇨, 일어나자마자 후다닥 나오느라 밥 챙겨 먹을 시간이 없죠.

질의자 아, 보통 9시까지 출근이라면 몇 시에 일어나는데 그렇게 시간이 없으신가요?

페르소나 제가 오전에 잠이 많지 않아 일찍 깨긴 하는데요, 혼자 살면서 바쁜 아침에 뭘 해 먹는다는 게 재료비도 아깝고 시간도 생각보다 많이 소요되는 거 같아 그냥 영어 공부와 요가 정도 하고 출근해요. 뭐 다이어트에도 좋은 거 같아요.

질의자 아, 그러시군요. 그럼 혹시 재료비 절감과 함께 쿠킹을 쉽고 빠르게 할 수 있는 간편식이 매일 아침이나 밤에 배달된다면 어떠세요?

페르소나 오, 그거 좋을 거 같긴 한데, 왠지 비쌀 거 같은데 예상 가격이?

이번에는 가지치기 질문을 3번만 해 봤는데, 상당한 단서가 보이

지 않는가? 위쪽 페르소나와 이쪽 페르소나 중 간편식 서비스 초기 타깃으로 어떤 사람이 더 적합해 보이는가?

이렇듯 어느 정도 기준을 갖고 페르소나를 선정해 인터뷰하더라도, 한 명의 페르소나에게 가지치기 질문을 자주 해야 함은 물론이다. 그리고 중요한 포인트 한 가지는, 운 좋게 첫 번째 페르소나에서 많은 단서가 잡히고 그에 따라 최단 거리로 적합한 솔루션을 찾아가는 행운이 있을 수도 있지만 대개는 페르소나 5명 내외로까지 인터뷰를 진행해야 한다.

첫 번째 페르소나와 인터뷰를 적당히 해 보다가, 다른 종류의 페르소나가 얼마든지 있다는 생각을 갖고 임해야 하며, 그렇게 다양한 종류의 페르소나를 인터뷰하는 과정에서, 'Aha Moment'와 같은 가장 공감을 불러일으키는 'Customer-Problem Fit(고객 – 문제 적합성)'을 맞이해야 한다. 그러한 페르소나를 만나, 그에 따라 우리가 다루려는 문제가 정말 크고 중요한 거구나~! 하는 공감을 팀원 간에, 페르소나와 함께 느껴야 한다.

여기서 유의해야 할 점 한 가지는, 페르소나를 양적으로만 늘려서 50명, 100명 만난다고 더 잘 찾으리란 법은 없다는 것이다. 오히려 소수의 페르소나를 만나더라도, 앞서 언급되었던 5whys는 물론, 페르소나의 응답에 따른 또 다른 적절한 질문을 통하여 페르소나 깊은 심연에 숨겨져 있는 참 문제를 끄집어내는 것이 가장 중요하다. 페르소나도 초기 단계에선 5명 이내면 통상 괜찮고, 단계가 심화될수록 최대 25명까지 진행할 수 있을 것이다.

또 한 가지 유의해야 할 점은 질의자 자신의 솔루션이나 정답을 못 박아 놓고서 이를 합리화하기 위한 유도성 질문(심문?)을 자꾸 해서는 안 된다는 것이다. 최대한 객관화하여 질의 수위를 조정해야 한다.

- 여기서 잠깐 팁을 드리자면, 한국은 포스트잇이 상대적으로 비싼 편이다. 그래서 빈 종이를 포스트잇 크기로 잘라서 쌓아두고, 일반 볼펜을 써도 상관이 없다.

- 또 한 가지 방식은 요즘 스타트업에서 대부분 쓰고 있는 피그마(figma.com)라는 온라인 디자인 및 목업 사이트를 이용하는 것이다. 초기 어느 단계까지는 무료로 온라인 포스트잇을 무한 생성하여 컴퓨터 스크린에 붙이는 느낌으로 여러 명이 각자의 컴퓨터 앞에서 협업이 가능하며, 원격으로까지 활용할 수 있다.

- 페르소나는 보통 맞 상대가 존재할 경우가 제법 있다는 것이다. 예를 들어, 이성 매칭 사이트, 에어비앤비(Airbnb), 배달의 민족을 보자. 남성과 여성의 이성 만남에 대한 욕구가 같다고 해도 성별로 페르소나의 섬세한 니즈가 기본적으로 다를 것이다.

에어비앤비 역시 양대 축 페르소나가 존재한다. 한 종류는 여행객·투숙객일 테고, 또 다른 한 종류는 집을 제공하는 집주인·호스트다. 배달의 민족도 음식을 주문하는 일반인도 중요하지만, 이를 상대해야 하는 가게·자영업자 페르소나 역시 중요하게 고려해 설계돼야 한다.

- 사용자 여정 지도(Customer Journey Map) 및 페르소나 프로필 사용법

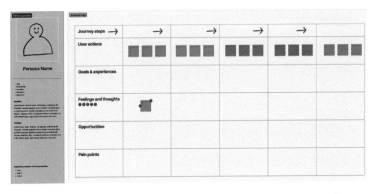

[그림 2-24] 사용자 여정 지도(Persona Profile + Persona Journey Map).

을 활용하자.

위 그림은 '사용자/고객 여정 지도(User/Customer Journey Map)'라고 많이 알려져 있다. 페르소나 한 명을 정하고 인터뷰해서, 페르소나의 이름, 연령, 지역 등 기본적인 프로필 정보를 획득하여 왼쪽에 채워 둔다. 이렇게 하면 팀원 간에 동일한 한 명을 하나의 기준으로 바라보게 된다.

그리고 우측에 화살표가 많이 나오는 영역은 특정 목적을 달성하기 위해 밟아야 하는 '소셜 프로세스'라고 생각하면 무방하다. 페르소나가 소셜 프로세스상의 노드(보통 가로축에 두며, 과정·프로세스·단계 같은 의미로 이해하면 됨)마다 갖는 목표치나 경험, 느낌이나 생각, 기회, 고통점의 크기 위주(보통 세로축)로 메모해 간다. 인터뷰의 목적이기도 하며, 인터뷰 결과를 토대로 이 표를 채워 나가면 된다. 결국 As-Is를 파악해 가는 것이다.

하지만 이 표를 너무 의식할 필요는 없고, 참 문제에 해당하는 키워드들의 도출과 인사이트를 활용한 추정을 잘 해내어 페르소나를 포함한 주변인들로부터 극 공감을 얻어낼 수만 있다면, 이러한 표 없이 해도 된다. 다만 처음 해 볼 때는 팀원 간의 공통된 효율적인 가이드 역할을 할 수 있으리라 본다. 이러한 행렬표를 이용하는 이유는, 정체를 잘 알 수 없는 대상은 해부하고 분해해 보되, 전체 틀이나 프레임 안에 특정 기준을 갖고 보면 더 잘 보이기 때문이다. (마치 신앙과 퍼즐도 교리나 프레임 안에 어느 정도 격자를 그어 놓고 성경 구절이나 퍼즐을 맞춰 가면 훨씬 더 빠르게 인식할 수 있듯이 말이다)

페르소나의 참문제를 One-Liner로 표현해 보기

이렇게 페르소나 인터뷰 과정을 통해서, 도출된 다양한 키워드들이 나열되어 있다고 보자. 40여 개의 키워드가 나열되어 있고, 유사

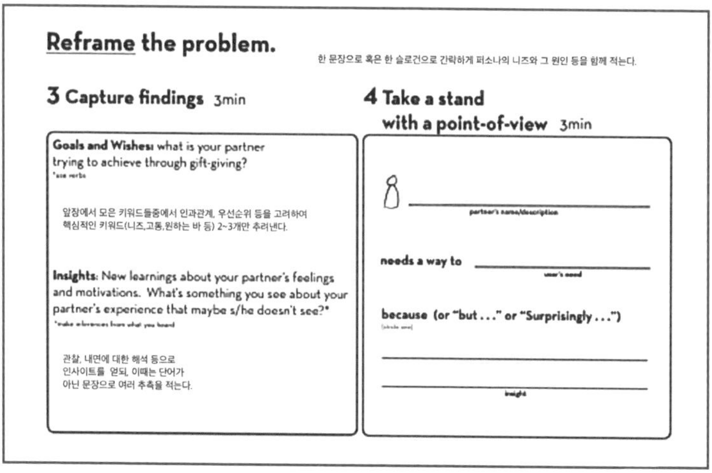

[그림 2-25] 문제 정의하기.

한 키워드들끼리 가깝게 두어 그루핑하고, 그루핑 간에 화살표나 선으로 그 우선 순위 상, 중, 하 또는 상관관계를 표시해 두면 전체 그림을 빠르게 이해하는 데 도움이 될 것이다.([그림 2-22] 어피니티 기법 참조)

1) 이제, 여러 키워드 중에서, 대표 키워드 딱 2~3개만 골라 보자. 전체 상황을 대표하기 가장 좋은 것, 페르소나의 핵심 니즈를 가장 잘 반영하는 것, 놓쳐서는 안 될 중요한 포인트들이 해당될 것이다.

2) 그 다음에는 직관력을 발휘해야 하는 부분일 수 있는데, 심도 깊은 대화와 인터뷰를 하다 보면, 페르소나와 깊은 공감대를 형성하는 대목들이 나오기 마련이다. 바로 이런 지점에서 통찰력(Insight)을 발휘하게 되며, '아, 이래서 이 페르소나는 이런 걸 원한 거구나… 좋아하는구나!'하는 지식을 갖게 된다. 페르소나 자신도 정확히 인과관계를 몰랐거나 지나쳤던, 페르소나 내면에 대한 해석으로 간주될 수도 있고, 추측이 될 수도 있는데, 이는 보통 키워드가 아닌, 한 개의 문장으로 표현되기 좋기 때문에 하나의 문장으로 적는다.

3) 최종적으로 1), 2)를 통합하여 하나의 문장(One-Liner)으로 완성하되, 다음의 포맷을 갖추는 것을 권장한다.
'페르소나 아무개는 어떠어떠한 필요를 느끼고 있으며, 그 이유는 ~하기 때문이다.'

위의 간편식 아이템 예시를 갖고 해 본다면 이런 형태가 될 수 있을 것이다. '페르소나 아무개는 값싸고 빠르게 요리할 수 있는 아침 간편식에 대한 니즈가 있다. 왜냐하면 평소에 일일이 식재료를 사다가 요리하는 것은 음식을 사 먹는 것보다 더 비싸고, 특히 재료 손질 등 시간이 오래 걸려서 아침 식사를 거르고 있기 때문이다. 또 아침 독서나 요가를 좋아하기 때문에 더욱더 아침을 해 먹을 시간이 없다'

참 문제 해결을 위한 여러 솔루션 내보기

자, 이제는 페르소나의 니즈를 만족시킬 수 있는 급진적 아이디어 5개 이상을 내놓기 단계이다.

아이디어를 내기 전에, 페르소나 니즈를 반영한 one-liner(한 줄 문장)를 재점검해 보자.

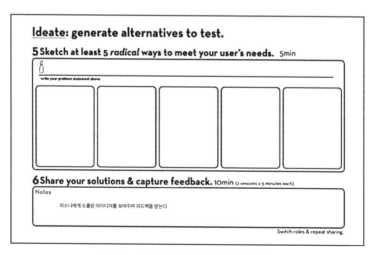

[그림 2-26] 여러 가지 아이디어 내보기.

'페르소나 아무개는 값싸고 빠르게 요리할 수 있는 아침 간편식에 대한 니즈가 있다. 왜냐하면 평소에 비싸고 시간이 오래 걸려서 아침 식사를 거르고 있기 때문이다. 특히 독서나 요가를 좋아하기 때문에 원래 하던 행동에 덜 방해가 되면 좋을 것이다.'

이 문장을 하나의 목표 문장 내지는 기준 문장으로 맨 위에 적어 두고서, 이 문장에 표현된 페르소나의 문제나 니즈를 만족시킬 수 있는 급진적 아이디어를 내보는 것이다. 여기서 급진적이란 건 황당하고 엉뚱한 아이디어를 모두 포함한다.

위 5칸을 채워야 하는데, 각 네모에 들어가는 아이디어는 키워드, 문장, 그림 어떤 것이라도 좋다. 그리고 각 아이디어는 독립적이어 야만 한다. 예를 들어 동그라미 5개를 채우는 아이디어를 내보라고 했을 때, 농구공, 축구공, 야구공, 정구공, 볼링공 식으로 하지 말라는 것이다. 이러한 아이디어는 본질적으로 하나다. 농구공, 태양, 계란 노른자, 병뚜껑, 현미경 등 서로 카테고리가 좀 다르게 혹은 구색을 갖춰서 아이디어를 내보라는 것이다. 그만큼 더 다양한 접근과 시도를 폭넓게 해 보면서, 좁혀 가란 의미가 내포되어 있다고 보아도 될 것이다.

위 One-Liner 문제를 해결하는 2가지 대응 아이디어를 내보자. 아래의 허구 상황을 예로 들어 보겠다.

첫 번째 아이디어는 저녁이나 새벽에 배송해 주고, 겉포장만 뜯고 밥만 바로 전자레인지에 돌려 요리할 수 있는 서비스로서, 요일마다 반찬 메뉴가 바뀐다. (혹은 앱을 통해 미리 여러 메뉴에서 미리 골라 둘 수 있

다) 포장지나 패키지에는 소화가 잘 되는 짧은 요가 동작과 추천 도서 목록 그리고 발췌 문장도 소개되어 있다. 혹은 옵션으로 미니 책이 여러 시리즈로 들어 있을 수도 있겠다.

두 번째 아이디어는 회사 인근에 선주문형 식당을 오픈하는 것이다. 소셜 커머스가 그랬던 것처럼, 일정 시간대에 오기만 하면 전날 주문해 두었던 메뉴가 바로 서비스되는 오전 식사 서비스 식당이다. 식사하며 독서를 하기 좋게 독서 거치대도 있고, 식후 소화에 도움이 되는 간단한 요가를 할 수 있는 미니 공간도 마련되어 있다.

여러 가지 독립적인 아이디어가 나왔다면, 내부 팀원 간 회의를 해서 종합한 후, 페르소나에게 피드백을 받기로 하자.

페르소나 피드백을 듬뿍 받은 후, 개선할 점, 제거할 점, 완화해야 할 점, 추가할 점 등을 반영하여 완성된 새로운 아이디어/솔루션을

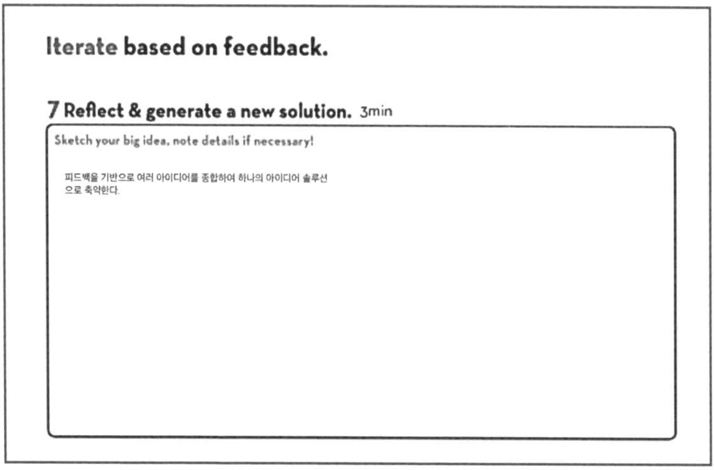

[그림 2-27] 하나의 솔루션 도출하기.

내 놓는다. 증대, 삭제, 완화, 추가 이 4가지는 어디서 많이 본 것 같지 않은가? 맞다. 앞에서 잠깐 소개되었던 신제품 개발 방법으로 블루오션 전략이다.

경쟁사 대비 나의 신제품과 요소별 변수별 비교 시에도 필요하듯이, 나의 신제품 가설과 페르소나의 욕구 간에 요소별, 변수별 비교라고 생각하면 원리가 유사해 보이는 면이 있다고 하겠다. 그래서 블루오션 전략은 기존 제품과의 경쟁 전략 관점에서의 신제품 개발 방법으로 좋고, 디자인 씽킹은 아직 이 세상에 없는, '미정복된 니즈'이거나 아직 '내면의 욕구가 언어화되지 못한 상태'가 상존하는 상황에서의 신제품 개발 방법이라고 생각해도 좋을 것이다.

퀵 프로토타이핑 및 피드백

이제는 빠르고 값싸게 프로토타이핑을 해 볼 차례다. 만약에 서비스나 제품이 앱이나 웹 서비스라면 피그마(figma.com) 같은 목업(mockup) 툴을 이용하여 주요 화면을 그려 보자. 물론, 포스트잇이나 A4 용지에 손 글씨로 화면을 그려 보는 것도 좋다. 값싸면서도 익숙한 방법으로 하면 그만이다. 아이디어를 비주얼화하기 위한 재료나 시간이 돈이기 때문에 값싼 방법, 빨리할 방법이 최고다!

이렇게 해서 퀵 프로토타이핑을 한 후에 다시 페르소나에게 현실감 있게 실연해 보이며, 반응을 보고 세부적인 피드백을 들어 메모한다. 이때는 페르소나에게 설명 없이 보여 줌으로써 사용자 경험이 얼마나 어려운지, 어디서 막히는지를 유심히 살펴야 한다. 오히려

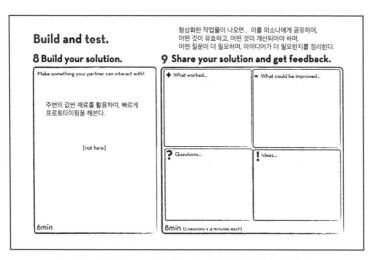

[그림 2-28] 프로토타이핑 하고 페르소나에게 피드백 받기.

페르소나가 기능 하나하나마다 물어보도록 놔두는 게 좋을 수 있다.
그래야 어디서 주로 막히는지 어려워하는지 파악이 쉽기 때문이다.
대개는 페르소나들이 좋은 아이디어나 새로운 단서를 제공해 준다.

2

Customer Problem Fit의 중요성
그리고 의외의 어려움

이 과정은 결국 1) Customer-Problem Fit, 2) Problem-Solution Fit, 3)
Product-Market Fit을 찾아가는 과정이다. 가장 중요한 선결 단계는 뭐
니 뭐니 해도 1) Customer-Problem Fit일 것이다. 페르소나 선정 후에
는 인터뷰하는 요령이나 열정을 발휘해야 하고, 이를 통해 통찰력

있게 페르소나의 '아직 언어화되지 못한 미개척 영역'을 발견하는 것이 곧 블루오션의 첩경이 되기 때문이다.

실제로 투자자들이 사업 계획서를 검토할 때 가장 많이 탈락시키는 결정적인 페이지는 대부분 Problem 페이지에서 비롯된다. 공감을 전혀 못 주거나, 물고기가 없는 곳에서 낚시를 하는 것 같은 경우다. 실패한 수천 개의 스타트업 조사 결과, 80%의 실패 사유가 결국 이 Customer-Problem Fit 단계를 소홀히 한 경우라고 한다. 필자 역시 실패한 경우, 이 단계를 소홀히 했거나 Problem-Solution Fit 상의 페르소나 피드백을 충분히 받지 않았기 때문이었음을 고백한다.

그래서 이 단계를 탄탄히 함께 점검해 줄 수 있는 창업 멤버들이 중요하고, 이러한 역할을 보완해 줄 수 있는 멘토가 중요한 것이다.[3]

공감을 주는 문제가 잘 짚어졌다면, 다시 말해, 훌륭한 스토리텔링을 잘 해내고 있다면, 그제야 그 문제를 해결하기 위한 적합한 솔루션이나 아이디어가 중요해지는 것이다. 그런데 실제로 이때 같은 문제에 대해서도 보는 관점이나 해석에 따라 그리고 특히 팀이 보유하고 있는 기술이나 자원에 따라 해결 아이디어나 솔루션은 천차만별이다. 그만큼 얼마든지 잘못된 방향으로 갈 수 있다는 뜻이다. 그래서 어느 쪽 솔루션이 시장 진입에 좋은지, UX를 훌륭히 나타낼 수 있는지, 기술적으로 가능한지, 시장 사이즈는 충분할지, 이미 유사 상품이 어딘가 존재하는데 제대로 못 크고 있는 이유는 무엇인지 등

---

3 장기나 바둑도 훈수는 쉬우나 막상 본인이 하면 더 어렵다. 운전학원에서 만점을 받아도 실기 시험장에 가면 사고가 날 수 있고, 수영 선수도 바닷가에서의 수영은 또 다른 문제라고 하듯이 말이다. 하지만, 운전 연습이나 수영 훈련을 안 할 수도 없는 노릇이다.

을 기준으로 적합한 솔루션을 채택해 가야 한다.

이러한 노력을 충분히 들여, 린 스타트업에서 강조하는 MVP (Minimum Viable Product · 최소 생존 제품)을 론칭하였을지라도 생각보다 시장에서 수용 못 하는 경우도 많다. 그래서 MVP를 만들 때까지는 자금과 시간 등의 모든 자원을 아껴서 진행해야만, 론칭 후 시장에서 잘 안 받아들여지는 상황에서도 그 원인을 깨달아 다시 한번 도전해 볼 기회가 남아 있을 수 있다. 이는 곧 초기 기업이나 스타트업의 사활을 좌우하게 될 정도로 중요한 포인트다. 자금 부족, 시간 부족, 인재 퇴사 등에 의한 실패의 모든 원인이 바로 이러한 단계별 관리 부재에서 비롯될 때가 많기 때문이다. 정말 세상이 원하는 그 무엇을 발견하고 확신이 들었을 때는 팀원들은 떠나지 않고 오히려 그 팀의 사이즈가 급격히 커지게 마련이다.

실제로 카이스트에서 스타트업 101이라는 학부 수업에서 학생들의 아이디어 검증 및 개선을 위한 디자인 씽킹 세션을 진행하거나, 창업 디자인 씽킹이라는 학부·석박사 수업을 진행하거나, 또 융합 캡스톤 디자인 과목에서 참여하는 업체들과 조별 학생들과의 아이템 검증을 위한 디자인 씽킹 세션을 진행해 보면, 역시나 인터뷰 세션을 가장 어려워하는 것을 느끼게 된다. 그렇다 보니 상당히 만족스러운 Customer Problem Fit이 나오기 힘들다.

그래서 원래는 동일 주제로 진행하는 연습 목적의 디자인 씽킹에서는 팀별로 페르소나를 선정하여 인터뷰하곤 하지만, 이번에는 인터뷰하는 모습을 서로 보면서 학습을 강화하기 위해 새로운 방식을 도입하였다. 즉, 한 사람의 대표 페르소나 한 명을 강의장 앞쪽 가운데 앉혀 놓고, 수업의 참여자 약 20명 내지 35명이 빙 둘러앉아서 릴레이로 돌아가면서 인터뷰 질문을 하도록 하였다. 이렇게 해서라도 페르소나 한 명에게 하는 질의와 페르소나의 응답 과정을 공개적으로 보면서 상호 학습 효과를 높이도록 한 것이다.[4] 물론, '5whys'에 의한 가지치기 질문이 순항하도록 중간 중간 코칭을 해야 한다. 이렇게 해서 도출된 하나의 페르소나 니즈를 반영한 문장(One-Liner)을 기준으로, 팀별로 각기 다른 솔루션을 내보도록 하였다.

3
카이스트 학부생 스타트업 101
디자인 씽킹 연습 프로젝트 사례

학부생만 수강하는 교양 선택 과목인 스타트업 101[5]은 한 학기에 세 교수(심재후 교수, 김종철 교수, 필자)가 한 꼭지씩 맡아 진행하는데, 아이템 도출 및 검증 세션으로 첫 꼭지를 필자가 맡는다.

이번에는 새롭게 연습 프로젝트의 주제를 바꾸었다. 남녀 매칭 서비스 혁신을 해 보기로 하였다. 우선, 학생들에게 데이팅 앱을 사용

---

4 스탠퍼드 디스쿨 경우, 잘 훈련된 인터뷰 스킬을 가진 코칭 조교나 퍼실리테이터가 조별로 투입되어 초반 리드를 돕는다. 하지만 이러한 퍼실리테이터에 대한 훈련 기간과 예산이 부족한 한국에서는 이런 방법도 시도해 볼 만하다. 참고로 스탠퍼드 디스쿨의 학생 1인당 학비는 연 1억 원에 이른다.
5 한 학기에 정원이 25명이었는데 매 학기 120명씩 신청이 들어올 정도로 창업에 대한 학부생들의 열기가 뜨겁다. 그래서 이번에는 같은 강좌를 다른 요일에 추가로 더 열고 정원도 한 반당 30명으로 확대해 총 60명을 받아들였다.

해 본 경험이 있는지 질문했다. 그런데 대부분 사용을 안 해 보았다 거나 별로 사용할 의향이 없다고 하였다. 이유를 물어보니, '신뢰가 안 된다', '일회성 만남이 다인 것 같다' 등의 답변이 돌아왔다. 그러면, 이성 친구가 없는 사람들은 손을 들라고 하였다. 대부분이 손을 들었다. 이번엔 이성 친구를 만날 의향이 전혀 없는지를 묻자, 딱 한 사람만 손을 들었다. 즉, 이성 친구에 대한 호기심이나 욕구는 존재하지만, 기존의 데이팅 앱들은 딱히 만족을 못 주는 것이었다. (물론 속 깊은 진실을 미처 밝히지 않은 사람이 있었을 수 있다.)

이제 한 명의 카이스트 대학생 남성 페르소나를 기준으로 한 '니즈' 파악을 위한 인터뷰를 일부 소개하면 다음과 같다. 현재 이성 친구가 없지만 사귀고 싶어 하는 남성 중 자원자를 골랐다.

질의자1 과거에는 이성친구가 있었는가?

페르소나 없었다.

질의자 좋아하는 사람이 있는가?

페르소나 그렇다. 동아리 활동을 통해 만났다.(본 책자에서는 프라이버시를 위해 동아리명을 밝히지 않는다)

질의자 왜 못 사귀고 있는가?

페르소나 고백하는 방법도 잘 모르겠고, 고백했다가 퇴짜(?)를 맞으면 예상되는 상처가 두려웠다.

질의자 그럼 언제까지 방치할 상태인가?

페르소나 모르겠다. 막연히 어떤 계기가 나타나기를 소원할 뿐이다.

질의자2 꼭 그 사람만이어야만 하는가?

페르소나 모르겠다. 아직 마음을 끄는 사람이 그 외에는 없는 거 같다. 아니, 어쩌면 환경이 부족해서 그럴 수도 있겠다. 여학생이 동아리에 더 많이 들어오거나, 내가 다른 동아리를 더 가입해 보거나 하면 어쩌면…….

질의자 다른 동아리에 더 가입해서 더 많은 여성을 접하게 되거나, 같은 동아리에 여성이 더 많아지더라도, 똑같은 문제가 발생하면 어떻게 하겠는가? 고백하는 법도 모르고, 용기도 없고 그렇다면?

페르소나 그게 문제다. 뭔가 그런 걸 돕는 서비스나 아이디어가 필요하다.

이 페르소나 니즈를 종합적으로 표현한, 아직 언어화되지 못했던 영역을 표현해 본 문장은 이렇다.

'좋아하는 여성 발견 시 상처받지 않고 고백하거나 사귈 수 있는 방법을 원한다. 왜냐하면, 내성적이어서 적극적으로 고백하는 걸 두려워하기 때문이다. 한편 페르소나는 좋아하는 여성을 발견할 기회의 확충을 원하는 욕구도 확실하진 않지만 약간은 있어 보인다.'

이제 이러한 문제를 가진 한 사람을 위해 조별 아이디어를 내 보도록 하였다.

공개 가능한 몇 가지 솔루션이나 아이디어만 소개해 보면 다음과 같다.

1) 사랑 고백 컨설팅 서비스 : 몇 명의 상황별 전문 컨설턴트 중에 한 명을 선택하여 온라인으로 신청하면 온라인 익명 방식(채팅, 화상,

e메일 등의 옵션)으로 컨설팅을 해 주는 서비스로, 상대방 특성에 맞게 자신을 더 잘 어필할 수 있는 코칭은 물론, 자연스러운 표현이 가능한 상황 포착 및 상황 생성 아이디어 제공 등

2) 동아리 멤버 간 비밀 찜 서비스 : 직장이나 동아리 안에서 업무상 또는 취미상 서로 주기적인 교류는 있지만, 사적인 이성 교제가 쉽지 않은 상황에서 성원끼리 초대 기반으로 자신이 속한 방(부서명, 회사명, 동아리명, 학교명 등) 공간 내 이성 간 프라이빗 사랑의 작대기를 할 수 있는 기능 제공. 즉, 작대기나 찜을 날려도 상호 간 매칭이 일어나지 않는 이상, 상대방 어느 누구에게도 알려지지 않음. 상호 간 찜했다는 쌍방향 매칭 시에만 서로에게 '앗싸!'와 같은 식의 환호의 알림이 감. 잊지 않도록 상기와 참여율을 높이기 위해, 한 명이 찜하면 해당 방 멤버들에게 '누군가 찜 행위를 하였다. 혹시 모르니 당신도 찜해 보시라'는 식으로 알림을 주면 좋을 것이다.

멤버 간 찜 서비스를 fast prototyping 한다고 가정해 보자. 이건 UXPin이라는 목업 툴로 필자가 임의로 해 보았다.

이렇게 무료로 제공되는 목업(wireframe) 서비스를 쓰면, 파워포인트만큼 쉽게 생각하는 서비스를 순식간에 비주얼화해 볼 수 있다.

참고로 훌륭한 무료(일정 범위 내) 목업 툴을 소개해 본다.
- Figma : 협업 인터페이스 디자인에 가장 적합
- Mockplus : 제품 및 기술 이해 관계자 간의 효과적인 협업에 가장

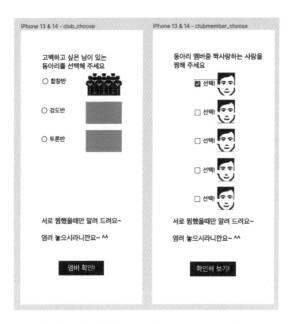

[그림 2-29] 필자가 빠르게 프로토타이핑해 본 것.

적합

- Marvel : 설계 피드백 프로세스를 간소화하는 데 가장 적합
- UXPin : 기존 웹사이트나 애플리케이션을 기반으로 목업 (wireframe)을 생성하는 데 가장 적합
- MockFlow : 모바일 애플리케이션 중심 제품 관리자를 위한 최고 의 목업(wireframe) 도구

한편 최초의 '디자인 씽킹' 전문 대학원인 D.School은 스탠퍼드 대학교에 독일의 최대 기업 중 하나인 SAP에서 수천억을 기부해 준 덕분에 탄생할 수 있었다. 스티브 잡스를 도와 매킨토시, 마우스, 애플

mp3 플레이어, 애플 스마트폰 등의 디자인 및 설계에 핵심으로 참여했던 몇몇의 엔지니어들이 SAP 회장에게, 디자인 씽킹의 위력을 잘 설명해 준 덕분이다. 스티브 잡스의 성공적인 프로젝트 대부분은 '디자인 씽킹 5단계'를 잘 지켰고, 실패한 프로젝트는 대부분 '디자인 씽킹 5단계'에서 어느 하나라도 소홀했기 때문이라고. '혁신'은 누구나 할 수 있는 것이며, 어릴 때 잠재적으로 타고 나는데, 공립 교육과 사회화를 거치며 급격히 퇴보한 것이라 이를 다시 잘 끄집어 내 주는 것에 불과하다고 말이다.

한때 미국 다음 경제 최강국으로 군림해 왔던 일본, 그리고 강소 기업의 최강 국가이자 디자인 씽킹 전문대학원인 스탠퍼드 D.School 산파의 주역인 독일. 이 국가들의 학생들이 한국에 와서 한국어를 열심히 배우려 하고 있다. 또 한국의 '창업 디자인 씽킹' 경험치를 배우려 하는 광경을 직접 접하면서, 필자의 대학생 시절과는 사뭇 달라진 한국 위상을 느끼게 된다. '정말 우리들은, 사람은 물론 국가의 미래도 한 치를 예측하기 힘든 것이구나'하고 새삼 느끼게 된다.[6]

참고로, 필자가 여러 곳에서 디자인 씽킹을 진행해 보면 경력 단절 여성 그룹이 가장 열정이 뜨거웠던 것 같다. 10년 전에는 경기도 용인시에서만 150명이 신청을 해 왔다. 육아로 오랫동안 경력이 단

---

[6] 외국인 학생들이 창업 디자인 씽킹 수업에 섞여 있을 때는 한국어로만 혹은 영어로만 강의할 수 없어서, 조별로 학생 중에서 통역 담당을 정해 강의를 진행하며, 공통의 페르소나를 가운데 앉혀 놓고 인터뷰할 때는 통역 전담을 한 명 세워 이 학생을 중심으로 외국학생들이 둘러앉아 동시통역 서비스를 받도록 하고 있다. 조만간 AI가 통역 문제를 해결해 줄 것으로 기대한다.

절되어 목마름도 있었고, 새로운 아이템 개발 또는 검증을 통한 창업(자영업) 수요도 컸기 때문인 것으로 보인다.

'새로운 서비스, 혹은 신제품은 어떻게 돈을 벌어야 하지?' 하는 비즈니스 모델도 중요하니 비즈니스 모델 도출 방법론도 짚어 보자.

9장

창업 수익모델
고안 방법

✳

1
온라인 수익모델의 유형
– 대표 3종과 에어비앤비(Airbnb) 수익모델 예시

수익모델은 비즈니스 모델이라고도 한다. 급격한 혹은 혁신적인 서비스나 제품들은 돈을 버는 방식 역시 급격하거나 혁신적일 경우가 많다. 예를 들면, 옛날에 신문의 경우, 가정마다 월 구독료를 내고 매일 아침 새벽 배달을 받았다. 반면, 언제부터인가 뉴스를 온라인으로 무료로 송출하는 포털에서는, 운영비를 상쇄하기 위해 배너 광고를 달아 돈을 벌었다.

물론 신문도 광고 수입이 큰 비중을 차지했지만, 기본적으로 월 구독료가 기본적인 수익모델이었다. 한국에서 인터넷 기업 중에 가장 먼저 코스닥에 상장된 기업은 골드뱅크로, 배너 광고를 클릭만 해도 돈을 주는 사이트였다.

기존 매체에서는 독자가 광고를 보았는지 안 보았는지를 알 수가 없었기 때문에 불가능한 사업이고 수익모델이지만, 온라인 회원제 기반의 포털에서는 가능했다. 아무 콘텐츠 없이도 배너 광고만 모아 놓고 할 수도 있는 사업 모델이었다. 차후 모바일 시대가 왔을 때 광고 이미지나 카드를 슬라이딩하며 보기만 해도 현금이나 포인트가 쌓이는 캐시 앱 종류가 반짝 유행했었는데, 모바일 시대에 걸맞은 UX로 바뀌었을 뿐, 이 역시 유사한 수익모델이다. 다만, 소액을 벌고자 오는 유저들만 있는 이런 사이트라면, 이들 유저의 특성을 중시하는 광고주들만 좋아할 것이다. 또 한편으로는, 뉴스 사이트처럼 정보적 가치나 게임처럼 재미가 있어서 오는 경우가 아닌 돈만 벌려고 오는 사용자의 수는 전체 인구 대비 최대 몇 %도 점유하기 어려워 보인다.

이제 호텔이나 펜션을 하나도 거느리지 않으면서도, 세계 최대의 숙박업체라고 불리는 에어비앤비(Airbnb)의 비즈니스 모델을 살펴보자.

에어비앤비와 호텔은 누구나 알듯이 비즈니스 모델과 가격 구조가 다르다. 에어비앤비는 주택 소유자와 휴가 고객을 연결하는

[그림 2-30] 호텔 대 에어비앤비.

P2P(Peer-to-Peer) 시장인 반면, 호텔은 소비자 수요에 맞는 가격 체계를 유지하는 숙박업체이다. 그래서 4성급 등 등급이 중요하다. 에어비앤비는 특히 장기 숙박의 경우 호텔보다 저렴할 수 있다. 에어비앤비의 수익모델은 집을 내놓는 호스트나 투숙객에게 임대 가격의 일정 비율로 서비스 수수료를 청구하는 것을 기반으로 한다. 에어비앤비는 매우 비싼 호텔을 소유하지 않고, 청소나 서비스 직원을 고용하지 않으며, 운영 비용이 주로 플랫폼 관리, 마케팅 및 프로모션, 기타 호스트 및 여행자 지원 활동과 관련해 있어서 호텔보다 비용 구조가 가볍다.

한편 온라인 비즈니스의 대부분의 수익모델은 맞춤 타깃 광고 아니면 월 구독료, 그리고 에어비앤비처럼 건별 중개 수수료인 경우가 많다.[1] 페이스북, 인스타그램, 유튜브는 맞춤 타깃 광고가 기본 비즈니스 모델이고, 넷플릭스, 디즈니플러스, 매치닷컴 등은 월 구독료 모델이다. 아마존과 쿠팡 쇼핑몰에서의 구매는 건별 중개 수수료이다. 이성 매칭 서비스는 월 구독료 형태 내지는 건별 성사 기반 중개 수수료가 있을 것이다. 게임 역시 월 구독료 혹은 건별 아이템몰[2]이 있다.

---

1 중개 수수료도 양쪽에서 받는 경우, 한쪽만 받는 경우 등 다양하다.
2 'Free to play'라고도 하며, 무료로 사용하면서 아이템을 건별 구매하기 위해 캐시를 충전하곤 한다.

2

액터, 크리에이터, 사용자 생태계
-누구에게 언제 과금할 것인가

  비즈니스 모델은 한편으로는, 누구에게 언제 과금할 것인가의 문제이기도 하다. 사용자에게 직접 과금하는 경우가 많지만, 포털이나 SNS처럼 광고주 같은 기업에 돈을 내게 하고 사용자는 무료로 이용하게 하는 경우도 많다. 이런 면에서는 고객과 사용자를 구분하기도 한다. 돈을 내는 사람을 고객, 단순히 사용만 하는 사람을 사용자로 구분하여 관리하는 것이다. 사용자에게 과금하는 경우, 언제 과금할지가 구매율에 상당한 영향을 미친다. 예를 들면, 여러 페이지에 걸쳐 내 정보를 많이 입력했고, 마지막 결과를 빨리 보고 싶어 전전긍긍할 때 과금을 요구하는 것과 가입이나 진입 즉시 무조건 과금을 요구하는 것은 구매율에 있어 상당한 차이를 보일 것이다.

  필자가 볼 때 다음과 같은 방식으로 비즈니스 모델 도출에 있어 Social Process Re-engineering/Virtual Transformation을 재활용할 수 있다. 정보 산업인 IT 산업은 기본적으로 정보 공유(Information Sharing)와 연결(matching)이 물리적, 사회적 네트워크상에서 계속해서 작동되고 있음을 잊지 말아야 한다. 이는 우리의 뇌 혹은 사회, 그리고 자연 생태계 자체가 정보 공유와 연관돼 이루어지고 유지된다는 것과 일맥상통한다.

[그림 2-31] 뇌신경 세포망.

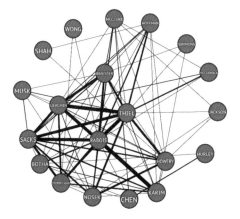

[그림 2-32] 실리콘 밸리 주요 오프라인 소셜 네트워크의 하나인
페이팔 마피아 소셜 네트워크.[3]

　기본적으로 오프라인을 통째로 온라인으로 옮기기 위해서는 (요즘
산업계 말로는 Digital Transformation과 흡사) 해당 범주 안에 속하는 주요
역할을 먼저 정의해야 한다. 주요 역할을 하는 사람들은 Actor(관련 일

3 맨 좌측 중앙에 일론 머스크(MUSK)가 보인다. 링크드인 창업자 리드 호프만((Reid Hoffman), 그
리고 필자와 투자 혹은 인수 협상 목적으로 만났던 페이팔(PayPal)의 창업자 맥스 레브친(Max
Levchin), 유튜브 공동 창업자 채드 헐리(Chad Hurley)도 보인다.

이 되게 하기 위해 무언가 가치를 제공하는 일을 하는 모든 사람들, 광고주 포함), Creator(단순 행위가 아닌 시간과 창의력을 발휘하여 콘텐츠를 만들어 내는 창작자 혹은 예술가들), Consumer·Payer(소비자, 사용자, 돈을 내는 사람, 바이어)로 크게 분류할 수 있다. 이 3자의 역할이 있어야만 판이 돌아가고 흥행이 되는 것이라고 본다. 이들 주체 간에는 끊임없이 정보가 오가고(정보 공유) 새로운 주체들이 연결(매칭)된다. 필수 정보가 오가고 이를 가공하는 주체들을 눈여겨보자.

3
음악 산업의 비즈니스 모델 예시

누구나 음악을 좋아하니, 음악 산업으로 Virtual Transformation하며 그 원리를 살펴보자.

음악 산업이 굴러가기 위해 가치를 더하는 액터(Actor)에는 투자자, 음원 유통을 하는 유통업자, 음원 마케터, 음원 플레이어 개발사,[4] 빌보드 차트 같은 중앙 집중형 큐레이터, 스포티파이, 멜론 같은 마켓플레이스 운영자[5] 등이 있을 것이다.

음원 콘텐츠 자체를 창작해 내는 크리에이터(Creator)에는 작곡가, 작사가, 가수, 비트메이커, 연주가들이 있다. 요즘 같은 영상 비주얼

---

4 카세트테이프 플레이어⇨시디롬 플레이어⇨mp3 플레이어 등 시대에 따라 계속 바뀌어 왔음. 지금은 유튜브 혹은 스포티파이, 멜론, 스마트폰에 내장된 디지털 플레이어.
5 동네마다 있던 지역별 소매상이나 대형문고 또는 백화점의 입점 소매상에서 온라인 플랫폼으로 이 역시 시대에 따라 계속 바뀌어 왔다.

시대에는 뮤직비디오 크리에이터나 Bboy Virus 같은 안무가도 중요하다.

사용자, 바이어나 구매자(Consumer · Payer)에는 리뷰어, 팬이 있을 것이다. 여러 역할이나 주체의 중요도가 시대에 따라 바뀌기도 하지만, 문제나 불만이 많은 곳에 새로운 혁신이 일어나게 마련이다. 그럼에도 불구하고 가장 중요한 불변의 역할은 콘서트의 관객이나 음악을 꾸준히 소비해 주는 인간 청중일 것이다. 퀄러티나 문화를 떠나서 AI작곡, AI가수도 생겨나고 있으니 말이다.

위에서 언급한 대로 기본적으로 액터, 크리에이터, 바이어(혹은 사용자)가 있다. 팬들이 주로 돈을 내고 음원을 소비한다. 액터는 크리

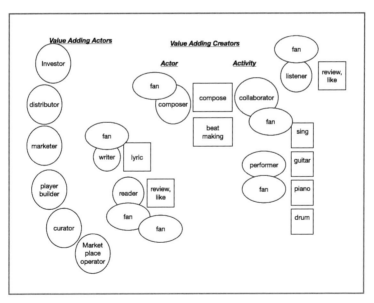

[그림 2-33] 음악 산업 가치 사슬.

에이터나 바이어 주변에서 지원하는 서비스를 주로 하는 것으로 보이지만 이들 없이는 시작이나 흥행이 힘들 것이라고들 주장을 한다. 그 주장에 맞서, 요즘은 수동적 바이어였던 팬들이 크라우드펀딩 혹은 엑셀러레이터(accelerator) 형태로 미래의 스타를 키워 내는 플랫폼들이 나타나기도 한다.

이렇게 되면, 기존 액터 대신 엑셀러레이팅 플랫폼이 그 기획사나 소매상의 역할을 꿰차는 격이다. 스트리밍 플랫폼 자체도 음악을 좋아하는 일반 팬들에 의해 구축되거나 소유될 수 있다. 액터의 많은 역할이 사라지거나 흡수되고, 소비자가는 낮아질 여지가 있으며, 혹은 팬들과의 이익 공유제가 생겨날 수도 있다. 해당 플랫폼의 총이익이 늘어날 여지도 있을 것이다. 이러한 접근은 기존 음악 산업 생태계를 통째로 Social Process Re-engineering/Virtual Transformation한 격이다. 여기에도 역시나 수익모델의 혁신이 동반될 가능성이 높다. 누구에게 언제 돈을 내게 할지는, 결국 생산과 유통과 소비 사이에 존재하는 소셜 프로세스와 노드를 모두 정의한 뒤 이들 중 특정 프로세스와 노드를 강화, 약화, 제거, 창출하는 방식으로 재조합하며 목표로 하는 혁신이나 가치 창출면에서 최적의 프로세스를 정의해 내며 어떤 프로세스와 노드상에서 어떤 주체(노드)에게 과금할 것인가의 문제가 될 것이다.

한편 팬들이 스포티파이나 멜론과 같은 음원 포털에 월 구독료를 내면 이 수입은 어떻게 액터들과 크리에이터들에게 분배되어지는지 알아볼 필요가 있다. 왜냐하면 실제 수익을 나눌 정도로 어떤 액터들이 핵심 가치를 발휘하고 있는지 혹은 힘이 있는지 음악 산업 내 가치 사슬을 더 정확히 확인할 수 있기 때문이다. 이에 따라 수익 모델 혁신의 기회도 더 잘 보이게 될 것이다.[6]

음원 유통 수익 배분 구조에 대해서는 네이버 검색이나 구글 검색을 해 보면 다양하고 알기 쉬운 자료들이 많이 나오니 참고 바란다.

여기서는 자세한 설명은 하지 않고, 비즈니스 모델을 제대로 고안해 내기 위해서는 산업 내부의 다양한 역할 주체 간 수익 흐름과 구조를 이해하고 있어야 한다고 보기에 이렇게 공개된 자료 [그림 2-34]과 [그림 2-35]를 공유하는 정도로 하고 지나간다.

요즘은 음원 포털들이 스트리밍 기술로 월정액 형태로 돈을 벌고 있다. 인터넷 속도가 느리던 인터넷 초기 시절에는 스트리밍이 잘 끊기기 때문에 노래를 잘 들을 수가 없었고, 그래서 다운로드 서비스부터 시작하였다. 다운로드 하는 데 시간이 좀 걸려도 한번 다운로드해서 MP3 플레이어 장치에 갖고 있으면 얼마든지 빠르게 재생할 수 있었다. 그래서 이때 수익모델은 건당 다운로드 과금이 많았다.

그림에서 보면, 다운로드나 스트리밍 시에 분배 구조가 크게 달라 보이진 않는다. 이것은 결국 음원 전달 기술의 혁신이 있었지만 수익이나 과금 방식의 혁신은 없었다는 의미이기도 하다. 하지만, 인터넷 시대 이전에는 동네 소매상에서 앨범을 시디롬이나 엘피판 형태로 1만 원 이상 주고 사서 소장하고 있는 각종 플레이어나 전축을 통해 들어야만 했다. 앨범 하나에는 보통 10곡 정도 들어있으므로

---

6 마트에서 팔고 있는 수많은 간식이나 생필품도 마찬가지다.

한 곡이 약 1,000원 가량 한 것이다. 이때에 비하면 지금 멜론이나 스포티파이를 통해서 이 세상 모든 곡을 무제한 듣는데도 월 1만 원 정도면 매우 저렴해진 것 같다. 또한 가게로 행차를 하지 않고 언제 어디서든지 편하게 골라 들을 수 있다. 결국 현재의 음원 포탈들은 모든 동네 소매상 및 중간의 도매상을 모두 통합한 모델인 것이다. 이전의 생산 및 유통 프로세스에는 종이 앨범 재킷 디자이너 및 시디 롬이나 엘피판의 대량 생산 공장 같은 액터들이 매우 중요한 역할을 했었을 것이다. 지금은 이러한 액터들은 자취를 감춘 셈이다.

한편 댄서들 같은 전문직군은 특정 노래를 어디에서든지 자주 반복해서 들어야 하기 때문에 인터넷 없는 환경에서도 쉽게 들을 수 있도록 다운로드 서비스도 이용한다고 한다.[7]

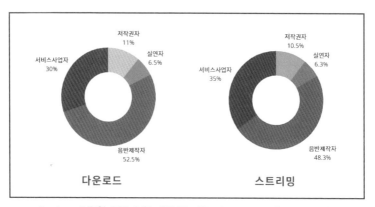

[그림 2-34] **음원 유통 수익 배분 구조**(한국음반산업협회 홈페이지 발췌).

---

7 대학댄스연합 UDC 회장 겸 루츠댄스아카데미의 김선엽 원장 · 한국 최초 비보이 국가대표 Virus 황대균

음악권리자 진영 (70%)						서비스사업자 (30%)	
저작권자 (11%)		실연자 (6.5%)		음반제작자 (52.5%)		서비스 사업자 [97%]	전자지급결제대행 [3%]
신탁단체 [9%]	권리자 [91%]	신탁단체 [11%]	권리자 [89%]	신탁단체 [13%] 6.825% / 유통사 [20%] 10.5%	권리자 [87%] 45.675% / 권리자 [80%] 42%		
0.99%	10.01%	0.715%	5.785%	6.825%	45.675%	29.1%	0.9%

권리자별 수익배분 비율 및 유통 수수료 (다운로드 기준)

[그림 2-35] 권리자별 수익배분 비율 및 유통 수수료
(다운로드 기준, 한국음반산업협회 홈페이지 발췌).

혁신 서비스 모델이나 혁신적 비즈니스 모델 간 관계는 동전의 양면과 같은 속성이 있다. 그림의 권리자별 수익 배분 비율을 한번 보자. 신탁단체가 3번 나오고 그 총합이 30%나 되는 것을 볼 수 있다. 이전에는 조합·협회 등을 통하여 권리를 확정하고, 이를 서면으로 계약해 확인하고 오프라인 징수 등을 해야 했기 때문에 관리 비용이 매우 높았다. 또 그 일을 하는 액터들의 기여가 컸기 때문에 상당한 수입을 가져갈 수 있었다. 그런데 블록체인 등의 기술이 발전함에 따라 사회문화적 환경의 변화와 관련 기관이나 정부의 정책 채택 여부에 따라 신탁단체의 기능을 가볍게 하고 이쪽 수수료를 줄일 수도 있을 것이다. 다만, 이때도 블록체인 기술 제공업체가 수수료를 가져갈 가능성이 큰데, 절약되는 수수료를 작사, 작곡, 가수 등의 크리에이터들에게 더 나눠 줄지, 아니면 바이어인 팬들에게 나눠 줄지(가격 할인 등을 통해서)는 상당 부분 정치적인 면이 있다고 본다. 한마디로 시장 생태계 내 힘의 균형이 고려되어져야 할 것이다. 현재 국내 4대

K팝 제작업체인 하이브/JYP/YG/SM 엔터테인먼트사들은 이러한 신탁단체에 의존하지 않고, 직접 권리계약을 하고 있다고 한다.

한편 한국의 음반 기획사는 액터라기보다는, 마치 할리우드 내 영화 제작사와 같은 고부가가치의 가상 크리에이터 조직 혹은 네트워크라 볼 수 있다.

세계 음원 제작 및 유통 시장의 80%를 장악하고 있는 소니 뮤직 엔터테인먼트(Sony Music Entertainment), 유니버셜 뮤직 그룹(Universal Music Group), 워너 뮤직 그룹(Warner Music Group)은 각 조직 하부에 많은 레이블사를 거느리고 있다. 한국의 음원 산업도 그런 면이 있지만 해외 주요 레이블사들은 더욱더 가상 기업[8] 조직에 가깝다. 한국은 최근 하이브 사태 등에서 보듯이 아직 그 가상(Virtual)화 정도가 안정화되지 않은 듯하다. 가상화 전략을 성공적으로 수행하기 위해서는 나이키, 델, 페덱스 사례와 마찬가지로 파트너 간 신뢰와 이익공유에 대한 합의가 잘되어 있어야 할 것이다.

위 음악 산업 가치 생태계 그림을 다시 보자.

그리고 다음과 같이 소비자(음악 구매자)까지 가기 위한 몇 가지 Social Process를 그려 보자.

생산자는 크리에이터 집단이고, 도매상이나 소매상은 유통사, 음원 포털일 수 있다.

이전의 냅스터나 소리바다는 어떤 서비스 모델일까? 그렇다. 생산자 권리를 무시한 플랫폼→소비자 무료 직거래를 시도한 서비스 모

---

8 할리우드. 이탈리아 패션 산업의 네트워크.

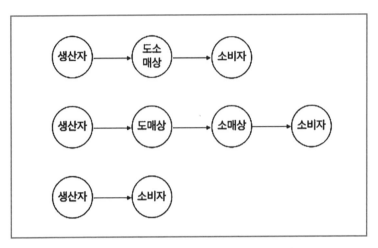

[그림 2-36] 생태계 액터 간 생산-유통-소비 프로세스.

델이라고 볼 수 있을 것이다. 하지만 수익모델 관점에서 보면, 생산자와 로얄티 계약도 안 한 채 무단복제했기 때문에 그들은 음원 포털의 이익도 포기한 모델이다. 다운로드시 과금을 하지도 않고 월정액을 받지 않기 때문이다. 그게 왜 가능하냐면, 소매상(음원 포털)은 막대한 스트리밍 서버 비용을 운용하는 가치를 발휘하므로 충분히 수익 분배에서 주요 구성원이 되지만, 냅스터나 소리바다는 음원 콘텐츠들의 다운로드 서비스나 스트리밍[9]을 직접 하지 않았기 때문에 월정액을 받을 명분이 없었다. 물론, 콘텐츠 자체에 대한 운용 권리조차 없었지만.

냅스터, 소리바다라는 작은 소프트웨어를 개발하는 데 공을 들였

---

[9] 엄밀히는 다운로드할 수 있는 파일을 저장하는 하드디스크와 네트워크를 사용자 개인이 각각 제공하도록 했다.

지만 그건 한 번만 개발해 놓고 배포하면, 다음부터는 돈을 들일 일이 거의 없다. 그래서 만약, 냅스터나 소리바다가 그 소프트웨어를 무료로 뿌리지 않고, 그 시대에 풍미한 다운로드 전문 사이트에서 건당 1달러씩 받았다면, 못해도 수백억은 벌었으리라 본다. 그래도 음악 산업 전체의 다양한 주체들의 역할별 수익을 해한 것을 상쇄하기에는 턱없이 부족했을 것이다. 하여간 그들은 무료로 풀고, 광고를 소프트웨어 상단 등 여백에 넣기는 하였지만, 그 정도 수익모델과 매출로는 기존 기득권자들인 음원 산업 주요 액터들로부터 소송을 당하느라 견뎌 낼 재간이 없었다. 바이어였던 팬이자 소비자들은 무료라서 기뻐하긴 했으나 양심에 찔린 나머지 혹은 바이러스나 가짜 파일 등 사용의 불편함으로 폭넓은 대중화가 되진 못했다. 그 사이 애플의 스티브 잡스가 발 빠르게 합법적인 음원 백화점 아이튠즈(iTunes)와 아이팟(iPod)을 내놓았다는 것은 앞서 이야기했다. 냅스터나 소리바다가 아이튠즈(애플 뮤직), 스포티파이, 멜론처럼 기득권자(주요 액터, 크리에이터)와 상생하는 비즈니스 모델을 개발할 수 있었다면 금세 사라지지는 않았을 것이다. 물론, 건물을 운영해야 하는 앨범 창고업자나 소매가게들은 역사의 뒤안길로 사라졌지만 말이다.

자, 이런 것만 보더라도, 혁신적 서비스 모델과 비즈니스 모델은 어떻게든 관련이 있어 보인다. 혁신적 서비스 모델이라 해도 비즈니스 모델이 받쳐 주지 않는다면 지속 가능할 수 없다. 여기서 비즈니스 모델(수익모델)은 우선 산업 전체의 기성 수익모델을 염두에 둬야 할 것이다. 산업 전체의 수익모델에서 누가 돈을 내는지 그리고 이 돈을 누가 나눠 갖는지를 잘 살펴보고, 새로운 서비스 모델에서는 누가 돈을 내지 않고, 누가 돈을 더 내게 되는지 그리고 동시에 이 돈을 누가 덜 갖고 누가 더 갖게 되는지를 보아야 할 것이다.

앞서 이야기한 뉴스 구독에서는 일반인이 구독료를 내던 시절에서 포털 시대로 넘어 오면서, 일반인은 더 이상 돈을 내지 않고 더욱더 다양한 광고주들이 생겨났다. 더욱 다양한 광고주만 돈을 내기 시작한 셈이다. 4대 일간지 외 여러 일간지, 주간지, 월간지, 계간지가 병존했는데, 시간이 흐르면서 총 광고 매출을 독점 포털 한두 군데가 거의 흡수했다고 보면 된다.

오프라인 매체는 지면의 한계가 있지만, 온라인 포털은 키워드나 카테고리별 관심사를 물고 들어오는 개인별로 서로 다른 무수한 페이지를 발생시키기 때문에 타깃화된 광고를 이론적으로는 무한대로 삽입할 수 있다. 그래서 포털의 광고 매출은 모든 일간지의 구독료와 광고 수입을 모두 합한 것보다 커지는 게 가능하다. 기존의 모든 일간지나 주간지의 광고 매출에 버금가는 자금 혹은 적어도 뉴스 콘텐츠 생산을 위한 존립 비용을 어느 정도 나눠 줄 수 있는 자금에 기반한 협상력이 생기는 배경이다. 이것이 아직 네이버 등 포털에서는 뉴스 서비스를 지속해서 운용해 올 수 있었던 이유다.

지금은 포털에서 뉴스 제목만 모아 두고 각 링크 클릭 시 해당 언론사 사이트로 이동하기도 하며, 그 언론사가 따온 광고 매출은 해당 언론사의 것이 되므로 어느 정도 생태계 균형에 기여하는 방향으로 서비스 및 수익모델도 변모하게 마련이다. 어찌 보면 냅스터도 혁신적 비즈니스 모델을 추구했을 수 있지만,[10] 뉴스와 같이 매일 휘발되는 일시적 콘텐츠가 아닌 수십 년을 사랑받는 음악 콘텐츠를 갖고 무료로만 서비스하다 보니 기존 음악 산업의 총매출 이상의 수익 모델을 갖지 못한 채 기득권자들의 힘을 당해 낼 수 없었을 것이다. 물론 눈으로 보는 사진과 텍스트 위주의 포탈에서는 배너나 비주얼 광고 삽입이 쉬운 반면, 귀로만 듣는 음원 위주의 포탈에서는 배너나 비주얼 광고 삽입이 불가하고 라디오 방송처럼 노래와 노래 사이에 청각 광고를 넣어야 하는데 이는 사용자 경험상 제약이 많았을 것이다.

한편 인도네시아에서는 정부와 음악 산업이 손을 잡고 블록체인 기반으로 투명성과 실시간 정산 자동화의 기치를 내걸고 정산의 도매상 역할을 하던 음원 유통사를 제외시키고, 생산자 - 소매상 - 소비자로 이어지는 모델을 추진하고 있다. 블록체인 기반의 플랫폼이 소매상 역할도 할 것이라고 예상한다. 이 경우, 해당 플랫폼 운영에 음악 산업이 어떤 형태로든 참여할 수도 있을 것이다.

음악 산업 중 음원 유통 산업만 좁혀서 보면 국가마다 해당 수익 모델이 다르다. 미국은 음원 유통 플랫폼사가 받던 수수료를 폐지한 지 제법 되었다. 대신 음원 마케팅 툴을 다양하게 구비, 마케팅 서비스를 판매하는 비즈니스 모델이 정착했다. 이는 늘어나는 인디 뮤지션의 빠른 확보를 위한 음원 유통 플랫폼 간 경쟁에서 비롯된 것으로 보이며, 일종의 아이템몰 비즈니스 모델로 변신을 꾀한 것이다.

10 예를 들어, 음악 전문 라디오 채널처럼 중간중간 적절한 광고 삽입 등

하지만 아직 한국은 음원 유통사들이 수수료를 받고 있다. 싱글 음원 업로드 시 건별로 몇 만 원을 받고, 음원별 플레이 수에 따른 매출 징수 후 여기서 수수료를 10~15% 뗀다든지 하는 식으로 말이다.[11]

위 [그림 2-33] 상의 'Value Adding Actor', 'Value Adding Creator', 'Fan' 중에 사라지기 힘든 존재는 누구일까? 첫 번째로 소비자(Fan) 일 것이다. 이전의 라디오가 흥행했을 때처럼, 소비자는 음악을 무료로 듣고, 광고주가 돈을 낼 수 있을지도 모른다. 하지만, 라디오는 원하는 시간에 마음껏 듣지를 못하는 한계가 있어 주로 신곡을 홍보하는 채널로 많이 활용되었다. 요즘 유튜브로 뮤직비디오나 음악을 무료로 듣는 비율이 상당한데, 이 역시 광고주가 돈을 내는 것으로 이해해야 한다. 아니면 중간에 광고 없이 음악만 끊김 없이 들으려면 돈을 내고 프리미엄 서비스에 가입해야 한다. 그리고 당연히 콘텐츠 생산자인 크리에이터 역시 사라지기 힘들 것이다.

최근 들어 AI로 작곡, 작사, 비트 메이킹하는 일이 많아지고 있다. 아직은 그 품질이 저급하다고 할 수 있지만 시간문제일지 모르겠다. 적어도 작곡, 작사 능력이 없던 일반인들은 매우 환호하고 있다. 수노(Suno) 같은 사이트에서 자기만의 소재를 입력하기만 하면 AI가 가사도 만들고 작곡도 해 주므로 완성 후 사랑하는 상대방에게 보내

11 참고로 국내외 음원 유통 플랫폼에 자신의 자작곡을 업로드하면, 한 달 후쯤에는 국내외 150여 개의 음원 포털에 발매가 된다. 이후 음원 포털에서의 음원별 플레이 수에 비례하여 아티스트별 수입이 누적된다. 구체적으로는 해당 국가별 음원 유통 플랫폼이 먼저 이용료를 징수한 다음 이 수입에서 수수료를 떼고 해당 아티스트에게 저작권료를 지급하는 식이다. 미국의 음원 유통 플랫폼에는 작곡가, 작사가, 실연권자별로 자신의 계좌번호나 페이팔을 입력하는 필드가 있어 중간에 기획사 같은 조직 없이도, 인디 뮤지션끼리 역할별로 수입을 자동으로 정산받을 수 있는 시스템이 마련돼 있기도 하다.

감동을 주고 있기 때문이다. 하지만, 기존에 모든 오프라인의 중개 유통사가 그랬듯, 손품과 발품을 들여 얻은 정보의 비대칭을 이용해 기여하던 주체들은 점점 빠르게 사라질 것이라 본다. 큐레이션도 인공지능에 의한 취향 추천이 정교해지고 있다.

이제는 플랫폼의 힘이 AI를 통하여 점점 커질 수밖에 없다. AI를 탑재한 로봇들 때문에 연일 아마존의 창고직 해고 사례가 뉴스로 나온다. 해고되는 업무의 종류는 점점 더 많아질 것이다. 한편으로는 크리에이터들이 연합을 통해 협회나 신탁단체를 제하고 그들의 길드적 플랫폼이 운영되는 모델도 탄생할 수 있다고 본다.

음악 플랫폼의 역할이 단순하고 혁신이 없이 이윤만 많이 내는 상황이 장기화될 때 이런 모델이 발생하기 쉬울 것이다. 마치 한계 비용 제로 사회의 사회적 기업 득세 이론처럼 말이다. 참고로 할리우드 액터 길드는 배우가 생활비가 없을 때 생활비도 지원해 주는 배우들의 조합으로, 할리우드 영화 생태계에 큰 영향력을 발휘하고 있다. 액터 길드에서 지원받은 배우가 차후 큰 수입을 올릴 경우 상당 부분을 이 길드에 공유하게 함으로써, 조합이나 길드의 수익 또한 거대하다고 하겠다.

위 그림에서 여러 'Value Adding actor', 'Value Adding Creator', 'Fan' 등의 다양한 주체들과 권리자별 수익 배분표를 보며, 소비자들에게 어떤 프로세스를 통해 음원 서비스를 제공하면 가장 이상적일지 뺄셈, 덧셈을 해 보는 것도 재밌으리라 본다.

4
영화 산업의 비즈니스 모델 예시

이젠 영화 산업을 둘러보자.

'Value Adding Actor'에는 음악 산업과 마찬가지로 투자자, 배급사, 마케터 그리고 극장 및 OTT 채널 등이 존재한다. 크리에이터 쪽에는 연주자 대신 배우들이 있고, 작곡가, 작사가 대신 시나리오 작가와 촬영감독이, 프로듀서 대신 감독이 존재한다. 음악은 비트 정도의 효과가 중요하다면, 영화는 비주얼 측면이 강하다 보니 촬영, 조명, 애니메이션, 3D, 패션, 메이크업, 엑스트라 등 더욱 다양한 역할이 존재한다.

물론 오리지널 사운드 트랙이나 백그라운드 뮤직처럼 음악 산업의 일부를 엮기도 한다. 엑스트라, 로케이션, 세트 제작 등 막대한 자금이 소요됨은 물론이다. 코로나 이후 커진 시장으로, 원격 로케이션 비용을 대폭 줄이는 지역 버추얼 3D 세트장이 활황이라고 한다. 요즘 들어서는 역시 AI가 점점 오프라인의 촬영, 조명, 사람의 수작업에 의한 애니메이션, 3D 인력 비용을 대폭 줄여 나가는 역할까지 해내고 있다. 심지어는 AI로 만들어진 버추얼 휴먼(펄스나인의 이터니티 등)이 배우들의 역할까지 할 수 있어서 맷 데이먼 등의 할리우드 유명 배우들이 집단행동에 나선 적도 있다.

한편으로는 위 그림의 'Value Adding Actor' 중 하나인 마켓플레이스 운영 주체 입장에서 보면, 국내외적으로 넷플릭스(Netflix) 등 30

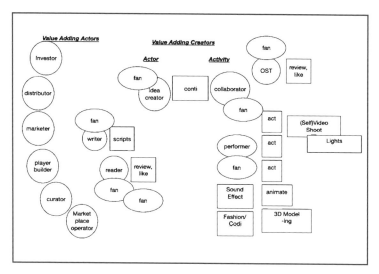

[그림 2-37] 영화 산업 가치 사슬.

여 개의 OTT 서비스들이 극심한 경쟁을 벌이고 있다. 넷플릭스는 한때 미국 최고의 인기 직장으로도 뽑힌 바 있다. 최고의 AI 추천 시스템으로 인정된 곳이기도 하다. 그러나 처음 비즈니스 모델은 우편물을 통한 영화 CD 배달 사업이었다. 동네마다 있던 비디오 대여점 블록버스터 매장과 경쟁하며 결국 이들을 몰락시켰다. 인터넷 초고속망이 보급되면서 또 다른 혁신적인 서비스 및 비즈니스 모델로 인터넷 스트리밍 영화 서비스를 시작하게 되었다. 현재는 이 사업을 공고히 하여 전 세계 시가총액 37위(약 350조 원)에 오르며 2030년도에는 500조 원 이상을 달성할 것이라고 예측을 한다.

자, 이제 한국 영화 산업의 2022년도 기준 수익 구조를 살펴보자.

이러한 시장 생태계 상황에서 OTT에 해당하는 업체들이 바로 넷

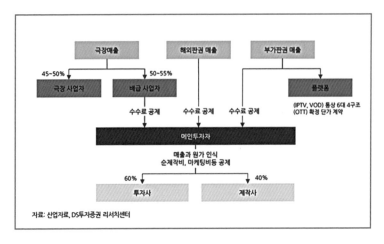

자료: 산업자료, DS투자증권 리서치센터

[그림 2-38] 2022년도 기준 국내 영화 수익 구조.

플릭스, 디즈니플러스 등이다. 디즈니사가 자사 소유 콘텐츠들을 넷플릭스에 안 주려 하고 있고, 이런 식으로 콘텐츠 독점 경쟁이 생기다 보니 넷플릭스는 국가별로 독점적 제작 투자에 나섰다. 한국에서도 옥자라는 영화 투자 및 제작을 시작으로, 오징어 게임 등 세계적인 대작들을 제작해 흥행시켜 나가고 있다.

하지만 벤처와 마찬가지로 영화나 드라마도 제작할 때마다 히트할 수 없다. 또 필요한 신규 콘텐츠의 생산량을 따져 봐도 모든 콘텐츠를 직접 제작할 수 없다. 그렇게 되면 기업의 본질이 바뀌게 되고, 비즈니스 모델도 달라져야 한다. 아무리 넷플릭스라 해도 할리우드 산업 전체와 싸울 수는 없지 않은가? 한편으로는 한국처럼 투자 – 배급 – 극장이 대기업의 독과점으로 경직되면서 젊은 신인 감독이나 트렌디한 신규 콘텐츠 제작 기회가 들어설 자리가 없다고 비판을 받았는데, 한국 영화 산업의 건전한 발전과 젊은 신인 감독 등 인재 개발 측면에서는 넷플릭스가 긍정적 영향을 주고 있다고 한다.

다만, 영화 제작 및 투자 수익을 대부분 넷플릭스가 가져가는 또 다른 문제를 낳고 있다고 한다. 이렇게 되면 감독들이나 주요 스텝들의 장기적인 인센티브가 사라지고 인재 선순환의 지속 가능성이 약화된다. 그래서인지 요즘 들어 넷플릭스에 히트하는 콘텐츠들이 많이 없다는 말을 종종 듣는다.

한국 영화 산업은 물론 세계 영화 산업 생태계에서 중요한 축을 담당하게 된 여러 OTT 플랫폼의 산업적 문제를 기회 삼아 새로운 비즈니스 모델이 탄생하기를 기대해 본다.

이제 또 여러분은 'Value Adding Actor', 'Creator', '관객'이라는 주요 주체들 사이에서 산업의 수익 구조를 생각해 보자. 가장 이상적인 영화 투자 – 제작 – 배급 – 상영 프로세스를 역시 뺄셈, 덧셈처럼 여러 가지로 조합하며 소셜 프로세스 리엔지니어링 놀이를 해 보길 추천한다. 여기에 또 하나의 거대 사업의 탄생이 있을 수 있다고 본다. 함부로 주식 투자, 코인 투자를 권하는 행위를 해서는 안 되지만 이런 시도와 노력의 권유는 의미있는 일이다. 적어도 디자인 씽킹 철학으로 접근한다면, 공부가 되기도 하고 연습도 된다. 재미 삼아 해 보는 트럼프 카드놀이에서의 첫 경험자의 운과 같이 어쩌다 행운을 맞이하게 될지도 모른다. 특히, 재미와 호기심으로 시작한다면 더욱더 그럴 것이다.

10장

Homo Faber,
인간의 제조 본능

*

1

메이커 운동(Maker Movement)은
4차 산업혁명의 풀뿌리 진원지

호모 파베르(Homo Faber)라는 말이 있다. 공작인(工作人)으로 번역되는 것처럼 '만드는 존재로서의 인간'이란 뜻을 가졌다. 메이킹은 본능이다. 요리하면 즐겁고, 원예, 목공, 가죽공예, 철공예, 혹은 이들의 융복합 등 자신의 체질에 맞는 메이킹이 있게 마련이다. 나무를 좋아하는 사람, 흙을 좋아하는 사람, 가죽이나 철을 좋아하는 사람 등등 말이다. 누구는 엄마가 엄마의 방문을 열고 나오면 나에게 알림이 오게 하는 아두이노 프로젝트를 위한 납땜도 좋아한다.

저렴해진 3D 프린터와 개인용 레이저 커터, CNC 머신, 초등학생도 인터넷으로 연결된 사물(수분 센서, 조도 센서, 압력 센서, 미세먼지 센서 등)을 제어할 수 있는 프로그래밍이 가능한 오픈 소스 회로라고도 불리는 아두이노의 전 세계적 유행, 화분의 수분이 너무 부족할 때나 부엌에 올려놓은 냄비의 물이 펄펄 끓는 때를 잊지 않도록 스마트폰으로 알려 주는 방법 등의 다양한 생활 밀착형 메이킹 지식의 온라인 공유, 스마트폰을 활용한 동영상 매뉴얼의 촬영과 유튜브 공유의 접목, 온라인 게시판에서 메이킹 기술을 함께 발전시키는 집단 지성과 오픈 소스 정신 등이 결합하면서 2014~2019년 메이커 운동으로 이러한 인류의 '만들기' 본능이 폭발한 적이 있다.

메이커(Maker) 운동은 미국 최대 정보기술(IT) 출판사 오라일리[1]의 공동 창업자였던 데일 도허티가 만든 말이다. 미국은 메이커 문화가 가장 앞서 있다. 발명 문화와도 가깝고 DIY(Do It Yourself) 문화와는 더욱 가깝다.

미국 인구 3억 2,000만 명(2016년 기준)의 40%인 1억 3,500만 명이 메이커로 분류되기도 한다. 특히 미국에는 집집마다 차고가 존재하며, 차고 안에서 애플 등 각종 유명한 창업이 일어났음은 주지의 사실이다. 종합 철물점이라고 할 수 있는 미국의 홈 디포(Home Depot)의 시총은 약 450조 원으로 현재 전 세계 시가총액 26위[2]를 하고 있을 정도다.[3]

1980년대에도 이미 차고나 창고 안에서 몇 명의 엔지니어에 의해, 최초의 매킨토시(맥북의 전신)가 탄생했다고 했는데 이는 곧 'Personal Computing' 시대를 연 것이다.

반면 2016년에는 'Personal Manufacturing' 혹은 'Personal Fabrication' 시대가 도래했다는 말들이 자주 들려 오기도 했다. 아두이노와 라

---

1 https://www.oreilly.com
2 코스트코, 넷플릭스의 시가총액보다 높으며, 10년 전에 비해 2배 이상 상승하였다.
3 홈디포는 건축 자재, 도구, 원예 등을 유통하는 세계 최대의 철물점 소매 체인 업체이다. 미국 조지아 주 애틀랜타 시에 본사를 두고 있다. 코스트코 크기의 철물점이다.

즈베리파이[4]와 대중화된 3D 프린터, 그리고 저렴해지고 소형화된 CNC 머신,[5] 다양한 목재나 가죽에 컴퓨터로 디자인한 다양한 문양을 마음껏 새길 수 있는 레이저 커터, 자전거 체인이나 휠체어의 쇠붙이를 재단하기 좋은 워터제트. 이러한 개인용 장비를 활용하고 온라인 집단지성의 힘을 빌려 개인 메이커들이 만들어 낸 최초의 대중적 상용 드론이나 최초의 스마트워치·헬스 밴드 등 각종 IoT 스마트 기기의 출현 덕분이었다. 심지어 이러한 메이커들에 의해 세계 최초의 3D 프린팅된 자동차, 전기 미니 잠수정들도 등장했다.

차고 안에 보통은 각종 수동 공구와 목공 톱이나 전동 드릴들이 있고, 아빠들이 주로 평소 취미나 일상의 필요에 따라 간단한 것들을 만들어 내고, 수리하기도 한다. 이런 것들을 어릴 때부터 보고 자라는 아이들은 따라서 배우게 마련이다. 젊은 딸들도 차를 수리하는 모습을 보곤 한다. 또 차고 앞에서 아이들이 집 안의 중고 물건을 내다 놓고 사람들에게 흥정하며 물건을 파는 것도 문화이자 전통이다. 필자가 초등학교 1~2학년 시절 부모님 따라 미국에서 살게 되었을 때, 동네 대형 야외 주차장에 개설된 임시 중고 거래 시장에 내놓을 중고 물건들을 들고 간 기억이 난다. 아마도 누군가 몰래 우리의 중고물건을 슬쩍 훔쳐 가다가 걸린 모습을 본 것 때문에 더 각인이 되어 있는 듯하다.

---

4 아두이노는 사물의 상태 변화 등을 감지하여 스마트폰이나 여러 기기로 알려도 주고, 거꾸로 스마트폰 등으로 사물을 조정할 수 있는 것이라면, 라즈베리파이는 스피커나 디스플레이를 통하여 음악, 영상 등 멀티미디어 정보를 제어하거나 송수신하는 데 자주 쓰인다.
5 컴퓨터에 디자인 파일만 넣으면, 목재나 철을 자동으로 정밀하게 깎아주는 공작 기계.

인터넷 초기 가장 성공적이었던 사업 중 하나가 이베이(Ebay)로서 각자의 집 앞에서 중고 물품을 거래하던 관행을 통째로 'Virtual Transformation'한 마켓플레이스로서 미국에서 먼저 자연스럽게 출현한 것도 무리가 아니다. 미국 내 DIY 문화가 강한 원인에는 인건비가 비싸고, 수리공을 부르면 보통 멀리서 오니까 오래 기다려야 하는 것들이 이유로 꼽힌다.

인건비가 비싸고 땅이 넓어야만 메이커 문화가 번성한다고? 꼭 그렇지는 않다고 생각한다. 왜냐하면 땅이 좁은 편인 일본은 길거리 발명가를 존중하는 문화가 강했으며, 인건비가 어디보다 쌌던 중국은 개인 메이커에 대한 존중은 물론 이들이 활약하기 좋은 온갖 저렴한 장비와 부품 및 재료가 즐비한 곳도 많다.

한편 미국에서는 나름의 필요로 만들어 낸 수제품이 쓸만하고 요긴하면, 만드는 모든 공정과 방법을 인스트럭터블스(instructables.com)에 공유하기 시작했다. 이는 나중에 오토데스크 창업자에 의해 약 4,000억 원에 인수되어 세계 최대 3D 설계 소프트웨어 기업인 오토데스크(autodesk) 소유가 됐다.

인스트럭터블스에는 테슬라처럼 전기차가 유행하기 훨씬 이전에, 한 개인이 차고에서 자기의 중고 폭스바겐 차를 3,000달러 들여 전기차로 개조한 과정 전체를 올려놓기도 했다. 필요 부품 목록, 각 부품의 구매처 링크, 단계별로 하나하나 따라 할 수 있도록 매뉴얼이 업로드되어 있다. 물건 종류에 따라, 심지어는 3D 설계도 소스 파일 다운로드, 혹은 코딩 소스 다운로드 등이 추가되어 있기도 하다. 한국에서는 유사한 서비스로 필자가 디자인하우스의 투자를 받아 시작했던 메이크위드(makewith.co)가 있다. 한국은 '그걸 왜 만들어? 사다 쓰면 싸고 빠른데……' 정신 때문인지 사이트 흥행이 잘 되지 못했다. 이와 가장 흡사했던 미국의 핵스터(hackster.io)는 IoT에만 집중했는데도 영어권 트래픽이 적지 않았다. 삼성전자, 마이크로소프트, 인텔의 지원을 받으며 한동안 흥행했고 지금도 차별화해 운용되고 있다.

필자도 아이들에게 선물하기 위해 스케이트보드용 '하프파이프(Half-pipe · 점프를 위해 만든 U자형 등의 구조물)'를 제작해 보았다. 동네 목재소에서 재료를 재단하여 가져와 가정용 지그소(Jigsaw)로 추가 재단하였다. 이때 초등학생 아들도 따라해 보고 싶었는지, 전동드릴도 아빠가 하는 걸 옆에서 보고 금세 배워 도와주었다. 이때 들

[그림 2-39] 아이들을 위해 만들어 준 스케이트보드·인라인스케이트용 하프파이프.

어간 목재 재료비는 약 20만 원이었는데, 아마존닷컴에서 판매하는 하프파이프는 배송비까지 합치면 약 100만 원 이상이었다.

한때 버락 오바마 미국의 대통령은 2014년 미국을 '메이커의 나라'라고 선언했다. 이 선언을 바탕으로 미국의 모든 초등학교에 메이커 스페이스를 갖출 것을 주문했다. 학교에 있는 도서실이나 컴퓨터실, 미술실 등은 아이들이 원하는 것을 직접 만들어 볼 수 있는 공간으로 탈바꿈했다. 공공기관이나 지방정부, 민간 기관에서도 자신들의 공간을 메이커 스페이스로 만들어 동참했다. 첫 '메이커페어'도 백악관에서 열면서 '메이커 국가 이니셔티브'까지 발족했다. 미국 제조업 부활과 경제 문제 해결의 중심에 있는 메이커를 육성하는데 국가적인 지원을 아끼지 않겠다는 선언이었다.

독일, 영국, 프랑스, 중국도 동참한 바 있다. 학계도 메이커 교육이 4차 산업혁명 시대에 적합한 것으로 보고 있다. 메이커 운동(Maker Movement)은 4차 산업혁명의 풀뿌리 진원지라고도 표현되었다. 그도 그럴 것이 지금은 다양한 쓰임새로 산업화되어 가고 있는 드론이나 스마트 워치·헬스 밴드, 전기자동차 등도 모두가 한 개인이나 서너 명의 메이커들에 의해 추동되고, 초기에는 해당 작업물이 오픈소스로 온라인에 게시되었다. 기술 혁신에 대중이 참여할 정도로 열광하는 것을 보고, 뒤늦게 대기업들이 뛰어들어 시장을 크게 키운 것이다.

메이커들에 의한 스마트워치 시장 형성의 사례도 있고, 중국의 개인 메이커가, 미국의 개인 메이커가 개설한 드론 개발 온라인 집단지성의 지식을 모방하여 이제는 세계적인 대기업을 일군 드론 대기업 DJI 사례도 있다. 그때의 한국 정부는 당시 오바마 대통령의 정책을 피상적으로만 모방했기 때문에 이렇다 할 성과를 내지 못했다. 예를 들어, 미국이나 중국, 일본만 해도 생활 속 발명에 대한 우대가 상당히 잘 되어 있는 문화가 있다. 미국에서는 엔지니어 내지는 배관공(plumber)이라고 직업을 소개하면 '우와~'하는 식으로 일단 존중하고 본다. 실제로 배관공이 돈을 잘 벌기도 한다. 반면, 한국은 엔지니어나 배관공 말고 의사라고 해야 '우와~'라고 한다.

물론, 한국의 경제력과 기술 강국화가 진전되며, 엔지니어에 대한 연봉 상승이 급격히 일어나고 있다. 하지만 이보다 더 근원적인 문화의 복원과 해결책이 필요하다고 본다. 미국은 물론, 유럽·중국·일본의 근대화 시절 성공적으로 도입되었던 과학기술자들의 행정 관료화(Technocrat) 단계가 한국은 역사적으로 실사구시 정신을 갖춘 정약용 등 실학자들의 정계 진출이 실패함으로써 아직 과학기술 기반의 실용주의 문화가 사회와 문화 속으로 깊게 체화되지 못 한 채로 한국 사회가 발전해 왔기 때문이다.

2
메이커 집단지성을 활용한 세계 최초의 상용 드론 3DR

현재 세계 최대의 드론 회사는 어디인가? DJI다. 창업자가 대학생 시절에 메이커 정신이 강한 중국에서 회사를 시작했고, 미국의 유명한 드론 회사인 3DR을 모방하며 성장했다. 3DR은 롱테일의 저자로 유명했던 크리스 앤더슨(Chris Anderson)이 온라인에 게시판을 개설하면서 태동했다.

크리스 앤더슨은 아이들과 RC 비행기를 갖고 놀다가, 아이들이 금세 싫증을 느끼는 것에서 드론을 대중에게 안전하고 값싸게 공급하면 좋겠다고 생각했다. 그리고 어렵고 복잡한 기술의 빠른 발전을 위해 온라인 집단지성을 활용해 보고자 온라인 게시판을 개설했다. 생각보다 전 세계적으로 대중적 상용 드론에 관심이 많았고, 덕분에 짧은 시간 안에 설계도, 부품, 코딩 등 여러 분야에서 원격 도움을 받

[그림 2-40] 위: 3DR 드론 완성품, 아래: 미국 메이커 운동 이벤트인
샌프란시스코 지역 메이커 페어 모습.

으며 급성장하였다.

급기야는 최초의 CEO로서, 온라인으로 기여를 가장 많이 해 왔던 멕시코 변방의 청소년을 기용하였다. 이렇게 해서 최고 성능의 상용 드론을 개발하였고, 투자 유치 및 정식 판매에 성공하였다. 원격으로 기여한 사람들을 보상해 주기 위해 기여한 회원들을 등급화하여 작게는 머그컵·티셔츠 선물에서부터 크게는 회사 지분까지 할애해 주었다. 그 당시 한국의 우리별 위성의 주역인 박성동 씨도 이를 구매하여 서울에서 시연해 본 모습이 기억난다.

이후, 중국의 DJI가 3DR의 오픈 소스를 모방하며, 저가 공세를 통해 생산량에 있어 세계 최대의 드론 회사가 되었다. 3DR은 특정 분야에 있어 기술적으로 선도하며, 중국의 개인 메이커 출신이 창업한 DJI와 협력도 하고 있다.

그 외에도 세상에 기여한, 단순하지만 사랑스럽고 친근한 생활 속 메이커 프로젝트들이 수없이 많다.

3
시각장애 할머니를 위한 레고 점자 프린터/
딸바보 아빠의 재활용 골판지를 활용한 어린이 책걸상

시각장애 할머니와 어릴 때부터 살아온 인도의 슈밤 배너지는, 자신에게 항상 물건의 이름이나 용도를 알려 달라고 하는 외할머니를 위해 점자 프린터를 웹에서 검색해 보고는 깜짝 놀랐다. 시각장애인

[그림 2-41] 레고로 프로토타이핑한 점자 프린터.

용 점자 프린터가 2,000달러를 웃도는 비싼 가격에 팔리고 있었기 때문이다.

그때부터 슈밤은 점자 프린터를 싼값에 공급하겠다는 꿈을 꾸게 되었다. 인도의 13세 소년 슈밤의 메이킹 창업 스토리다. 슈밤은 평소 갖고 놀던 레고 블록에 동네 가게 아저씨에게 얻은 영수증용 종이 말이를 부착하고, 일반인이 단어만 치면 점자로 출력해 줄 수 있는 아두이노용 프로그래밍 소스를 구글링해 다운로드한 뒤 자신이 만든 레고 프린터에 장착하였다.

이 프로토타입 프린터가 작동에 성공하자 이를 개선하여 350달러짜리 상용 점자 프린터 개발에도 성공했다. 또 SNS에 올린 스토리가 확산되어 인텔로부터 투자도 받아 사업을 시작했다.[6] 슈밤은 생활 속에서 고통을 느끼는 외할머니라는 단 한 명의 페르소나의 행복과 만족을 위해 집중한 것이다. 슈밤은 디자인 씽킹의 Just Do It 철학처

6 메이크위드 공동창업자 김경욱 씨의 글 발췌

럼 어려운 환경에 억눌리지 않고 일단 시도해 보았고, 또 값싸고 빠르게 테스트해 볼 수 있는 방법을 선용하여 해결해 간 것이다.

낙서광 어린 딸을 둔 한 아빠는, 사오는 가구마다 딸이 자꾸 그림을 그리고 색칠하는 것이 싫으면서도 한편으로는 딸의 장점을 키워주고 싶었다. 아빠는 고심 끝에, 딸 한 명을 위해 낙서를 해도 안전한 가구를 고안하기에 이른다. 대학가 미대 작업실 등에서 흔히 볼 수 있는 조립식 골판지 책상과 의자의 탄생 순간이다.

의자는 200kg까지 견딜 수 있었고, 모든 소재는 재활용 가능하다. 아이들이 옮기기에 가볍고, 또 아이들이 크면 분해해서 버리면 된다. 무엇보다도 이 제품이 훌륭한 것은, 책상 위에 낙서해도 부모님이 야단치지 않는다는 것이다. 결국은 주변 이웃에 소문이 나면서, 크라우드 소싱 캠페인으로 성공하고, 아빠는 딸을 위한 애정 어린

[그림 2-42] 아빠가 딸을 위해 재활용 골판지로 만든 어린이 책걸상, Cardboard Desk.

메이킹 노력 끝에 돈 되는 사업체까지 거머쥐게 되었다.[7] 이 아빠는 역시나 디자인 씽킹의 단계를 그대로 체화해 가기 좋은 '강렬한 필요성'이라는 환경에 접했고, 문제 해결의 요구를 그냥 지나치지 않고 선용하여 시도해 보았다.

한국인도 두 번째라면 서러울 정도로 손재주가 좋고 창의력이 풍부하다는 것을 우리는 이미 알고 있다. 애플 워치, 갤럭시 워치 이전에 크라우드펀딩으로 성공했던 페블(Pebble) 스마트 워치. 그리고 이전에 먼저 미국 인스트럭터블스에 공유[8]되었던 한국인 혼자 개발한 스마트 워치 오픈 소스 프로젝트도 있다.

우리나라 분당의 한 오래된 아파트에서 난방의 구조적 비효율 문제를 직접 만든 사물인터넷[9] 솔루션으로 해결한 사례가 잠깐 화제가 된 적이 있다. 김규호 박사는 지역난방 회사에 문의하고 동네 인

[그림 2-43] 좌: 세계 최초의 상용 스마트워치 Pebble,
우: 한국인 개발자 서영배 씨가 오픈 소스로 만든 스마트 워치.

7 메이크워드 공동창업자 김경욱 씨의 글 발췌.
8 당시 미국에서 약 50만 뷰 이상의 조회 수가 나올 정도로 인기 프로젝트였다.
9 아두이노 활용과 알리익스프레스를 통한 저가 부품 구입.

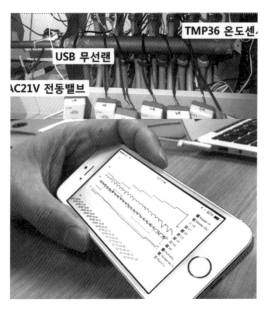

[그림 2-44] 또 한 명의 난방 열사 'Valve God'이라고 불린 사나이, 김규호 박사.

테리어 가게나 전기 작업자에게 물어보아도, 방마다 바닥 온도가 일정치 않은 것을 고치는 게 불가능하다거나 최소 4,000만 원의 개보수 작업이 든다는 소리만 들었다.

그런데 구글링하여 원리를 파악해 보니, 필요한 부품 소싱과 오픈소스를 약간 수정하는 코딩만 하면 해결할 수 있을 거 같았다. 결국 이 시도는 방마다 일정한 온도를 유지하는 데 성공하였고 실업 중에 낙심해 있던 차에 아내의 칭찬까지 받았다. 모든 과정을 파워포인트로 정리하여 페이스북에 공유했더니 1주일 만에 24만 뷰를 기록했다. 덕분에 실직 상태였던 김규호 박사는 서강대 초빙교수가 되기도 했다.

4

한국 메이커의 세계 최초 RC 종이비행기

몇 년 전 국내외 취미 애호가들에게 중국발 RC 종이비행기가 날개 돋친 듯 팔린 적이 있다. 그런데 이보다 한참 전에 이미 한 한국인(이상윤 씨)이 취미 삼아 RC 종이비행기를 만들어 우리나라 상공에 멀리멀리 날린 적이 있다.

이외에도 이 메이커는 미국 최대의 취미 장비 판매 플랫폼에 2만 개 이상의 드론 키트를 공급하기도 했는데, 헥사콥터로 불리는 이 드론은 PCB 일체형 프레임 시리즈 중 한 모델이다. 혁신적 디자인과 설계로 무게가 가벼우면서도 제작이 쉬워 드론 연구 분야에 많은

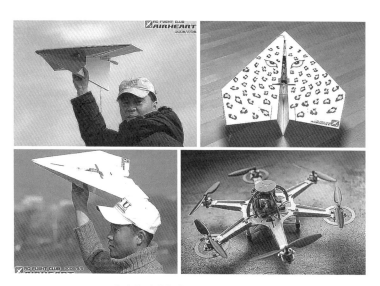

[그림 2-45] 메이커 이상윤씨의 RC 종이비행기와 헥사콥터.

활용이 되었다.

메이커 이상윤 씨의 꿈은 1인용 경비행기를 직접 만들어 보는 것이다. 미국처럼 집 한 편에 창고나 차고가 있고 대형철물점 홈 디포도 있었다면, 벌써 몇 대는 만들었을 사람이다. 다른 메이커들도 모두 이렇게 말하지만, 아파트 현관문 안에 갇혀 식구들이 잠들면 몰래 숨죽이며 메이킹을 한 날이 얼마인지 모른다.

5
철가방 메이커의 자작 스피커

오디오 좀 만진다는 이들의 커뮤니티에서 모르는 사람이 없다는 '철가방 공방' 성대근 씨.

그는 저비용 고효율의 수제 음향 기기로 오디오 자작 커뮤니티에 바람을 일으켰다. 자작 스피커와 오디오를 올려놓는 랙 등의 제품을 만들기 시작한 지 2년여 만의 일이다. 경험 많은 자작 오디오인들도 해결하기 어려운 문제를 만났을 때 찾는 사람이 '철가방' 성 씨다. 높은 '가성비'를 앞세워 오디오 시장의 거품을 빼고 싶다는 성 씨지만, 그 역시 시작은 평범한 아마추어 음향기기 메이커였다.

음악과 음향기기에 본래 관심이 많았다. 그렇다고 그 업에 나서리라고는 생각 못 했다. 카오디오 판매점과 식당 등 생업에 몰두했다. 식당 한쪽에는 직원들을 위한 음악감상실 겸 휴게실을 만들어 두었다. 음악도 듣고 노래방 기기로 노래도 부르며 스트레스를 해소하는

[그림 2-46] 철가방의 자작 스피커.

그런 방이다. 그 방에 올려놓을 목재 스피커가 필요해 목공소에 의뢰했다. 치수에 맞춰 목재까지 다 준비해 스피커를 붙이는 작업만 맡길 생각이었다.

그런데 목공소는 공임으로 70만 원을 불렀다. 그는 "너무 비싸서 돌아오는 차 안에서 손이 덜덜 떨릴 정도였다."라고 말했다. 홧김에 흔히 '마루노꼬'라 부르는 원형 목공 톱 작은 것을 하나 샀다. 친하게 지내는 동네 선배에게 부탁해 작업실과 사무실도 얻었다. 하지만 왱왱 돌아가는 톱날이 무서워 결국 톱은 작업실 한쪽에 방치되는 신세가 되었다. 목공 경험도 없던 터라 기계로 나무를 다루기가 어렵게 느껴졌다. 그러다 목재 가공의 길에 들어서는 계기가 생겼다.

그의 식당은 용인 근처 공장 여러 곳에 식사를 댄다. 그중 한 곳이 가구 공장이었다. 성 씨는 가구 회사 공장장에게 자기 처지를 하소연했다. 공장장은 흔쾌히 도와주겠다고 약속했다. 며칠 뒤 공장장이 퇴근 후 회사에 들렀다. 목재 생초보를 향한, 나무 다루기를 업으로 하는 분의 '원 포인트 레슨'이었다. 밀대 만드는 법을 시범으로 보여 주며 장비 사용법을 가르쳐 주었다. "공장장 입장에선 내가 정말 한

심해 보였을 거다." 하지만 그 일이 성 씨의 메이커 입문 순간이 됐다. 전혀 할 수 없으리라 생각했던 일을 주변의 도움을 받아 가며 처음 직접 만들어 내는 순간. 메이커의 탄생이다. 이후 성 씨는 조금씩 연습하며 목재로 우퍼 케이스 등을 만들기 시작했다.

그러던 중 아내와 함께 운영하던 식당의 상황이 안 좋아지기 시작했다. 사람을 여러 명 써서 크게 일을 벌이다 보니 무리가 따랐다. 3년 정도 고생했다. 적자가 1,000만 원씩 나던 때다. 음악을 틀어 놓고 사무실에 앉아 고민하는 시간이 늘었다. 그러다 사무실 한편에 쌓여있던, 그간 만들어 놨던 우퍼 케이스들이 눈에 들어왔다. '이걸 팔아 볼까?'하는 생각이 들었다. 오디오 동호인들의 카페에 글을 올려봤다. 사람들의 관심은 컸다. 제품 약 90조가 순식간에 팔렸다. 당시 가장 큰 무기는 가격이었다. 대략 20만 원 정도의 싼값에 내놓았다. 시장에 나와 있던 일반적 제품의 3분의 1 정도도 안 하는 가격이었다. '시장에 거품이 있다'는 평소 생각에 확신을 얻었다.

이후 성 대표는 꾸준히 제작에 나섰다. 메이커 활동이 비즈니스로 이어진 것이다. 책장에 들어갈 정도의 크기라는 뜻에서 이름이 붙인 북쉘프 스피커, 오디오 랙과 스탠드, 스피커 유닛을 감싸는 인클로저 등을 직접 만들어 판매했다. 적절한 성능과 디자인을 가진 제품을 기존 제품보다 파격적 가격에 판매해 인기를 끌었다. 그는 "우리나라 오디오계에 많이 끼어 있는 거품을 없애는 것이 목표"라며 "전문 기업 제품만큼 아주 깔끔하게 만들기는 어려워도, 충분히 쓸 만한 제품을 부담 없는 가격에 공급할 수는 있다."고 말했다. 이런 제품의 존재만으로 국내 오디오 시장을 확 키울 수 있으리라는 기대다. 그는 '드림', '패션', '디자이어S' 등 2년 동안 꾸준히 제품을 개량하고, 철가방을 아끼는 동호인들과 소통했다.

그는 이제 'SB 사운드'라는 이름으로 오디오 시장에 도전하려 한다. 제품에 으레 비싼 가격을 붙이고, 그래서 소수만을 위한 시장이 되어버린 국내 오디오 시장을 바꾸고 싶다는 목표. 나무를 자르는 톱에 무서움을 느끼던 성 씨는 이제 캐드로 설계하고 CNC 머신으로 제품을 깎아낼 수 있을 정도로 솜씨가 좋아졌고, 생산 규모도 커졌다. 주변에 잘 아는 사람에게 묻고, 스스로 익혀가며 조금씩 실력을 닦아온 결과다.

필요한 것을, 필요한 만큼 배우며 마음과 머리로 생각한 것을 실제로 만들어 내는 메이커로 성장해 온 셈이다. 그는 "CNC 머신도 좋은 제품은 아니고 설계 관련 컴퓨터 기술도 다 잘 알지는 못한다. 하지만 필요한 것은 어떻게든 배워서 한다."고 말한다. 음악에 대한 관심과 남보다 예민한 귀만 갖고 있던 성 대표는 이제 캐드 프로그램과 CNC 머신으로 목재를 다루며 음향을 조정하는, '나무와 소리의 장인'으로 살아가고 있다. 물론 시행착오는 많이 겪었다.

스피커를 직접 만들어 파는 과정에서 어려움도 적지 않았다. 목재의 특성을 이해하기까지 시간이 걸렸다. 나무 소재로 만든 제품은 시간이 지나면서 습기를 먹어 뒤틀리는 경우가 많다. 초기 제조 모델은 100개 가까이 팔린 시점에서 모양새에 변형이 일어났다. 급히 설계를 바꿔 뒤틀림을 막는 방법을 고안했다. 그는 "설계 변경 이후 구매자들을 일일이 찾아다니며 AS를 했다."며 "처음에는 오히려 손해가 더 컸다."라고도 말했다. 지금도 철가방 공방 카페 회원들과 수시로 소통하며 제품을 개선해 가고 있다.

지금 성 대표의 관심은 크라우드펀딩 방식으로 더 많은 사람에게 다가가는 것이다. 음악은 지극히 개인적이다. 자신만의 오디오 제품을 찾는 사람과 자신만의 오디오를 만드는 사람이 만나는 접점을 찾을 수 있으리라는 기대에서다. 크라우드펀딩을 통해 오디오 수요자와 제작자가 더 효율적으로 만나 좋은 음악을 부담 없이 들을 수 있게 되기를 바라고 있다.

필자는 개인적으로 철가방 같은 분을 매우 존경한다. 학력과 전공 불문하고 자신의 취미와 재능을 사랑하고 포기하지 않고 개발하는 분으로서 말이다. 필요하면 뭐든지 배우며 만 시간의 법칙처럼 한 땀 한 땀 정복해 가는 것이다. 이분은 페르소나를 자신으로 설정하여 디자인 씽킹 5단계를 끊임없이 반복해 냈다. 우리는 아름다운 온갖 경치와 소리와 향기를 그리고 온갖 식재료를 자연으로부터 공급받고 있다. 마찬가지로 우리는 태초부터 창작 본능과 메이킹의 재능을 부여받았다. 우리는 앞으로 인공지능이 흉내내기 힘든 이 부분을 키우고 활용해 가야 할 것이다. 인공지능은 인격이 없다. 하지만 인간은 인격을 갖고 태어나며, 이를 바탕으로 하고 싶은 것이 존중되는 자유의지를 부여받았다. 인공지능이 필수적으로 필요로 하는 배터리나 전원 공급 없이 인간은 무언가 하고 '싶고', 여행을 가고 '싶고'하는 '싶고'의 추구권과 더불어 성취의 행복도 부여받았다. 이는 기본적으로 취미와 힐링을 가져다주며, 인공지능과 달리 자아실현은 물론 덤으로 고소득까지 연결될 수 있다.

6
맛있는 도전에 나서다, 만능 메이커 Charles

장충동 주택가 한 편에 통합 인재 양성소를 지향하는 '타작마당'이 있다. 로봇 전시회가 열리기도 하고, 엔지니어와 예술가가 한데 모여 공동 작업을 하거나 모임을 갖기도 한다. 이곳에서 매달 한 번 열리는 저녁 모임마다 나타나 수십 명 참가자들을 위한 식사를 만들어 대접하던 남자가 있다. 주변에서 좀처럼 보기 힘든 이국적 음식도, 떡볶이 같은 친근한 음식도 그의 손을 거치면 모두 풍성하고 맛깔나는 별미가 된다.

그는 통섭에 관심 있는 요리사인가? 예술가와 어울리고 싶어 하는 셰프인가? 벤처 사업가+요리사+개발자+목수+수제맥주 제조자=메이커 이희철 또는 분당 정자동 근처의 찰스 커피숍 대표, 그를 한마디로 정의하기는 쉽지 않다. 생활형 요리사이며 벤처 사업가였고, 커피 맛이 독특한 카페 사장이자 커피 대회 심판관이며, 소프트웨어 개발자였으며, 수제 맥주와 수제 맥주 제조 기계를 함께 만드는 열혈 맥주 애호가이기도 하다.

아마 그는 존재 자체가 '메이커'라 해도 과언이 아니다. 맥주 기계를 만들고, 요리 도구를 만들고, 조리에 필요한 기구를 만들 3D 프린터를 직접 조립한다. 카페에 놓인 진공관 앰프도 스스로 만들었다. 남는 LCD 텔레비전과 애플 TV 등을 연결해 화상 통화가 가능한 전자 액자도 만들어 카페에 설치했다. 그는 "요리도 메이킹 활동의 일종으로 생각하며 접근한다."라고 말한다. 전자공학을 전공한 그는 대학 시절 이미 학과 동료와 함께 무선 심전도기를 만들며 메이커, 발명가의 길로 접어들었다. 환자의 심전도나 혈압, 호흡 등 건강 정보를 무선으로 전송해 환자의 상태를 PC에서 간단하게 확인할 수 있는 장비였다.

이런 기기는 외국 의료기기 회사가 만든 수입 제품에 의존하던 시기였다. 대학원 학생 둘이서 일일이 납땜해 가며 제품을 만들었다. 미약한 생체 신호를 증폭하고, 정확히 송수신하는 기술을 스스로 찾아가야 했다. 한번 그 길로 들어서서였을까?

이번에는 의대 교수와 협력해서 진료 시스템을 만들 기회가 열렸다. 경희대 의대 서병희 교수와 함께 원격 진료 시스템을 개발했다. ARS 전화로 입력된 체온 변화 등을 수집 분석해 원격에서 임산부의 건강을 진단할 수 있는 시스템이었다. 시대를 앞서간(?) 그의 연구 성과들은 당시 주요 신문과 방송에 대대적으로 소개되기도 했다. 의료기기를 만드는 한편으로는 삼성전자 대학생 소프트웨어 멤버십[10] 1기로 회장을 역임하는 등 하드웨어와 소프트웨어를 오가며 '전자 분야' 전문 메이커로 성장해 갔다.

10 필자와 함께 싸이월드를 공동 창업한 정영식 씨가 군 제대 후 서강대 전산과에 복학해 삼성전자 멤버십 활동을 한 덕분에 필자도 압구정동 소재 삼성전자 멤버십 공간에 들어가 함께 애자일(Agile) 컴퓨팅을 한 적이 있었다.

그의 젊은 시절을 잘 표현해 주는 말이 1993년 그를 다룬 전자신문 기사 제목인 '기묘한 쇳덩이에 매료돼 젊음을 불사르다'이다. 용돈을 아껴 아버지의 눈을 피해 전자 기기를 사들여 실험하고, 무언가를 계속 만들어 냈다. 고치고, 만드는 것을 워낙 좋아하는 스타일이었다.

이희철 대표는 "요즘 많이 얘기하는 '메이커'라는 말을 안 지는 사실 얼마 되지 않았다."라며 "생각해 보면 내가 늘 하던 일이 바로 무언가 스스로 만드는 일이었다."고 덧붙였다. 이 대표는 졸업 후 삼성전자와 삼성전자 종합기술원에서 통신 및 의료 시스템 개발 등에 참여하다 PDA를 생산하고 양방향 방송 콘텐츠 시스템을 구축하는 벤처 기업에 합류했다.

당시 이 회사의 양방향 방송 시스템을 적용한 프로그램이 KBS의 '퀴즈 크래프트'였다. 벤처 거품이 꺼지고 IT 업계에 찬바람이 불던 시기, 그는 요리에 빠지기 시작했다. 까다로운 아이의 입맛을 맞추기 위해 요리에 신경을 쓰기 시작한 것이 계기였다. 한번 꽂히면 집중해서 깊이 빠져드는 그의 성향이 다시 도졌다. EBS 요리 프로그램 '최고의 요리 비결' 6년 치 다시 보기를 한꺼번에 몰아 봤다.

아예 2년간 호주의 요리 학교에서 제과 제빵 기술을 배우고 현지 호텔 베이커리에서 일하기도 했다. 한국에 돌아와서는 파스타와 한식 요리 과정까지 수료했다. 내친김에 커피를 공부하고 맥주 제조에까지 손을 댔다. 그가 인터넷에 올린 맥주 제조 기계 자작 과정은 수제 맥주 애호가 사이에서 화제가 됐다.

부품을 따로 구하고 변형해 맥주집에서 쓰는 탄산 장비를 개조하고, 맥아 분쇄기를 만들고, 일상에 쓰이는 온열 기기를 개조해 발효기도 만들었다. 그 과정에서 목공, 요리, 전자회로, 용접, 컴퓨터 디자인 등 '만들기'에 필요한 여러 역량이 총동원됐다.

타작마당 노소영 관장도 우연히 맛본 이 대표의 맥주 맛에 반해 아예 타작마당에 맥주 제조 설비를 들여놓자는 얘기까지 했다고 한다. 이 인연이 이어져 이 대표는 타작마당 셰프 생활을 한동안 하게 된다. 엔지니어 출신인 그가 요리사들의 감성을 이해하는 데 어려움은 없었을까? 이 대표는 감성적 접근을 하는 요리사나 바리스타와 차별화하려고 일부러 더 '데이터 중심'으로 접근했다.

[그림 2-47] 좌: 탄산수 제조기를 개조해 만든 맥주 탄산화 장비,
우: 업소용 냉장고와 발 히터를 이용해 만든 맥주 발효기.

커피를 볶거나 맥주 원료를 끓일 때, 변화하는 온도와 시간과 그에 따른 맛과 재료의 변화 등을 모두 기록해 데이터화하고 분석했다. 쌓인 데이터에 대한 분석을 바탕으로 최적의 맛의 조건을 익혀갈 수 있었다. 오랜 엔지니어 생활에서 터득한 데이터 수집과 분석 습관이 요리나 커피 바리스타와 같은 다른 분야에서도 힘이 되어준 것이다.

이 대표는 "한번 기본 원리를 깨치면, 다른 분야에 상대적으로 쉽게 적용할 수 있게 된다."라고 말했다. 그가 요리에 빠진 이유는 두 가지다. 우선 요리 역시 그의 '메이커' 본능을 자극했다. 요리는 "만들기의 일부"라는 것이 그의 생각이다. 재료를 다듬고 맛을 예상해 가며 조리의 과정을 밟아가는 것은 머릿속에 생각한 물건을 실제로 만들어 가기 위한 과정과 비슷하다. 조리 도구를 직접 만들기도 한다. 이 대표는 "특히 베이커리 분야는 각종 조리 도구의 역할이 중요한데, 이런 도구를 직접 만드는 과정이 또 하나의 메이크 작업이 되기도 한다."고 말했다. 그는 쿠키나 케이크 장식에 필요한 도구 등을 컴퓨터로 디자인하고 3D 프린터로 직접 제작해 사용한다.

카페에서 사용하는 더치 커피 머신도 레이저 절단기로 아크릴판을 따 손수 만들었다. 요리하는 또 다른 이유는 사람들과의 소통을 위해서다. 이 대표는 "맛있는 요리를 중심으로 사람들과 함께하는 음식의 소셜 네트워크를 만들고 싶다."고 말한다. 맛있는 음식을 싫어하는 사람은 없다. 그의 음식은 다양한 관심사와 역량을 가진 사람들을 하나로 엮는 힘을 가졌다. 이는 그가 지난해 타작마당에서 6개월간 정기 모임 때마다 저녁을 책임지며 충분히 보여준 사실이다. 예술가와 엔지니어, 직장인과 학생, 창업자와 연구자 등이 모두 이 대표의 음식을 먹으며 한데 어울렸다.

어울린 그들은 로봇과 인간, 미술과 퍼포먼스가 하나로 뭉친 결과물들을 타작마당을 통해 내놓았다. 그는 메이커로서 계속 도전하고 싶어 한다. 그가 관심을 갖는 분야는 사물인터넷(IoT)이다. 일상 속 수많은 사물과 기기를 인터넷에 연결해 생활에 가치를 더하는 IoT는 워낙 관련 분야가 다양하고 분산돼 있어 몇몇 대기업이 다 장악하기 어렵다. 이 대표는 "IoT가 가치를 얻으려면 일상에서 필요를 발견하고 직접 해결할 수 있어야 한다."며 "메이커는 이러한 IoT의 진가를 가장 잘 발휘할 수 있는 역량을 가진 사람들"이라고 말했다. 그는 소프트웨어와 하드웨어 분야의 경험과 필요를 현실로 바꿔 가는 메이커 정신의 결합으로 IoT 분야에서 새로운 가치를 만들고 싶어 한다.

이 메이커는, 당장 스스로의 필요성이 없어 그렇지, 스마트 팜이 필요하면 직접 만들어 낼 수 있다. 하지만 이윤극대화라든지, 최고의 효율성을 내야 한다든지 하는 것은 관심 없다. 필요해서 만들어 만족하면 그만이고, 만드는 과정이 즐거우면 그만이다. 우리 인간은 원래 그렇게 만들어졌다고 믿는다. 환경이 못 받쳐 줘서 그렇지 누구든 그렇게만 살 수 있다면 행복할 것이다. 인공지능은 명령을 받고 답을 찾아내는 데는 훌륭하지만 문제나 필요성을 스스로 정의할 수 없다. 우리 인간은 그러할 수 있는 환경의 회복과 그러한 것을 누릴 수 있는 천부인권을 회복해 가야 한다.

7
건담의 성지, 건프라월드를 만들어 가는 사람들

건담 모형을 만드는 사람들이라면 한 번쯤 들어 봤을 법한 온라인 커뮤니티 '민봉기의 건프라월드[11]' 운영자와 부운영자를 만나기 위해 찾아간 곳은 수원에 있는 한 치과였다. 안내받은 세미나실의 한쪽 벽을 가득 채운 프라모델에 고개를 끄덕였다.

"끝판왕 맞네."

하지만 동시에 그 공간엔 RC 카와 아마추어 레이싱 대회 수상 상장까지 도대체 이 남자의 정체가 무엇인지 궁금한 찰나, 진료 가운을 입은 채 수술 모자 때문에 머리가 눌렸다며 사진을 걱정하는 민봉기 원장이 나타났다. 그리고 뒤이어 회의가 늦게 끝나 서둘러 왔다며 웃으며 명함을 건네는 고지현 대표. 건프라 이외의 취미는 패러글라이딩과 살사 댄스란다.

민봉기(이하 민): 저는 보다시피 치과의사입니다. 그중에서도 구강외과, 쉽게 말해 수술을 하는 과죠.

그런데 산골짜기 마을의 보건소로 공중보건의 군 복무를 가게 됐습니다. 수술을 해야 하는 사람은 손의 감각을 잃지 않고 계속해서 기술을 연마해야 하는데 그것이 멈춰버린 거예요. 그래서 시작했어요. 이것을 인터넷에 기록해 나갔죠. 말하자면 민봉기라는 사람의

11 http://cafe.daum.net/gunplaworld

전자 앨범 형식으로 올린 거죠. 만들면서 실패하고 또 실패하고, 모든 걸 사진으로 찍고 올렸어요. 이렇게 올리다 보니 사람들이 공감하고 모이기 시작한 거예요. 그래서 다음 카페로 그 기록을 옮기면서 건프라월드가 시작됐습니다.

벌써 13년이나 됐네요. 그렇게 사람들과 오프라인 모임을 갖다 보니 점점 사람들이 모였어요. 제 성격상 사람들과 몰려다니고 함께하는 걸 좋아해요. 저희 건프라월드는 어떻게 보면 하나의 팀이라고 생각하셔도 돼요. 그저 작품을 올리고 자랑하는 공간이 아니라 같이 만들고 참여하는 하나의 거대한 팀이라고 보시면 됩니다.

고지현(이하 고): 저는 국민학교(현재의 초등학교) 때부터 모형을 만지고 만들고 했어요. PC 통신이 한창이던 대학 시절, 모형 동호회에 가입해 전시회도 했었어요.

민: 형님은 우리나라 건담 메이커 1세대라고 할 수 있어요.

고: 저는 민 원장과는 반대로 군대에 가면서 접었어요. 그러면서 회사에 다니고, 가정이 생기면서 자연히 멀어졌죠. 당시 대기업의 프로그래머로 재직 중이었는데, 회사 생활을 하면서 삶이 무료하고 나는 왜 사는지 등의 질문들을 하게 됐습니다. 그러다 민봉기 원장에 대한 기사를 본 거죠. '아, 나도 이런 걸 했었지'하는 생각에 민 원장을 찾아갔습니다. 그렇게 인연을 맺고 활동하다 부운영자까지 하게 됐습니다.

고: 내가 만든 프라모델들은 내 자식들이고, 내 작품이죠. 그렇다고 모시고 사는 건 절대 아니에요. 저희는 모형이라는 것은 완성된

순간부터 망가진다고 이야기하곤 하거든요. 끊임없이 개조하고, 또 망가지면 수리하고. 그걸 수리하면서 내가 가지고 있는 스킬도 키우는 거예요.

민: 물론 내가 만든 걸 뚝 떼어 드리는 게 쉽지는 않아요. (인터뷰어에게 건담의 한쪽 팔을 해체하여 건넨다) 그래도 누가 만져도 상관없도록 만들어야 하는 거지 신주 모시듯 하는 것, 그건 즐긴다고 할 수 없죠.

민: 하드보드지(종이)로, 발사목(나무)으로 만들다가 아크릴판, 플라스틱판까지 최근엔 포맥스라는 간판 재료로 만들고 있어요. 계속 플라스틱 모형에 갇혀 있으면 안 되죠. 저희가 원하는 건 뭔가 다양한 재료로 최고의 표현을 하고 효과를 내는 거예요.

고: 계속 모형을 만들면서 재료의 발전도 함께 느끼고 있어요. 예전엔 도료나 모형 도구, 기체의 베이스가 되는 제품 등이 일본제밖에 없었지만, 이제는 우리나라 업체의 것들도 많이 생겨났어요. 반가운 일입니다. 그 업체들과 긴밀하게 소통하면서 '이런 제품들이 필요하다' 혹은 '이렇게 개선해 주었으면 좋겠다'는 피드백으로 제품 개발에 도움을 주기도 합니다. 판소리의 '판', 그 판을 펼쳐 주는 것이 현재 나의 역할입니다.

고: 한국인 문화가 같이 뭉치고 만나서 노는 성향이 강합니다. 모형도 예외는 아니죠. 함께 만들고 이루었다는 자부심과 뿌듯함은 평생 갑니다. 또 다른 즐거움이죠.

민: 그걸 프로젝트라고 해요. 개인 작품이 아닌 함께 만드는 프로젝트라는 개념을 우리나라 최초로 모형에 도입했어요. 그중 '유니콘

프로젝트' 같은 경우는 현재 강변 테크노마트에 전시되어 있는데 20여 명 정도 모여서 하나의 큰 도시와 우주 공간을 만들었습니다. 각자 역할을 정해서 맡은 파트를 만들어 오고, 다른 사람들은 배경을 만들고, 나눠서 도색을 한 후 다시 다 가져오는 식의 모듈 프로젝트입니다. 한국 스타일인 거예요. 판소리, 판의 문화예요. '판을 깐다', '멍석을 깐다'고들 하는데, 그 판을 깔아 주는 것이 제 역할이라고 생각해요. 그 판 위엔 혼자 있나요? 아니죠. 다 같이 모여서 거기서 노는 거예요. 흔히 사람들은 오타쿠, 순화시키면 매니아라고들 하죠. 그 매니아들이 노는 그 방식은 한국식이었으면 좋겠어요. 큰 프로젝트를 다 같이, 오랫동안 함께하고 나면 각자 뭔가를 느끼는 거죠.

민: 이게 어떻게 보면 우리가 소통하는 언어인데, 같은 언어로 소통하며 느끼는 짜릿한 주파수? 그런 거였을 거예요. 함께 만든 즐거움이라고 할까? 이것 참 멋있게 말하고 싶은데……. 한 편의 영화를 찍은 느낌, 제가 감독이라고 한다면 배우, 스태프들을 모집해서 6개월에서 1년이 걸려 작품을 완성한 뿌듯함을 어떻게 한마디로 표현할 수 있겠어요.

민: '건프라의 대중화, 한국 모형산업의 발전' 이것이 바로 우리 카페의 모토예요. 그리고 지금은 우리가 한국적인 방법으로 모형을 즐기는 방법을 터득해 나가고 있다고 생각합니다.

고: 이런 모형을 하는 사람들이 많아졌으면 좋겠고, 같이 즐길 수 있는 문화가 만들어졌으면 좋겠습니다. 모형 자체의 성향 때문에 개인적으로 만드는 것이 일반화되어 있기도 하고, 또 모형을 만드는

사람들을 바라보는 시선 역시 긍정적이지 않은 것이 사실이니까요.

건담 모형 오리지널 제조사 반다이. 거기에서도 민봉기, 고지현의 건담 전함 수제 모형 프로토타입을 보고 연락이 왔다고 한다. 자기네 상품화에 도움을 줄 수 있느냐고.

필자도 초등학교 때 아카데미·아이디어 과학에 꽂혀 탱크, 군함, 전투기, 보병을 만들고 에나멜로 칠하고, 동네에서 흙과 나무를 주워다가 널빤지 위에 군인 진지를 구축하고 그곳에 조립한 탱크, 헬리콥터, 보병 등을 배치해 방 한쪽 구석에 진열하곤 했다. 미국 이민 생활에서 돌아와 한국의 수학이 너무 어려워 적응을 못하면서 공부를 별로 좋아하지도 않았고, 공부를 잘 못하던 필자는 더 비싸고 좋은 조립식 플라모델을 사 달라고 조르기 위해 공부를 열심히 했던 기억이 있다. 플라모델이 없었다면 공부를 열심히 할 동기가 없었던 것이다.

중학교 1학년 때는 세운상가에 친구들과 가서 납땜 키트를 사서 조립하며 놀곤 하였던 기억이 있다. 이러한 것에 오늘의 인터넷이 연결되면 바로 사물인터넷(IoT)이 되고, 이러한 취미 기반의 메이킹 활동이 전기자동차, 드론, 스마트 팜 등을 필요에 따라 만들어 나갈 수 있는 저변이 된다고 본다. 요즘은 초·중·고교생들이 너무 학원과 게임에만 시간을 쓰느라고 이러한 낭만과 창의력의 텃밭을 잃고 있어 안타깝다. 학교 수업을 열심히 듣고 저녁에는 독서실에 모여 공부를 한다 해도 동네 탁구장 내지는 탁구장 내 아케이드 게임 정도의 각자 취미생활을 즐길 정도의 여유는 있었던 때다. 더군다나 최근 김누리

교수님의 신간 서적 '경쟁교육은 야만이다'에도 나오듯이, 한국의 입시 교육은 천재가 아닌, 사람과 사회를 죽이는 파시스트만 양산해 내는 교육시스템으로 전락했다고 하지 않는가? 그래서 과학계에서 노벨상 하나 못 타고 있다고 말이다. 어서 우리들의 창의력과 낭만을 회복해야 한다. 그것이 또한 기후위기와 인공지능 위기 그리고 한국의 인구위기에 대응하는 효과적인 개인과 사회의 대응 전략이라고 본다.

필자도 건담 동호회 부회장 고지현 씨 등과 함께 공동으로 진행했던 깡통로봇[12] 제조 및 상용화 프로젝트가 있다.[13] "야! 깡통로봇!"이라고 음성 명령을 내리면 "넵, 주인님!"하고 만화영화 속 주인공의 목소리로 귀엽게 답을 한다. 이때 "고춧가루 발사!"하고 명령을 내리면 고춧가루 대신 방향제를 분사할 수 있었고, "날씨 알려줘."하면 진짜 그 추억의 깡통로봇 목소리로 오늘의 날씨를 보고 받을 수 있었다.

한국문화콘텐츠진흥원이 지원한 국산 캐릭터 라이센싱 기반으로

[그림 2-48] 원작 만화영화 속 깡통로봇과 실제 제작된 스마트 깡통로봇.

12 로보트 태권브이 만화영화의 터줏대감? 감초?
13 관심 있는 분들은 유튜브에서 "추억의 깡통로봇이 스마트 해지다!"로 검색하면 작동하는 영상을 볼 수 있다.

롯데백화점과 1,000대 납품을 전제로 하는 유통 계약까지 맺었지
만, 중국 심천에 양산 아웃 소싱을 하고 있을 때 한국 정부와 중국 간
사드 사태로 관계가 급격히 악화됐다. 그러니 수차례의 목업 테스트
를 위한 한·중 간 물류 과정에서 지연이 계속 발생해, 국산 캐릭터
활성화 지원 사업의 기한을 맞추지 못하여 결국 양산에는 실패하게
되었다.

8
조립식 가구의 대명사 이케아, 메이커 비즈니스 모델

메이커 운동이 한창 꽃을 피울 무렵 세계적인 조립 가구 회사인
이케아에서도, 자사의 조립 가구를 가져다가 DIY로 더욱 쓸모 있게
개조하는 메이커 프로젝트를 홈페이지에 공유하기 시작했다. 이는

[그림 2-49] 이케아 침대에 설치된 DIY 극장식 서라운드 우퍼 시스템.

이케아의 기존 비즈니스 모델을 한층 업셀링(Upselling)할 수 있는 전략이었다.

앞의 사진은, 침대에 누워서 영화를 보는 사람이 서라운드 스피커 효과를 만끽할 수 있도록, 간단한 부품을 구매해 침대에 설치하면 고가의 서라운드 우퍼 시스템을 단돈 200달러로 구축할 수 있는 프로젝트를 이케아 홈페이지에서 오픈 소스로 공유한 사례이다.

9
위키 하우스로 주택 건축 비용 1/10에 도전한다!

오른쪽 사진은 이탈리아의 한 유명 백화점에서 가정용 목재 CNC 라우터로 생산해 낸 조립용 목재 패널을 활용하여 하루 만에 목조주택을 조립해 내는 시연 광경이다. 이렇게 간단한 조립식 주택 키트를 개인용 생산 장비로 만들어 낸 이 소수의 팀은, 이제는 전 세계 수천 명의 건축가와 디자이너 회원들과 집단지성 기반의 원격 협업을 통해 가상의 글로벌한 주택 설계 회사[14]를 꾸려 나가고 있다.

이제는 주택과 건축물 짓는 가격을 기존의 1/3~1/10 수준에, 또 이산화탄소 배출 제로는 물론 마이너스에 도전하고 있다. 이 역시 산업 프로세스의 리엔지니어링과 새로운 형태의 회사 구조의 선례라고 하겠다.

[14] https://www.wikihouse.cc/

[그림 2-50] 자체 생산한 재료로 만드는 DIY 조립식 주택.

[그림 2-51] 다양한 조립식 DIY 주택 모델들.

10
미국 메이커의 마이크로 농장비

대량 농법으로 유명한 미국의 토지청에서 수십 년간 근무하고 은퇴하여 소규모 자연 농법을 외치고 있는 사람이 다큐멘터리에서 고백하기를 대량 농기계에 의해 토지를 경운하는 것 자체가 지구 온난화의 큰 주범이라는 것이다.[15] 이전부터 그린 마일(Green Mile)이라는 개념이 있었듯이, 음식과 음식 재료는 지역(Local)에서 생산하여 별도의 석유 사용(차량 이동에 의한 이중 비용·공해) 없이 지역에서 소비하는 게 사람의 건강에도, 지구의 건강에도 가장 좋다는 것이다.[16]

이렇게 되면, 석유 먹는 하마인 대형 농기구의 사용은 자제되고, 태양광 축전으로 움직이는 소형 전기 경운기나 트랙터의 사용이 가능해질 것이다.[17]

한편 미국에서는 다음과 같이 메이커들과 디자이너들이 힘을 합쳐 농부들과 디자인 씽킹을 한 결과, 기존 기업들은 채산성이나 시

---

15 넷플릭스 다큐멘터리 '대지에 입맞춤을'. https://www.netflix.com/title/81321999
16 실제로 우리가 먹는 먹거리의 65% 이상이 석유화학 비용으로 구성되어 있다는 보고도 있었다. 한살림 홈페이지에 봐도 나오지만, 현재의 먹거리 생산·유통구조 속에서, 우리가 먹는 것은 음식이라기보다 '석유'에 가깝다. 수천 km 떨어진 곳에서 옮겨 온 과일, 화학비료와 농약을 뿌려 대량 생산한 채소, 비닐하우스에 난방을 하며 인공적으로 길러낸 제철 아닌 농산물 등은 엄청난 양의 화석연료를 사용한다. 그뿐 아니다. 이 과정에서 발생하는 온실가스는 기후변화를 가속화하고, 화학비료에 찌든 토양은 죽어가고 있다. 최근 먹거리의 안전성 문제가 부각되면서 먹거리가 기후변화에 미치는 영향도 함께 주목받고 있다. 산업화·대형화된 먹거리 생산과 유통 방식이 소비자의 건강과 환경에 나쁜 영향을 미친다는 점을 자각하기 시작한 것이다.
17 참고로 중국은 이미 도시에서는 전기 오토바이만 다니고 있다. 기존의 내연기관 오토바이는 모두 불법화하기도 하였다. 싱가포르도 최근 발표에서, 2040년까지 모든 내연기관차를 퇴출시킬 것이라고 선언했다.

장 불확실성, 생산 설비의 급격한 설계 변경이 불가능 등으로 생산을 할 수 없었던 다양한 농장비를 농부들의 세세한 필요에 맞춰 만들어 낼 수 있었다.

여기에서도 또 하나의 산업 프로세스 리엔지니어링과 또 다른 형태의 새로운 기업 지배 구조 및 기업 형태가 가능하다는 것을 볼 수 있다. 만드는 법과 설계 도면을 온라인에 공유하여 키트나 재료를 판매하는 비즈니스 모델로 갈 수도 있고, 더 극단적으로는 재료도 각 로컬에서 지역 특화 생산 또는 로컬 자재를 확보하도록 하고 만

[그림 2-52] 기름 먹는 농기계들. 기계식 경운은 기후위기의 주범이기도 하다.

[그림 2-53] 디자인 씽킹으로 메이커들과 농부가 함께 만든 각종 DIY 농기구들.

드는 법과 도면을 파는 비즈니스 모델로 갈 수도 있을 것이다. 또, 사이트나 회사의 소유 형태도, 생산자 협동조합이나 소비자 협동조합 등의 사회적 기업 형태로 갈 수 있을 것이다.

이들은 그린 마일(green mile)을 실천하는 farmhack.org의 마이크로 농장비이기도 하다.

11
NASA도 놀란 2인 메이커들의 소형 잠수정

개인용 잠수정 제작을 꿈꾸는 두 젊은이가 샌프란시스코 소재 메이커 스페이스(장비 공유 공장)에서 만났다. 한 명은 모 벤처에서 마케팅을 담당하다가 갓 실업자가 되어 신용카드가 끊길 위기에 처해 있었다. 다른 한 명은 프로그래밍을 할 줄 아는 기기 조립이 취미인 엔지니어였다. 하지만, 둘 다 소형 잠수정 만들기에 대한 열망이 가득하였고, 의기투합해 세계 최초로 100만 원 정도의 무인 소형 잠수정 키트를 개발했다. 성능도 괜찮아서, 나사(NASA)의 비밀 해저 동굴에도 투입되고, 내셔널 지오그래픽(National Geographic)에도 초대받아 바닷속 탐험을 하기도 한다.

지금은 지구 온난화로 인해 몸살을 앓고 있는 지구의 70%를 뒤덮고 있는 바닷속 상태를 곳곳에서 집단적으로 점검하기 위한 데이터를 수집하는 용도[18]로 변신해 있다.

18 https://www.sofarocean.com/

[그림 2-54] 2인의 메이커가 만든 수중 드론.

12

GE와 현대 임원도 놀란 집단지성, 사막을 질주하는 3D 자동차 제조

로컬 모터스는 4명의 엔지니어가 동네 창고를 개조하여 3D 프린 터로 차체를 뽑아내는 것으로 유명해졌다. 이후 온라인에 게시판을 개설하여, 전 세계의 집단지성 지원을 받아, 세계 최초로 사막에서 가장 빨리 달리면서도 디자인도 포르쉐처럼 아주 멋진 자동차를 몇 억 원의 실험 비용과 재료비로 2년 만에 만들어 냈다.[19]

한국의 한 자동차 디자이너학과 학생도 온라인에서 기여하여 이 름을 남기기도 하였다. 사막에서 가장 빨리 달리는 멋진 주문 제작형

---

19 현대자동차 관계자 말에 의하면, 대기업 자동차 회사는 보통 신차 개발에 공장 증설 등 수천억 원 을 들이며, 평균 6년이 걸린다고 하였다.

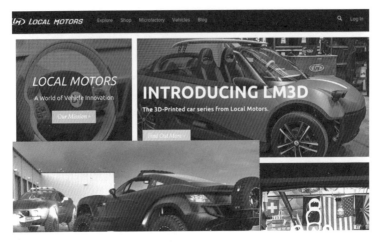

[그림 2-55] 위 자동차: 3D printed car.
아래 차: 소수의 메이커와 온라인 집단지성으로 만들어 낸 사막용 '포르쉐'.

자동차로서 가격이 약 8,000만 원이었으며, 사우디아라비아의 왕자가 전세기를 몰고 와서 실어 갔다고 한다. 또 한국 현대자동차 임원도 직접 시승을 해 보고, 그 성능에 놀라움을 금치 못했다고 한다.

이후 로컬 모터스사는 투자를 받고 테슬라보다 앞서 무인 자율주행 관광용 소형 버스를 개발, 미국 워싱턴 시에 보급하기도 하였다. 특히 이 버스는 시각장애인과 휠체어 이용 관광객들이 안심하고 승하차할 수 있도록 섬세한 디자인 씽킹 끝에 내놓았다고 한다.

13
메이커 제조 방식과 기존 대량 제조 방식의 차이

이러한 메이커들의 활동에 존재하는 문화는, 다음과 같이 경쟁, 성

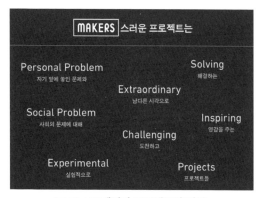
[그림 2-56] 메이커 프로젝트의 정신.

공, 실패라는 사람들에게 과도한 욕심이나 스트레스를 낳는 방향이
아닌, 나눔과 격려, 용기와 모험 정신, 재미와 기쁨을 주는 방향이다.
그러면서도 개인의 문제와 더 나아가 사회와 인류의 문제를 함께 풀
어 나가는 방향성을 갖게 된다.

　오픈 소스 정신으로 기존 제조업 방식과 비교를 하면 다음과 같은
특성이 있다.

　특허제도도 발명자의 권리를 보호하면서도 독점적 초과 이윤을
방지하고자 출원 공개 제도에 의해 사회 전체의 기술 혁신 속도를
높이고, 인류가 좋은 기술을 함께 누리자는 취지가 포함되어 있다.
메이커 제조 방식은 초기부터 필요성이나 문제점을 스토리텔링 형
식으로 공개하여 시작하게 된다. 따라서 공감대를 많이 형성하고 관
심을 많이 끌수록 전 세계 집단지성에 의해 그 해결의 속도가 늘어
나거나, 해결 방법이 더 극적으로 바뀌게 된다. 역시나 설계도, 코딩
문서, 재료 및 도구 노하우, 재료 구매처가 모두 공유되므로, 주문 생

기존 제조업 방식	메이커 방식
특허	스토리/퍼소나/기술 공개
설계도 비밀	설계도 공개
문제 혼자 해결	문제 함께 해결
해결과정 비공개	해결과정/도구/재료 공개
완제품만 판매	키트/완제품 판매
완성후 마케팅	아이디어 마케팅

[그림 2-56] 기존 제조업 방식 대 메이커 방식.

산이나 로컬 생산에 유리한 방식이다. 한마디로 유튜브에서 요리 방법을 배워 근처 마트에서 재료를 사다가 직접 요리해 먹는 식이다. 밀키트처럼 키트 판매라는 새로운 비즈니스 모델도 가능하다. 대량 생산에 의한 단가 하락은 힘들지만, 주문 생산은 재고 비용이나 낭비를 줄이는 생산 방식이기도 하다.

하지만, 전체 지구의 라이프 사이클을 고려한다면, 전체 비용(지구 파괴 비용, 인류 공멸 비용 등의 환산) 산정에 새로운 공식이 필요할 것이다. 또한 소셜 커머스나 크라우드펀딩처럼 일정 기간 유의미한 수요 창출을 통한 생산을 하게 된다면 단가 하락도 어느 정도 꾀할 수 있을 것이다. 그리고 앞으로는 이윤극대화만 추구하기보다는, 지나친 경쟁 문화에 의한 사회적 스트레스 최소화를 통해 자살률 최소화, 지구 환경 파괴 최소화, 인류 건강 증진 최대화라는 주요 가치 기준을 기업 활동 공식에 삽입하여 살아가는 문화, 경제, 법제도 정비가 가능해질 것으로 보인다.

14

개인 제조 네트워크와 개인 제조 장비의 출현

이탈리아 직물단지는 세계적으로 유명하다. 할리우드의 영화 제작 생태계 역시 유명하다. MIT의 토머스 말론(Thomas Malone) 교수는 이들을 가리켜 Virtual Corporation 혹은 Micro Factory의 유연한 네트워크 구조라고 칭한 바 있다. 10명 내외의 직원을 가진 수만 개의 작은 기업이 촘촘히 연결되어 엄청난 품질과 생산 수량을 감당해 낸다는 것이다. 이러한 형태의 가상 조직은 불황에도 강하고, 대량 공급망의 역할을 순식간에 해낼 수 있는 아메바와 같은 조직이라고도 한다.

불황이 닥치면 여러 소기업들이 망할지라도, 전체 생태계는 건재하며, 숨을 고르다가 적합한 생장 환경이 되돌아오면, 부활하는 것이다. 인력 이동도 자유롭다. 조직 간에 경계가 유연한 것이다. 멀리서 보면 하나의 거대한 조직으로 보이지만 자세히 그 안을 들여다보면 작은 세포의 네트워크인 것이다.[20]

한때 한국의 세운상가, 그리고 중국의 심천 내 제조 네트워크도 유사한 생태계를 갖고 있었을 것이다.

1970~80년대 서울 강북의 세운상가는 여러 장인과 노하우, 다양

---

[20] 미국 할리우드의 경우, 할리우드 길드라는 조합 조직을 통하여 배우 개인별 소득 불황에 대비한 기본 소득 제공 서비스도 포괄하고 있다고 한다. 예를 들면, 니콜라스 케이지(Nicolas Cage)도 길드에서 생활비를 타서 쓰다가, 한 해 벌어들인 수입이 1,000억 원이 넘게 되었을 때, 이 중 25%인 250억 원을 길드에 냈다고 한다. 또한 이러한 소형기업 네트워크로 경제가 이루어져 있을수록 빈부격차가 줄어든다. 10인 이내 기업은 가족 기업 분위기가 나기도 하지만, 지원 간 연봉이나 소득격차가 수십만 명의 직원을 둔 대기업처럼 500배씩 벌어질 수도 없다.

한 부품의 존재로 핵폭탄이나 인공위성도 만들 수 있다는 '썰'이 있었다. 세운상가도 가 보면, 수백, 수천 개의 부품 및 기술 장인들의 가게가 즐비하며, 한동안 나름의 산업 생태계를 일궈 왔던 적이 있었다. 한국에서 잠깐 2017년 전후로 메이커 운동이 반짝했을 때 알려졌지만 구글, 테슬라의 무인 자율주행 기술보다 한참 먼저, 자그마한 로봇에 여러 카메라와 센서 등을 매달아 세운상가를 무인 자율주행을 시킨 사례도 있다.

위에서 보았듯이, 온라인 집단지성의 구축이 어느 때보다 쉬워졌으며, 고난이도 기술 개발 및 수요의 검증·혁신 제품 아이디어의 확산이 대량 광고나 대기업의 제조 시설 없이 개인 제조 네트워크만으로도 달성 가능해졌다. 홈 디포의 시가총액이 급성장하고 있는 것을 보아도, 이러한 트렌드를 가늠해 볼 수 있다. 기후위기에 대응한 산업 프로세스 리엔지니어링은 물론 새로운 가상 조직의 관리 기법 및 리더십으로 인류를 위해 필요한 기후 대응 대체제품과 관련 서비스의 개발에 대한 기대가 더욱 커지고 있다.

개인 방송국이라고도 불리는 유튜브 채널들. 유튜버들은 내재화되어 있던 이질적(Heterogeneous) 콘텐츠를 개발해 주기적으로 표현하며, 팔로워를 모아서 이들에게는 그 콘텐츠를 동질화(Homogenization)해 내는 사람들이라고 볼 수 있다. 마찬가지로, 개인 공장이라고 불리는 마이크로 팩토리 혹은 개인 제조 장비를 장착한 개인 메이커들도 자신만의 개인 콘텐츠(Heterogeneous content)를 하드웨어 형태로 제작하여 소비재 시장에 영향력을 끼치기 시작하였다. 킥스타터

[그림 2-58] 좌: 1억 원 이상의 워터제트 장비, 자격증 소지자만 사용 가능,
우: 약 500만 원 상당의 개인 메이커용 워터제트 장비.

(KickStarter)나 인디고고(Indiegogo) 등의 크라우드펀딩 사이트에서도 최고 기록을 경신하는 것들이 주로 이러한 메이커 제작 하드웨어다. 홈 디포(Home Depot)의 시가총액이 급성장하는 이면에도 이런 흐름이 반영되고 있다고 하였다.

킥스타터에서 시중가 1억 원 이상을 호가하던 워터제트를 500만 원짜리 개인용 장비로 내놓은 사례를 보자. 워터제트는 귀금속, 자전거 체인 등 다양한 재질의 쇠붙이들에 대해 섬세한 재단을 강력한 수압으로 해내는 장비이다.

이번에는 레이저 커터를 살펴보자. 서울 종로구에도 레이저 커팅 가게들이 즐비하게 늘어선 거리가 있다. 여기에 대학생이나 주부 등 개인 한 명이 간단한 아이디어 그림이나 설계도를 가져가면 문전박대당하기 일쑤다. 1건에 몇천 원만 받고 레이저 커터로 제조해서는 돈이 안 되기 때문이다. 쓸 만한 레이저 커터는 대당 최소 3,000만 원에서 1~2억 원 정도 하고, 안전 교육도 받아야만 한다. 그런데 킥스타터에는 부엌에 놓고 안전하게 자주 써 먹을 수 있는 개인용 레

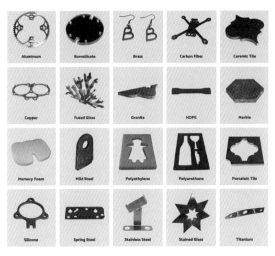

[그림 2-56] 개인 메이커용 워터제트는 알루미늄, 메모리폼, 타일, 스테인레스, 티타늄 등 다양한 재료를 재단할 수 있다.

[그림 2-60] 좌: 3,000만 원대 레이저 커터, 우: 300만 원대 개인용 레이저 커터.

이저 커터가 약 300만 원대에 올라왔고, 한 달 만에 약 300억 원의 성공적인 펀딩(주문 생산)을 일으켰다.

다음 그림은 개인용 레이저 커터로 만든 작품들이다. 두꺼운 종이, 나무, 가죽 등에 자유롭게 컴퓨터 도면대로 재단해 준다. 휴대폰이나 곡면이 있는 맥북 면에 문양이나 귀여운 캐릭터, 자신의 이름을

[그림 2-61] 개인용 소형 레이저 커터로 만든 작품들.

아로새길 수 있고, 심지어는 얇은 식용 김이나 초코렛에도 다양한 문양을 적용할 수 있다. 나무로 드론 프레임을 짜고 아두이노를 넣은 드론을 완성해 아이들과 날려 볼 수도 있다. 멋진 나만의 가죽 지갑을 만들기에도 안성맞춤이다.

15
개인 제조 시대의 새로운 비즈니스 모델

각종 제조에 필요한 장비들이 1/10 이하로 가격이 다운되고, 소형화되고 안전해지면서, 개인 메이커의 생산 능력이 올라갔다. 동시에 선물용, 이벤트용, 실험용으로 몇 개만 빠르게 간단히 만들어 보고 싶은 사람들을 위해 새로운 플랫폼들이 속속 등장하고 급성장하였다.

비록 미국이긴 하지만, 다음과 같은 새로운 비즈니스 모델들이 인기를 끌고 있다.

Ponoko	레이저 커팅 1달러짜리 1건도 해 주는 소량 주문 플랫폼(NASA, Netflix 등 기업 고객도 많음)	www.ponoko.com
The Grommet	메이커의 제품을 발굴, 영상 스토리텔링 방식으로 홍보하고 메이커 대신 고객 응대까지 해 주는 플랫폼	thegrommet.com
Maker's Row	의류, 직물, 패키징, 가구 중심의 온라인 제작 대행(패브릭, 목공 도안만 업로드하면 됨)	makersrow.com
CustomMade	수제 커스텀 주얼리 주문 및 구매 플랫폼	www.custommade.com

한편, 킥스타터(kickstarter)와 인디고고(indiegogo), 한국의 와디즈나 텀블벅 등은 개인 콘텐츠 창작자뿐 아니라 개인 메이커 프로젝트의 펀딩(주문 생산) 용도로 훌륭하게 작용해 왔다. 또 일찍이 이베이에서 분파해 나와 현재는 수조 원의 비즈니스를 만들어 낸 개인 메이커들의 수공예품 거래 마켓플레이스 에치(Etsy)도 유명하다. 한국에는 아이디어스(idus)가 있다.

16
한국의 지역 소멸 해법으로서의
지역 개인 제조 진흥의 필요성

개인 메이커 혹은 마이크로 팩토리가 발전하고 이들의 연대가 강해지면, 지역 경제가 활성화되고 기후위기에도 한결 유연하게 대처할 수 있을 것이다. 과대 광고나 소비를 부추기는 방식이 아닌, 필요에 의한 주문 생산 위주고, 섬세한 합의에 의한 개발이 많기 때문에 이윤극대화나 자연 파괴 문화와는 다소 거리가 있다. 한국의 지방 소멸 문제에 대처하기도 매우 유리해진다.

최초의 3D printed 자동차를 개발했던 로컬 모터스가 초기에 활용했던 지역 창고는 혁신의 아이콘으로 미국의 거대 기업 GE의 임원들이 단체로 와서 영감을 얻어 가기도 하였다. 미국 자동차 회사인 포드는 본사 근처에 메이커 스페이스(메이커 장비들을 다양하게 구비한 멤버십 기반의 공유 장비 공장)를 메이커들에게 위탁 운영했다. 이 덕분에 비전공자 직원들의 메이킹 취미 활동 결과, 포드사의 연간 특허 출원 개수가 4배나 늘어나는 효과를 보았다고 한다.

세계 최초의 금속 활자 인쇄본인 직지심체요절, 장영실의 측우기, 세종대왕의 한글, 도자기 등을 보더라도 한국은 역사적으로 발명과 손재주의 나라다. 인구 감소와 도시 집중화로 지역 소멸이 가속화되면 지방의 땅값은 더욱 내려간다. 한편 도심의 청년과 노인 빈곤율은 올라만 가고 있다고 한다. 취미와 힐링 중심의 개인 제조 네트워크를 지방에 구축해 간다면, 관광과 지역 경제 활성화에 큰 도움이 될 것이다.

도심의 청년 및 노인들이 지방(지역)에 자연스럽게 터를 잡을 수 있도록 지자체들은 자급자족의 기반이 되는 토지라는 멍석만 깔아주면 될 것이다. 특히, 지속적인 지역 내 비즈니스가 가능하려면, 수요 기반의 Product Market Fit에 대한 검증 노력을 처음부터 하는 것이 중요하다고 보는데, 이를 위해서는 '창업 디자인' 씽킹의 체화가 필요할 것이다. 식당 자영업자들을 위한 소셜 커머스의 실패 사례처럼, 지방의 먹거리 골목만 급조하여 일시적으로 붐을 일으키고 곧바로 지역 전체가 망하게 하지 말고 Local Product Local Market이라는 관점에서 설계해 가야 할 것이다. 외부 관광객의 소비는 덤이 되도록 말이다.

아우디, 포드, 이케아, SAP, 볼보 등 수많은 글로벌 기업들이 지속적으로 직원들을 스탠퍼드의 디자인 씽킹 전문 대학원인 D.School에 파견하고 있다. 그리고 D.School에는 값싸고 빠르게 DIY 프로토타이핑을 할 수 있도록 메이커 스페이스가 잘 운영된다. 목공실만 봐도, 카이스트의 메이커 스페이스인 아이디어팩토리 전체 크기 정도가 된다. 무엇보다 메이킹 콘텐츠 데이터베이스와 메이커 커뮤니티 기반으로 매우 활성화가 되어 있다. CNC 머신들이 즐비한 별도의 공방, 폐박스나 폐자전거 등을 활용하여 상상력을 자유롭게 표출해 볼 수 있는 넓은 작업장, 디자인 씽킹 전용 오픈 홀 등이 유기적으로 연계되어 운용되고 있다. 밤늦게 교내 CNC 머신 공방에 가 보니, 별도의 진출입 장벽 없이 입구에 가득 쌓인 보안경 중 하나를 착용하고 들어가 예약 현황에 맞게 자유롭게 사용할 수 있었다. 여러 학생들이 다양한 기기를 작동시키고 있었다. 어떤 여학생은 평범한 반바지 차림으로 보호 안경만 낀 채로 절삭유를 주기적으로 기기에 주입하며 기계가 자신의 쇳조각을 깎는 작업을 마치기를 기다리고 있었다.

한국에서 공대 중 최고라고 하는 서울대 공대나 카이스트의 학생들도 어릴 때부터 초·중·고등학교 학창 시절까지 암기 과목 위주의 경쟁 일변도 학원 수업을 받고, 역시 경쟁 일변도의 온라인 게임을 하며 보냈다. 아빠의 창고나 차고 혹은 관련 문화가 없으니 이른바 핸즈온(hands on)이라고 하는 목공, 철공, 각종 수리, 납땜 등의 경험과 자연 속에서의 아웃도어 액티비티 기억은 거의 없다. 아웃도어라고는 힐링(?) 정도의 캠핑뿐이다. 여기에도 장비발 등의 경쟁 문화가 상존한다.

독일, 덴마크의 선진 교육 시스템과 비교해 서울대를 없애자는 주장, 서울대를 10개 만들어 한국식 명문대라는 쓸데없는 문화를 더 이상 존속할 수 없게 하자는 주장처럼 이제부터라도 AI위기, 기후위기, 인구위기[21]에 대응하여 각종 재료와 공구로 자신의 니즈에 맞춰 손수 물건을 만들어 보는 것을 자꾸 해 볼 수 있도록 전국적으로 문화적, 공간적 환경이 마련되면 좋겠다.

이는 또한 힐링, 창의력 극대화 효과가 있다고 한다. 이렇게 평소의 메이킹 활동과 자연 친화적 아웃도어 활동 속에서 과학과 기술이 추구될 때 테슬라나 스페이스X 같은 혁신이 나오고 자연스럽게 노벨상도 나오지 않겠는가.

이렇게 보면, 지역 마이크로 팩토리나 지역 개인 제조 네트워크는 지역 경제 활성화와 관광자원 콘텐츠 개발뿐 아니라, 지역 내 거주

---

21 인구위기는 10여 년 전부터 맴돌던 3포(연애 포기, 결혼 포기, 출산 포기) 세대, N포 세대(3포+취업 포기와 외출 포기)에서 비롯되었음을 잊으면 안 될 것이다.

하는 사람들의 자녀 교육과도 결합이 된다. 이는 AI 시대에도 더욱 적합한 교육 모델을 제공할 수 있으리라 본다. 실제로 최근 인기를 끌고 있는 해외 스티브 잡스(Steve Jobs) 스쿨의 교육 내용을 보더라도 이러한 방향으로 설계돼 있음을 알 수 있다.

3부

AI위기는 일자리 위기,
인구위기는 문명의 위기

기본소득 · 3포 세대 대안 → 신자급자족

11장

AI위기 및 기본소득의 대안, 3포 세대의 대안 신자급자족

※

3부는 앞서 배운 산업 프로세스 리엔지니어링과 4대 혁신 제품 개발 방법론 그리고 메이커 운동에 기반한 개인 제조 네트워크를 활용해, 창업·취업 없이도 창의적인 취미 활동을 하며 자연 속 힐링을 통해 건강과 행복을 더해 갈 수 있는, 기본 의·식·주 삶의 영위 비용 제로화 프로젝트인 신자급자족 체계를 살펴보기로 하자.

신자급자족주의는 불확정 개념의 기본소득에 대한 대안이자, 인구위기의 뿌리 깊은 원인이라 볼 수 있는 3포(연애포기, 결혼포기, 출산포기) 문제 해결 방안이라고 본다.

1
'창업·취업 필요 없는' 생활 비용 제로화 실험
_ 헨리 데이비드 소로의 사례

헨리 데이비드 소로(Henry David Thoreau)의 '월든(walden)'이라는 책(미국 1850년대 출간)을 듣거나 읽어 본 적이 있는가? 최근 국내외 지식인들도 많이 읽고 있는 스테디셀러다. 미국 하버드대를 졸업하고 친구들은 대부분 월스트리트의 고액 연봉자로 가던 시절에 헨리는 혼자서 숲속으로 들어가 자급자족의 삶을 2년 가까이 실험해 본다.

의·식·주 생활필수품으로서의 집도 짓고 가구도 직접 만들고 텃밭 생활을 하며 에너지원도 마련하면서 자급자족하며 지낸다. 이 책에는 저자의 이런 글이 나온다. "미개인들도 오두막을 가지고 있건만, 현대 문명사회에서 자기 집을 가지고 있는 가정은 반수도 안 된다고 해도 지나친 말이 아닌 것이다. 특히 문명이 위세를 떨치고 있는 대도시에서는 자기 집을 지니고 있는 사람이 전체 인구의 극히 일부에 지나지 않는다." 대도시에서는 자신의 주거 공간을 확보하기 위해 너무 많은 비용을 들인다고 하며, 은행 빚의 가장 큰 원인이 바로 집이란 것을 강조한다.

이런 사정은 책의 출간으로부터 170년이 지난 지금, 싱가포르를 제외하고는 현재의 한국이나 미국의 대도시도 크게 다르지 않을 것이다. 미국의 금융 공황도, 한국의 하우스 푸어(House Poor)라는 사회 현상도 땅과 집이 없는 대다수 국민들의 주택담보대출에서 비롯되었다고 해도 과언이 아니다. 물론 미국은 퇴직연금제가 잘 되어 있어 미국 노인들의 평균적 삶의 안정성은 한국에 비하면 매우 높다고 한다. 한편 한국은 아파트가 주 거주 공간이므로, 집은 있어도 집주인이 직접 사용할 수 있는 땅은 없는 것이나 마찬가지다.

2005년도 The Thoreau Society Bulletin 저널에 실린 '헨리 데이비드 소로의 자급자족 수익성 실험'[1]을 보면 다음과 같은 자급자족 속에서 오는 단순한 수익 분석표가 나온다.

---

1 Thomas J. Miceli, The Profitability of Thoreau's Walden Experiment.

농가 소득	23.44
일용 노동 소득	13.34
총소득	36.78
농가 비용	14.72
음식비	8.74
의복비	8.40
기름 등 연료비	2.00
총비용	33.86
순소득	2.92

자신의 자급자족 삶에서는 소득이 플러스다. 반면, 대대로 물려받은 농지에서 농사를 지으며 자급자족하던 사람들이 농지를 타의 반 자의 반 처분하고 대거 도시로 떠나고 그 당시 공장에 취직하여 받는 월급으로 방세를 내고 기름값을 대고 식료품을 사고 옷을 사 입으며 가족을 부양하는 경우, 많은 경우가 빚을 지며 살아간다는 것이다.

2
평균 소득 기준의 한국인의 생활 비용은?

1850년대 대비, 현재 한국에 살고 있는 직장인의 가계부를 구성하는 항목도 한번 살펴보자.

의·식·주에서 명품 같은 사치품을 빼놓고 옷을 필수품으로 보면, 월 지출에서 큰 비중을 차지한다고 보기는 어려울 것이다. 1인당 밖에서 한 끼를 해결하는 데 1만 원이라고 하면 한 달에 약 90만 원이 지출되는데, 마트에서 재료를 사다가 해 먹으면 더 싸게 먹을 수 있다. 물론 요령껏 식재료를 사서 요리를 하지 못하면 식당에서 사 먹는 것과 별 차이 없다.

필자와 같이 5명의 가족을 부양하는 경우에는 생협이나 마트에서 식재료를 사다가 요리를 주로 해 먹지만 총 재료비는 조금 아껴 쓰면 월 100만 원 전후를 차지할 것으로 본다.[2] 예전처럼 연탄이나 등유 같은 연료나 에너지를 직접 사다 쓰지 않는 대신 냉난방비, 전기료, 수도요금 등을 포함한 소위 아파트 관리비는 식구 수에 따라 월 10만~40만 원 전후로 지출하는 것으로 보인다. 일부 단열이 약한 전원주택의 경우, 관리비가 많은 집은 100만 원이 나온다는 이야기도 듣는다.

인구의 절반이 경기도와 서울의 도심 내 아파트단지에 몰려 살고 있는데, 경기도의 30평대 아파트가 저가 지역으로 잡아도 약 5억 원 정도에 분양한다고 하자. 통상적으로 주택담보대출을 받게 되니, 주택융자금을 받기 위한 초기 1억 원의 기초 자금을 마련해야 하는 건 사람마다 준비 방법이 다양하므로, 산술적으로 평균하여 5억 원을 약 30년 동안 갚는다고 가정을 해 보면, 이자는 별도로 상환하는 경

---

2 물론 요즘처럼 가지 1개에 1,000원 이상을 하며, 물가가 고공행진을 한다면 재료비가 더 나가거나 평소 좋아하던 감바스나 스파게티 요리에 쓰이는 식재료를 덜 넣어 먹어야 한다.

우 매달 원금은 약 140만 원을 갚아 나가야 한다.[3]

　4인 가족 기준(남편, 아내, 중·고등학생 자녀 2인 가정)으로 보면, 자동차가 없이 대중교통비(1인당 약 15만 원)만 고려하고, 휴대폰 통신비(1인당 약 6만 원), 인터넷 회선비(가구당 약 4만 원), 넷플릭스 등의 OTT 구독료(가구당 약 1만 원), 소액결제(1인당 약 2만 원) 등을 감안하면 어떤가? 부양 식구 4인 가족 기준 가장의 월 수입이 혹은 맞벌이 수입이 30년간 매월 평균 410만 원(식재료 100만 원 +주택담보대출 상환 월 약 150만 원+교통비 60만 원+통신비 24만 원+인터넷 4만 원+구독료 및 소액결제 9만 원+관리비 40만 원+월 의료비 1인당 5만 원, 4명은 20만원 안팎) 정도는 되어야 할 것이다.

　경조사 비용, 외식 비용은 일체 포함이 안 된 수치다. 요즘 한국은 공교육이 제구실 못 하고 비싼 사교육비를 별도로 들여야만 하지만, 학원비는 포함하지 않았다. 최소한의 4인 가족 문화 생활비는 OTT 구독료 월 1만 원과 소액결제 인당 2만 원만 고려한 것이다. 30세부터 60세까지 일하는 것으로 해서 말이다. 30세 초반에는 410만 원 수입이 안 되기 쉬우며, 60세에 가까워질수록 조기 은퇴를 포함해 역시 수입이 줄어들게 마련이다.[4] 2024년도 2월 뉴스 기준 서울 평

3　이자는 요즘 많이 올랐지만, 일단 5% 고정금리로 계산하면 이자는 그만큼 별도로 매월 지급해야 한다.
4　2020년도 통계청 자료에 따르면, 한국인 30대 초반의 월 평균 소득은 320만 원, 30대 후반은 368만 원, 40대 390만원, 50대 초반 380만 원, 50대 후반 350만 원이다. 이렇게 보면, 5억 원 정도의 주택을 할부금융으로 사는 경우 평균 소득 관점에서 바라본 한국인은 외식, 여행, 문화생활을 하려면 다른 부문에서 상당한 절약을 하거나 추가 수입이 필요한 실정이다. 물론, 30년이 아닌 40년 동안 갚는다면 월 상환액 규모는 조금 더 줄어들 것이다.

균 아파트 분양가는 11억 원, 경기도는 6억 원 이상으로 집계되고 있으며 20% 올랐다고 한다. 그렇다면 저 정도의 생활비 지출도 더 줄여야 하는 것이다. 이러한 상황이라면 평균적인 삶을 살아가기 위해서는 아기를 낳지 않는 게 당연한 것 아닌가? 인구 절벽이 되는 게 당연한 결과 아닌가? 아니, 결혼하지 않고 각자도생하는 것이, 한몸이었다가 헤어져 생존해야 하는 가상 기업(Virtual Enterprise)의 원리처럼 불황에 더 강하지 않겠는가? 설령 결혼하더라도 수입이 가장 많을 수 있는 30대 후반이나 40대에 해야 하지 않겠는가?

여유 있는 문화생활을 하려면 그보다 소득이 높아야 한다. 물론, 아이들이 자라서 독립한다고 하지만, 성장 전까지 육아비용, 학원비 등도 있지 않은가? 그리고 아파트 담보대출을 받는다 해도 통상 총 가격의 20% 정도는 어디선가 돈을 구해 와야 한다. 혹은 열심히 몇 년간 대부분의 소득을 저축해 왔어야 한다.[5]

한편 세상은 드론, 스마트폰, 전기자동차 등 현란한 기능을 탑재한 전자 기기의 활용 욕구를 자극하는 광고물 내지는 SNS 자랑으로 넘쳐나고 주변 지인들은 대형 쇼핑몰, 놀이동산, 해외여행, 맛집 기행 등을 다녀와 소셜 미디어에 열심히 콘텐츠를 업로드하며 상대방의 소비 능력은 배려하지 못한 채 상호 간에 소비욕구를 자극한다.

천부인권에 걸맞은 기본적인 의·식·주 충족 방식을 분실한 채 원룸에서 1인 가구의 삶을 살아가는 인구가 한국 사회에서 유독 많아

---

5 20대 때 LG를 다녔던 사람의 이야기를 들어봐도 1억 원을 모으려면 허리띠 바짝 졸라매고 한 10년을 벌어야 한다고 했다. 이렇게 되면 30대 후반은 되어야 주택담보대출도 받을 수 있는 것이다.

지고 있다고 한다. 경제적 취약 계층인 청년층과 노년층에서 특히 그렇고 1인 가구는 더 높은 빈곤율을 향하여 가고 있다고 한다. 경제적 문제, 사회문화적 문제로 부모 자식 관계가 소원해질수록 1인 가구는 더욱 증가할 것이다.

한때는 3포[6] 세대였다가 다시 N포[7] 세대였다가 이제는 그 단어들이 숨겨진 채로 조용히 1인 가구가 증가하며 당연한 결과지만 인구 절벽 시대가 되었다. 필자도 10년 전쯤부터 듣기 시작한 것이지만, 자녀가 중·고등학교 때 심지어는 유치원 때부터 지출하기 시작한 고액의 사교육비로 부모들이 경제적 압박을 더 이상 감당할 수 없어서 자녀가 대학에 합격한다 해도 상당수가 등록금마저 융자에 의존해 해결해야 하는 비율이 늘었다고 한다.

이제는 이렇게 해서 입학한 대학생들은 평소 생활비 해결을 위해 알바를 열심히 해야 한다. 또 직접 등록금 빚을 갚거나 부모님의 노고에 동참하기 위해 제때 졸업해 취업도 잘하려고 과도한 스펙 쌓기에 치중한 나머지, 창의적인 활동이나 창업을 포기하고 연애도 줄일 수밖에 없었다는 것이다. 또한 비싼 사교육비는 부를 대물림하는 결과를 낳고 있다.

필자가 고등학교 시절엔 학원 열풍이 전혀 없었고, 학교 수업만 열심히 들으면 되었다. 할머니와 단둘이 사는 가난한 학생도 열심히 공부해서 서울대에 가는 경우를 종종 보곤 했다. 지금은 주변 친구

---

6 연애 포기, 결혼 포기, 출산 포기
7 3포는 물론 취직 및 외출 포기까지, 삶의 모든 걸 포기한다는 신조어.

자녀들이 서울대 가는 경우를 보면, 대부분 인당 월 500만 원 이상의 학원비를 지출했다고 한다. 방학 때는 그 지출이 더 심해진다고도 하였다. 서울대 목표가 아니어도 한국의 경우, 여성신문 보도에 의하면, 자녀 1명당 3억 6,500만 원의 양육비가 들며 1위 지출 비용 항목은 사교육비다.[8] 독일의 경우 오래전부터 빈부격차에 의한 교육 기회의 불공정이 생기지 않도록 대학 입학 시 등록금 면제는 물론 넉넉한 생활비 지원까지 하고 있다.

평소 사교육비 지출이 필요 없음은 물론이다. 이렇게만 되어도 아기를 낳고 자녀를 키울 만하지 않을까? 인구절벽 해소에 큰 도움이 되지 않을까? 가난이 대물림되지도 않고 말이다. 물론 독일은 학벌을 따지지 않고, 고등학교만 나와도 적지 않은 연봉을 받을 수 있는 좋은 산업군이 발달돼 있다고 한다. 그래서 대학 진학 비율이 한국처럼 높지 않으므로 대학에 진학하는 이들에 대한 지원도 더 풍부히 할 수 있을 것이다.

인구절벽이나 3포 현상은 결국 1970년대 정치권의 정치자금 마련을 위한 야욕과 결합한 강남 개발의 흑역사,[9] 공무원과 건설업자 간 담합과 같은 한국 특유의 부동산 개발 역사, 그리고 고액의 사교육을 방조하는 정부 정책에서 비롯되었다는 것을 누구나 다 알지만 들추어내 봤자 해결책도 없으니 그냥 조용히들 묻어 두고 가고 있다고 본다.

8 여성신문 https://www.womennews.co.kr/news/articleView.html?idxno=235733
9 강남 개발의 흑역사를 다룬 영화 '강남1970' 도 나와 있다.

3
의식주의 기초, 땅 이야기

이제 의·식·주의 기초이자 아기가 태어나면 발을 붙여야 하는 땅 이야기를 해 보자. 개인, 가족의 의·식·주에 있어 기본은 거주 공간인 집에서 시작된다고 해도 과언이 아니다. 집을 지을 공간인 땅은 누구에게나 원래 필수다. 문제는 이 땅이 이제는 천부인권처럼 태어나자마자 주어지지 않는다는 것이다. 게다가 아파트에 거주하게 되는 순간, 삶의 원초적 자재를 확보할 수 있는 땅의 기능을 완전히 상실한 채로 살아가는 셈이다.

다시 말하면, 개인 주택을 소유하면 자연스럽게 땅을 갖게 되는 반면, 아파트를 소유하면 자연스럽게 땅이 딸려 오지 않는다는 것이다. 땅을 소유한다는 건 이 땅 위에 자기 맘대로 채소를 재배하고 태양광도 설치하고 개집도 지어 놓고 살 수 있음을 뜻한다. 땅이 없다는 것은, 의·식·주 중 '식'의 재료인 온갖 채소와 과일을 생산해 낼 수 있는 텃밭 하나 없이 사는 것이다. 난방비나 전기료 제로에 도전할 수 있는 에너지 자급자족의 좋은 무기인 지열이나 태양광, 풍력에서도 불리해진다. 그 외 개인 제조나 메이커로서의 다양한 생산 활동을 할 수 있는 창고·차고나 목공 장비를 들여놓고 작업도 할 수 있는 작업장을 만들 공간도 사라진다.

미리 말해 두지만, 필자는 정치적으로 여야 어느 쪽도 편들지 않는다. 그러므로 정치적 편향성을 갖고 이 책을 쓰고 있는 것으로 오해하지 말라. 참고로 독일의 보수당이 한국에서는 진보정당이 주장하는 것들을 앞장서서 실천한 경우도 많으며, 복지국가의 대명사 스웨덴도 2차 세계 대전 직후 건국 당시 집권 정당은 사회주의민주당으로 욕심 많고 잔인한 극좌·극우를 모두 배격하고 '사랑'의 실천을 강조했다. 상대 진영의 좋은 것은 좋다고 하고 우리 진영의 나쁜 것은 나쁘다고 할 수 있어야지, 다가오는 4차 산업혁명 시대에서는 획일적인 흑백논리로 생각해서는 더더욱 퇴보하게 될 것이다. 인간은 본성적으로 탐심에 가득 차 있어 좋은 뜻으로 보수로 가든, 진보로 가든 결국은 문제를 일으킨다. 특히 한국은 전쟁이 나면 아들을 전투에 내보낼 수 있는 진정한 보수도 없고, 땅 투기나 학군 비리에 가담하지 않은 진정한 진보도 없다고 하지 않는가?

진영을 불문하고, 이승만의 토지 개혁은 잘했다고 이야기한다. 그 구체적인 배경이나 성공 여부를 필자는 잘 모른다. 다만, 누구나 향유해야 하는 맑은 공기처럼 땅에 대한 관점은 인간은 함부로 주장하기 힘든 면이 있기에 누구도 쉽게 이야기하기 어렵다고 본다.

땅은 성경에서도 나오듯이 조상, 가족 단위로 배분되었고 가족을 위한 땅은 원칙적으로 사고팔 수 없으며, 불가피하게 판 경우에도 대대손손 그 권리를 잃지 않도록 다시 회복할 수 있는 희년 제도를 두기도 하였다. 천부인권의 인식 이외에 인간이 만들어 낸 제도와 역사라는 측면에서 볼 때 지역별로 땅의 원소유주가 어떻게 탄생했는가는 모두의 관심사일 것이다. 조선시대는 어땠고, 일제 강점기는 어땠고, 해방 직후엔 땅이 어떻게 소유되어 현재에 이르렀는가를 생각해 봐도 그렇다.

현재의 복잡한 물건을 이해하고 더 나은 것을 만들어 보려면 해당 물건이 창안되던 때의 사회상과 발명가가 인식한 그 당시의 필요성을 짚어 보면 큰 도움이 된다고 하였다. 마찬가지로, 토지의 정체나 토지 제도의 원초적인 모습들을 과거 존경받는 학자나 정치가를 통해 확인해 보면 현재의 모습을 이해하는 데 도움이 될 것이니 잠깐만 둘러보기로 하자.

우선 한국의 토지 개혁을 주장했던 조선시대 실학파들의 주장부터 살펴보자.

이익

조선 성종 때 학자로, 한 가정의 생활을 유지하는 데 필요한 규모의 토지를 영업전으로 정한 다음, 영업전은 법으로 매매를 금지하고, 나머지 토지만 매매를 허용하자고 주장한다. 이익의 주장은 링컨 대통령이 노예 해방 시절, 가구별로 4,000평의 땅을 무상으로 권리화하려 시도했던 내용과 흡사해 보인다.

"토지 제도가 바르지 않으면 백성의 생활이 안정되지 않고 나라의 제도 또한 공정함을 잃게 되어 풍속까지 혼란스러워진다. 이는 토지가 나라의 근본이기 때문이다. 근본을 바로 세우지 않고서는 군주가 바른 정치를 하고자 해도 뜻을 이루기 어렵다. …(중략)… 그런데 부자들은 한없이 넓은 토지를 가지고 있고, 가난한 사람은 송곳 꽂을 땅도 없게 되었다. 따라서 부자는 더욱 부유해지고 가난한

자는 더욱 가난해졌다.” — 〈반계수록〉(유형원 · 조선 중기의 실학자이자 작가, 1622~1673)

조선 중기에 저술된 유형원의 반계수록만 봐도, 미국인 대천덕 신부가 현대 한국에 와서 살면서 저술한 '토지와 경제정의'에서 말하는 소위 '사탄의 경제'와 '공의의 경제'의 대비를 보는 듯하다. '사탄의 경제'는 다름 아닌 토지 착취를 가능하게 하는 제도를 가진 사회를 말한다. 인간의 한 없는 탐심으로 인해, 토지 사유를 무분별하게 허용할 경우, 반드시 그 사회는 피폐해진다는 것이다. 여당 야당 정치인들은 물론 심지어는 국민을 위해 공공주택 건설을 담당하는 공무원들의 부동산 불법 투기로 인해 언론이 뜨거워지는 경우를 우리는 기억하고 있다. “토지 제도가 바르지 않으면 백성의 생활이 안정되지 않고 나라의 제도 또한 공정함을 잃게 되어 풍속까지 혼란스러워진다.”를 “토지 제도가 바르지 않으면 국민의 생활이 안정되지 않고 나라의 제도 또한 공정함을 잃게 되어 풍속까지 혼란스러워진다.”라고, 백성을 국민으로 치환해도 요즘의 세태와 너무나 맞아떨어지는 것 같다.

박제가

“청나라에서는 서양 사람들이 책을 만들고 있다. 서양 사람들은 기술을 실생활에 이용하여 생활을 향상시키는 방법을 알고 있다. 우리도 그 사람들을 초청하여 청년들이 천체의 움직임이나 농업과 양잠, 성이나 다리를 쌓는 법, 구리 등 광석을 캐는 방법, 대포를 만드

는 방법을 배우게 해야 한다." ― 〈북학의〉(박제가)

박제가의 북학의에서는 서양은 물론 중국의 근대화 시절부터, 기술의 실생활에의 적용, DIY, 과학기술자들의 행정 및 공무원으로의 대거 진출로 인한 행정 프로세스의 과학화, 합리화의 역사적 토대를 엿볼 수 있다.

또한 '농업과 양잠, 집과 다리를 쌓는 법'은 아직도 유효해 보인다. 요즘 청년들은 대포 대신 자동차나 자전거나 경비행기나 미니 요트를 만드는 법을 배우면 어떨까? 메이커 운동이 떠오르지 않는지?

정약용

조선 후기 실학자로 이익의 사상을 계승하고 실학을 집대성한다. 처음에는 성경 레위기의 말씀처럼, 모든 토지의 사유화를 금지하고 농사짓는 이에게만 점유권과 경작권을 인정하는 여전론을 주장했으나 후에 토지를 9등분해 중앙을 공공의 토지로, 나머지를 개인의 토지로 하여 공공의 토지는 공동으로 경작하는 맹자의 정전제를 조선의 현실에 맞게 실시할 것을 주장했다. ― 〈경세유표, 목민심서〉(정약용)

정도전

고려 말 호족들의 백성에 대한 수탈이 극심해지자 조선 개국을 도왔던 정도전의 토지 개혁 사상으로 더 거슬러 올라가 보자.

정도전의 토지개혁 방안은 '계민수전(計民授田)' 즉, 전국의 호족 소유의 토지를 국가에 귀속시켜 식구 수대로 경작권을 분배하고 국가가 일정한 세금을 걷는 제도를 근간으로 하고 있다. 민본사상에 근거한 그의 토지정책은 전국민을 자작농으로 하여 10분의 1을 세금으로 거두는 것으로 충분하다고 보는 것이다.

성경 이야기와 해외 지성들의 주장도 들어 보자.

성경 레위기 25장에는 '토지는 하나님의 것이라 사고 팔지 말지어다.'란 구절이 나온다. 또 '너희는 토지를 팔 경우에도 아주 팔아 넘기는 조건으로 팔아서는 안 된다. 이것은 토지가 너희의 것이 아니라 내 것이며 너희는 다만 그 토지를 사용할 수 있도록 허락받은 소작인으로 나와 함께 있는 나그네에 불과하기 때문이다.'라는 구절도 나온다.

헨리 데이비드 소로의 책 월든은 이미 언급한 바 있다. 이 '월든'이라는 책이 러시아의 톨스토이에 영향을 주었고, 또다시 톨스토이는 타이완의 국부 장제스와 중국의 국부 마오쩌둥에게 영향을 주었다. 이들은 현재 최고의 주택 정책을 운용하고 있다는 싱가포르에도 영향을 주었다고 한다. 이러한 흐름은, 한국에 와서 수십 년간 활동했던 미국인 대천덕 신부에게도 영향을 주어 저서 '토지와 경제정의'를 저술케 하였다.

성경의 레위기 구절의 취지는 앞서 살펴본 조선 성종 때 학자 이익의 영업전 주장과 상당히 일치한다.

성종 때에는 기독교가 아직 한국에 전해지지 않았을 때인 데 이익

**[그림 3-1] 태백 소재 예수원 입구의 비문, 책 '월든'의 표지,
톨스토이와 장제스·마오쩌둥, '토지와 경제정의'의 표지(왼쪽부터).**

의 혜안이 놀랍다. 톨스토이도 성경의 가르침에 따라, 장제스와 마
오쩌둥에게 자본주의와 공산주의 어느 쪽으로 가든 토지만큼은 국
유화해야 한다거나 개인 간 거래를 쉽게 허용하는 제도가 되어서는
안 된다는 가르침을 전수하여 초기에는 그들도 그것을 이행하였다.
또 그 분파에 따라 싱가포르, 홍콩, 타이완 초기 헌법에까지 영향을
주었다고 한다. 그 덕분에 싱가포르는 현재 사회적 빈부격차는 없지
아니 하여도 적어도 청년이나 기성 세대들이 주택으로 인해 경제적
부담을 느끼며 살고 있지는 않다고 한다.

　대한민국의 해방 직후 토지 개혁은, 1960~70년대 새마을 운동과
자영농 존중 정책으로 이어졌고, 한국 경제성장의 밑거름이 되어주
었다고 한다. 하지만, 대천덕 신부의 저서 '토지와 경제정의'에도 나
오지만, 1980년대 이후 강남 일대를 위시하여 무분별한 토지 개발
허용과 이러한 이권 싸움에서 재개발을 위한 정치권의 폭력 조직 활
용 그리고 정치후원금 내지는 표밭 관리를 위한 과도한 정경유착에
의 악용 등으로 인해 천부인권격인 국민들의 거주권이 실질적으로

파괴되었다고 진단을 한다.

필자는 이러한 연유로, 그 거주 및 건물 부동산 생태계가 왜곡되고 사교육비 부담이 가중되면서 결과적으로 청년층의 3포·N포 세대 현상이나 젊은층 사이의 신조어인 헬조선, 독거노인 자살률 1위를 낳는 데 큰 영향을 주었다고 본다. 어떻게 보면, 대치동 학원가나 인 서울을 위한 교육열은 무섭게 뛰어 오른 강남 부동산의 가치를 유지해 주고 있다고도 할 수 있다. 한편 학부모들은 영문도 모른 채 남들이 다 그리 뛰니까 혹은 혼자 이탈될까 두려워서 혹은 대안이 없어서 어쩔 수 없이 혹은 어떻게 살다 보니 세뇌되어서 피라미드 구조의 부동산 먹이 사슬과 대학 먹이 사슬에 매여져 살고 있는 것이다. 최근 세계은행 총재는 세바시 강연에서 한국의 독거노인뿐 아니라 한국의 20~30대 청년들의 자살률마저 세계 1위에 올랐다고 전했다.

한편, 탐욕과 불의에 기초한 바알의 토지법을 깨뜨리고 성경의 토지법을 실현하는 것은 대천덕 신부 필생의 소원이자 기도 제목이었다. 성령과 말씀을 강조하는 복음주의에 서 있으면서도 사회정의에도 깊은 관심을 지닌 그는, 한국의 영적 문제와 사회 문제를 아우르는 강론과 사상의 깊이, 삶의 실천을 보여주었다. 세간에 알려지지는 않았지만, '공의로운 토지 제도를 수립하라'는 제안을 담은 서신을 한국의 역대 대통령들에게 수차례 전하기도 했던 대천덕 신부가 말년에 이르러 더욱 치열하게 '외쳤던' 성경적 토지 제도와 경제정의 문제에 대해 연구한 저서 '토지와 경제정의'는 그의 오랜 소원과 기도가 담긴 유고(遺稿)인 셈이다.

땅과 토지의 중요성, 그리고 여러 제도와 사상에 대한 소개는 이 정도로만 하고 매듭을 지으려 한다. 땅이 그만큼 천부인권과 같은 중요한 본질적인 내재가치를 갖고 있다는 것이고, 특히, 디자인 씽킹과 메이킹 활동을 통하여, 신자급자족주의를 이루어 가기 위한 필수 불가결한 토대다. 그리고 빨라지고 있는 지방 소멸 현상을 고려할 때, 지자체와의 협력을 통하여 다양한 장기 임대 제도 형태의 토지 제도를 고안해 낼 수 있으리라 본다. 지자체는 아니지만 경북 의성시의 한 개인은 수만 평에 이르는 자신의 시골 땅을 자급자족하려는 팀에 장기 무상 임대하면서, 매년 양봉이나 헛개수 활용 등을 통한 자연 기반 경제활동 수입액의 3%만 취해 가는 계약을 했다고 한다.

4

신자급자족 기반 4인 가구와
도시민 1인 가구 간 삶의 비용 비교

이제 본격적으로 기후위기 타개책, 산업 프로세스 리엔지니어링과도 윈 – 윈이 되는, 신자급자족 방법론에 대해 이야기해 보자. 신자급자족의 달성을 위해서는, 디자인 씽킹과 메이킹[10]이 곳곳에서 사용됨은 물론이다.

우선 현재를 기준으로 1인 가구 평균 삶의 비용과 신자급자족 방법론으로 생활할 때[11] 삶의 비용을 단순 비교해 본다. 1인 가구와 4인

---

10 소셜 프로세스 리엔지니어링, 'Virtual Transformation'도 포함됨.

가구를 비교한 이유는 1인 가구의 경우, 무대책의 현재 추세로 간다면 1인 가구가 계속 증가할 것이기 때문이고, 4인 가구를 비교 대상으로 삼은 이유는 과거 한때 그랬던 것처럼 3~5인 가족을 인구절벽을 해소할 수 있는 이상적인 사회 구성 단위로 보기 때문이다. 청년들이 신자급자족주의 같은 대책을 갖고서 미래를 대비할 경우, 혼자 살 필요도 없고 마음껏 결혼도 하고 마음껏 아이들도 낳으면서 집안 식구가 많아짐에 따라 집 비용, 관리비, 식재료비가 비례적으로 증

		의	식 (매끼 집 요리 가정)	주	에너지(냉난방+전기 +수도)
월 단위 비용	160~170만원	0~10만원	40만원(자연식재료 +양념)	90만원	10만원
연 단위 비용	2,160만원	120만원	480만원	1080만원	120만원
평생 환산 비용 (경제활동:40년 가정)	7억2,000만원	4,800만원	1억9,200만원	4억3,200만원	4,800만원
보증금	2,000만원			2,000만원	
총 합계	7억4,000만원				

[그림 3-2] 도시민 1인 가구에 삶의 기초 비용.

		의	식 (매끼 집 요리 가정)	주	에너지(냉난방+전기 +수도)
월 단위 비용	65~95만원	0~30만원	10만원	50만원	5만원
연 단위 비용	1,140만원	360만원	120만원	600만원	60만원
평생 환산 비용 (경제활동:평생)	4억 5,600만원	1억4,400만원	4,800만원	2억4,000만원	2,400만원
보증금	0원				
총 합계	4억 5,600만원				

[그림 3-3] 4인 가족(부부+청소년 2인) 기준 신자급자족주의 삶의 기초 비용.

11 4인 가족 기준. 성인 2인 어린이 2인.

가하는 것도 사라질 것이고, 거룩한 신앙 안에서 함께 살면 더 행복해질 수 있고 경제적으로도 더 효율화될 것이다.

신자급자족주의 아래 스마트하게 생활하며, 1가구당 100평 대지[12]를 보유하고 건축비 1억 5,000만 원,[13] 1,000평 임야[14]에 태양광·지열 기초 시설비 2,000만 원이 소요됐음을 전제로 하였다. 지자체나 토지 소유주와 잘 협의가 된다면, 대지 비용이나 임야 비용도 더 낮출 수 있을 것이다.[15] 지자체가 소유한 땅은 전체 대한민국 토지의 25%에 달한다고 한다. 한겨레 건축아카데미에서 하듯이, 두레나 품앗이 정신으로 주택건축을 돌아가면서 함께한다면 1억 5,000만 원을 거의 반값인 7,500만 원으로도 만들 수 있다. 메이커식 요소별 매뉴얼화 및 노하우의 누적치를 공유하면 더욱 저렴하고 빠르게 친환경 건축이 될 수 있을 것이다.

최근 뉴스나 전문 리포트에 의하면, 1인 가구가 계속 증가하여 한국민의 30%를 차지하게 되었고, 1인 가구는 소비 효율이 떨어지므로 시간이 지날수록 빈곤율이 증대할 수밖에 없다고 한다. 2024년도 세계은행 총재의 발표에 따르면, 한국인 자살률이 OECD 국가 내에서는 물론 전 세계 200여 개 국가 중 1위가 되었다. 또한, 한국은 OECD 국가들에 비해 상대적으로, 물가는 오르는 데 비해 임금은 제자리로 다 같이 가난해지고 있다는 뉴스 보도도 있었다.

12 평당 50만 원, 5,000만 원.
13 패시브 하우징으로 단열이 충분한 한글 표준 목조 주택 기준 약 35평.
14 평당 2만 원. 임산물 생산 및 창의적 경제활동.
15 이 토지 비용은 필자가 강원도, 경남, 경북, 충남, 충북, 전북, 전남 등 타깃 지역별로 방문해 조사한 데 따른 것이다.

이런 추세가 과감히 수정되고 혁파되지 않는 한, 위의 표에서 보여주었던 1인 가구의 의·식·주와 에너지 비용은 항목 간 영향에 의한 상호 동반 상승 효과 탓에, 월 급여는 오르지 않는데도 물가 상승에 의한 월 지출 비용은 계속해서 올라갈 수밖에 없다. 바로 이러한 점이 많은 이들을 우울증과 자살이라는 벼랑으로 내모는 것이라고 본다. 물론, 이 우울증이나 괴리감은 아주 어릴 때부터 다녀야 하는 학원이나 과도한 경쟁 문화, 자연과 아웃도어 모험 정신이 깃든 액티비티가 아닌 스마트폰 영상이나 팀 킬 위주의 게임을 통한 스트레스 해소의 한계, 수고하고 무거운 짐 진 자들처럼 살아가야 하는 부모들의 스트레스 전가로부터도 큰 영향을 받았을 것이다.

설상가상으로 기후위기 속 농산물 가격 상승과 에너지 수급 불균형, 그리고 인공지능에 의한 일자리 부족이 대세가 되어 가는 점 등으로 미래에 대한 불안감은 더욱더 증폭되고 있다. 정치적 타협점이 많이 남아 있고 아직은 이른 단계라, 기본소득의 실효성은 그 정체를 아직 알 수가 없는 상황이다. 아무리 기본소득이 보장된다 해도 사회적 안전망이 이렇게 약한 사회에서는 삶의 질을 보장해 주리라고 기대하기는 힘들 것이다.

한편, 위 신자급자족주의에 의한 삶의 비용을 짚어 보면, 신자급자족 기술 적용 및 집단지성에 의한 연구 개발이 심화될수록, 매월의 의·식·주 및 에너지 비용은 지속적으로 절감해 갈 여지가 있다. 1인 가구보다 다자녀 가구가 행복한 삶을 영위하기에 유리한 것처럼, 마을을 이루어 같은 원리로 제대로만 협력하면 더욱 행복해질 수 있다.

힘도 덜 들이며 더욱 다양한 야채와 과일들의 재배와 향유가 가능해질 것이며, 더욱 다양한 가금류의 양육과 보살핌이 가능해질 것이다. 대형견도 마음껏 자연에 풀어 놓고 키울 수 있다. 목공, 철공, 가죽공, 납땜 등을 위한 메이킹 스페이스, 테니스장, 농구장, 풋살장 등 공용 시설들을 함께 만들면, 이를 위한 가구당 비용은 더욱 절약된다.

기본적인 의·식·주 영위를 풍성히 하면서, 이제는 여유로운 마음으로 사람만이 할 수 있는 창의적인 일을 하거나 놀기 시작하면 되는 것이다. 이러한 와중에 협동조합 기업이나 사회적 기업이 탄생하여 적지 않은 소득이 발생할 수 있고, 원격으로 사적인 비즈니스도 가능하다. 이러한 마을들이 국내외로 생겨나면서 호주 브리스번, 일본 오키나와, 미국 텍사스, 남미 코스타리카, 케냐 마사이 마라, 한국 봉화 지역 간에 '한 달 살기', '1년 살기'를 자연스럽게 해 나갈 수 있을 것이다. 디자인 씽킹의 철학과 메이커 정신만 있으면 마을 단위로 드론 택시나 횡단용 요트를 만들고, 2인 잠수정도 제작해 지역 간을 옮겨 다닐 때 활용하면 여행 경비도 대폭 축소된다. 이러한 메이킹 실적은 또 다양한 수익모델로 새로운 사업의 기회를 가져다 주리라 기대한다.

5
실험 중인 국내외 신자급자족 프로젝트

여기서 미리 짚어 두지만, 마을이라는 단어와 자급자족이라는 단어를 들으면 한국의 많은 사람은 신앙 공동체나 사이비 공동체를 연상하는 듯해서 그 오해를 먼저 불식시키고자 한다. 최근 미국의 한 벤처가 시작한 지속 가능 스마트 빌리지 프로젝트[16]도 신자급자족 정신을 띠고 있으며, 스마트 기술을 활용하는 마을을 만들어 유럽과 미국 등 여러 곳에 프랜차이즈화를 추진하고 있다. 네덜란드 등의 일부 도시는 이미 이들과 계약하여 실험에 나서려 한다. 그리고, 산업혁명 이전의 유럽 중세 시대나, 일제시대 이전 조선시대 때도 대부분 사람들은 마을 단위[17]로, 각자 열심히 살면서도 두레·품앗이 등 서로 돕고 나누는 문화나 축제를 견지했다.

[그림 3-4] 미국 벤처 Regen Village가 내세우는 가족 주택 내
스마트 온실 텃밭과 중앙의 공용 스마트 팜 가상 이미지.

[그림 3-5] Regen Village가 내세우는 기본 마을 단위 전경:
물고기 반찬을 위한 낚시, 고기반찬을 위한 가축 사육 등이 포함되어 있음.

16 https://www.regenvillages.com
17 150명 Dunbar number(던바의 수)에 가까운 인구수 단위.

[그림 3-6] 국내 자급자족 스타트업 팜프라 초입 전경.

한국도 재미난 곳이 있다. 팜프라. 팜프라는 남쪽 바다 작은 마을에 둥지를 튼 스타트업. 도시에서 지역으로 삶의 전환을 꿈꾸는 청년들이 촌 인프라를 만들어 기존의 획일화된 삶의 방식에 새로운 선택지를 제안 중이다. 지속 가능한 판타지 촌 라이프를 고민하며 2018년 2월부터 DIY 집짓기 워크숍, 판타지 촌 라이프를 실험하는 청년마을 팜프라 촌,[18] 일반여행객을 위한 다양한 목공 체험, 기업의 단체 탐방 패키지도 제공 중이다.

6
산업 프로세스 리엔지니어링이 필요한 옷 문제

요즘 기후위기의 주범 중 하나에, 화학 섬유나 패스트 패션에 의한 것도 추가로 지적되고 있다. 이제는 아파트에서 수거된 엄청난 양의 옷들이 아프리카 빈민지역에 헐값으로 팔리거나 무료 나눔을

18 https://www.farmfravillage.com

해도 그 지역에 그러한 옷들이 산더미처럼 쌓여져 가며 또 다른 공해를 낳고 있다고 한다. 이에 따라 장기적으로는 자연 소재[19]를 활용하고 강화하려는 움직임도 일고 있고, 산더미처럼 쌓인 화학 섬유 기반의 중고 의류 또는 고가의 미판매 재고 의류[20] 리사이클링·업사이클링 아이디어 및 신규 기술을 기반으로 한 벤처들이 많아지고 있다. 따라서 월별 의류 비용은 신자급자족주의하에서는 높은 부분을 차지하지 않을 것으로 본다. 오히려 창의력 배가와 재미와 호기심 충족을 위해 식물성 재료를 기반으로 하여 메이킹 정신으로 만들어진 각종 기구들로 의류 자급자족 기회가 더욱 늘어날 것으로 보인다.

7
물과 가정용 에너지 해결 방향

우선 우리들의 의·식·주에 필수적으로 쓰이는 물의 종류와 총비용, 신자급자족주의에 의한 물의 확보 방법에 대해 살펴보도록 하자.

하루 동안 필수적으로 쓰이는 물의 항목에는, 마시는 물(1인당 1L 내외), 음식 요리에 투입되는 물(1L 내외), 소변 및 용변 처리(35L), 세면·샤워·설거지(5L), 빨래(50L 내외)가 있다. 이러한 물의 비용은 서울 기준으로 수돗물 1리터당 1.5원에 공급되고 있다. 하루 약 100L

---

19 면, 마, 실크, 울(모직) 혹은 새로운 자연 소재의 가공 및 발견에 대한 연구.
20 국내 브랜드 의류 미 판매 재고 및 소각 총비용은 약 1조 2,000억 원임. 이 역시 대량 생산방식에 의한 경제의 채찍 효과로 수요 공급 불균형에 따른 낭비의 일면을 보여 주고 있는 것임. 의류는 영향력이 덜 하지만, 집과 음식처럼 지출 규모가 훨씬 더 큰 소비재에 경제의 채찍 효과가 작용하면 소비 둔화, 과열 등에 의한 경기 불황이나 물가 상승에 의한 빈부격차가 더욱 심해지는 것임.

를 쓰면 150원 정도의 비용이 유발되는 것이다.

필자의 경우, 월 수도 비용이 5인 가족 6만 원대가 나온다. 필자는 샤워를 5분도 안 걸려 하는데, 아내나 아이들은 30분씩 있다가 나온다. 이는 평범한 아파트에서 유발되는 비용 구조이다. 신자급자족주의로 가게 된다면, 절수 장치나 방법이 많이 나와 있으므로 이를 적절히 적용한 체계로 가게 될 것이다. 씽크대 구조를 편리하게 설계하고 이에 따라 자연스러운 설거지통 이용으로 설거지물을 60% 아낄 수 있다고 한다.

우리나라 가정에서 사용하는 물 중 5분의 1이 부엌에서 쓰인다. 부엌의 물 낭비 요소로는 설거지나 야채 등 음식 재료를 씻을 때 물을 틀어 놓는 습관이 가장 크다고 한다. 물을 틀어 놓고 흘려 가며 설거지할 때 100L 정도의 물이 쓰이는 설거짓거리를 설거지통에 물을 받아 놓고 하면 최소 20L의 물로도 가능하다. 마치 군 복무 시절 설거지조가 되어 했을 때처럼 말이다. 그 외에 수도꼭지에 물 조리개를 부착하면 20%를 절수할 수 있다.

설거지나 음식 재료 세척 시 물 조리개를 통해 나오는 샤워수를 이용하면 짧은 시간에 세척이 가능하다. 같은 유량일지라도 샤워수 형태로 사용하면 접촉 면적이 넓어 세척 시간이 짧아진다. 그 외에도 수도꼭지에 절수기를 달면 수압을 낮춰 토수 유량을 줄이게 되므로 2~4L의 물을 아낄 수 있다.

수도꼭지에 부착·내장하여 사용하는 절수 부속에는 포말 발생장치, 샤워수 발생장치, 감압판 등이 있으며 가격도 저렴하다. 이러한 것들은 아파트 생활에도 어느 정도 적용이 가능할 것이다. 신자급자족주의로 설계된 주택이라면 이러한 모든 절약 요소가 사용자의 사용 시나리오에 맞게 통합될 것이다. 식재료 세척수의 텃밭에 줄 물로의 재활용, 샤워수·세면수의 소변·용변 용수로의 재활용 등 통합적으로 소셜 프로세스 리엔지니어링 관점에서 설계되고 이러한 Best Practice가 공유되면 널리 전파되리라 기대해 본다. 일부는 이미 모듈화되어 키트나 완제품으로 생산될 수 있다. 이 역시 산업 프로세스 리엔지니어링 대상이 되고, 새로운 사업과 시장의 기회가 될 것이다. 초기 단계에서는 디테일한 니즈 검증을 위한 디자인 씽킹적 접근과 값싸고 빠른 자체 프로토타이핑을 생활화할 수 있는 메이킹 정신, 적절한 환경이 필수라고 생각한다.

현재 가정에 많이 보급되어 있는 변기의 용량은 13L급이며 1일 평균 변기 이용 횟수를 7회(대변 1회, 소변 6회)라고 가정하면 4인 가족의 경우 1일 물 사용량은 255L 수준이다. '대·소변 구분형 절수 부속'을 사용하면 40L(15%)정도 절수가 가능하다. 변기 교체 시 절수형 6L급 변기를 설치하면 50% 물 절약(기존의 13L급 변기에 비해 4인 가족 기준으로 하루에 137L 절수)이 가능하다.

무엇보다 자연의 물을 활용하면, 물에 대한 비용을 대폭 낮출 수 있다. 자연의 물로는 수원 기준, 빗물, 저수지, 호수, 바다, 지하수·우물, 계곡물 등이 여기에 속한다. 국내외 메이커들의 활약으로 빗물으로만 물을 100% 자급자족하는 사례들도 공개되고 있다. 물론, 이는 산 위의 공기가 정말 깨끗한 지역에만 해당된다. 가장 깨끗한 물은 마시는 물과 식재료 세척 및 설거지용으로 1차 사용하고, 식재료 씻는 데 사용한 물은 텃밭에 주는 물로 재활용한다.

세면·샤워에 사용한 물은 소변·용변 처리로 활용된다. 소셜 프로세스 리엔지니어링과 메이커 기술로 이러한 유기적 재사용은 얼마든지 가능하다. 지붕 처마를 활용하여 빗물 수거용 대형 용기에 저장은 물론, 마을 저수지 공동 개량 등 새롭게 집을 지을 때나 기존 빈집을 개축할 때 이러한 원리를 활용하면, 한결 수월해진다. 거주지나 마을이 바닷가나 큰 호수 근처로 이루어지는 경우는 앞으로는 담수화 기술의 발전으로 그 비용 절약과 공정 장착 절차가 간단해져 간다고 하니 기대할 만하다. 실제로, 아랍권 일부 국가나 하와이 인근 섬 거주 지역에서 바닷물 담수화 기술을 적극 채택 중에 있으며, 설치 및 운용 비용을 낮추는 새로운 기술이나 기후위기 해결 벤처에 대한 소싱을 강화하고 있는 것으로 안다.

가정용 에너지는 대부분 전기가 그 주종을 이룬다. 에어컨, (인덕션) 요리, 전등, 노트북, 전기포트, 믹서기, 냉장고, 밥솥, 전자레인지, 정수기 등등 온갖 것이 전기로 작동된다. 이제는 냉방은 물론 난방까지 그렇다. 기후위기로 인하여 기름, 가스 등을 줄이거나 없애고 전기로 운영되는 난방 기기 시장이 커지고 있다. 요즘은 전기차 덕분에 전기 저장장치(ESS)에 대한 투자가 엄청나다. 미국의 일반 가구에서는 테슬라 차주의 경우, 솔라시티(SolarCity)에서 생산한 태양광 기판을 지붕 위에 얹어 운용하여 집에서 충분히 쓰고, 남은 전기를 가정용 전기 저장장치에 저장해 두며, 평소 테슬라 충전에 활용하고 있다.

한편, 해외에는 재생에너지 100%로 운영되는 동화에 나올 법한 섬이 존재한다. 덴마크 삼소(Samsø) 섬은 1997년 재생에너지 프로젝트를 시작한 이후 탄소 제로를 넘어 실질적 탄소 배출량이 마이너스인 탄소 네거티브를 달성했다. 재생에너지 생산 외에 지속 가능성을 위한 다양한 프로젝트가 진행 중이다. 1997년 삼소 섬이 덴마크 올보르대학 등과 공동으로 기획한 '삼소 섬 개발 프로젝트'는 덴마크 환경에너지부 재생에너지 아이디어 경진 대회에서 우수작으로 채택되면서 시작됐다. 재생에너지 섬으로 지정된 삼소 섬은 주민들의 자발적인 참여와 지지를 바탕으로 2005년에 탄소 제로를 달성했다.

2년 뒤인 2007년엔 1인당 탄소 배출량 −3.7톤을 기록하며 프로젝트 시작 10년 만에 탄소 제로 섬을 넘어 탄소 네거티브 섬으로 자리 잡았다. 프로젝트를 시작한 1997년 삼소 섬의 1인당 탄소 배출량은 15톤이었으며, 재생에너지 소비량은 전체 에너지 소비량의 13%에 불과했다.

삼소 섬에는 1메가와트(MW) 규모의 육상 풍력발전기 11기와 2.3MW 규모 해상 풍력발전기 10기가 설치돼 가동 중이다. 육상 풍력발전기 1기는 600가구, 해상 풍력발전기 1기는 2,000가구에 필요한 전력을 공급할 수 있다. 육상 풍력발전기에서 생산된 전력만으로 삼소 섬 전체 전력 소비의 100% 충당이 가능하다. 해상 풍력발전기에서 생산된 잉여 전력은 본토로 수출한다. 삼소 섬은 소비하는 전력보다 더 많은 전력을 생산해 섬 주민이 석유 보일러와 휘발유 및 디젤 차량을 사용하여 발생시킨 탄소를 상쇄한다. 이처럼 마을 주민에 의한 기존 산업 프로세스의 리엔지니어링을 통한 협력 경제로 마을 전체의 자급자족은 물론 더 나아가 주민들의 사업소득이 증대될 여지가 많은 것이다. 이때는 특정 개인이나 기업의 이윤극대화가 아닌, 마을 주민 전체의 복리 증진 차원의 리더십이나 새로운 조직 형태가 필요하다.

유럽의 또 다른 나라는 일정 지역에서 집집마다 재생에너지 보급은 물론 1톤 규모의 전기저장장치를 보급하여 쓰고 남은 전기를 물물교환이나 거래할 수 있도록 유도하고 있다.

이렇듯, 지역별 상황에 맞는 정책과 기술 그리고 리더십 적용의 문제가 있지만, 에너지의 자급자족 기술은 이미 실용화되고 있다고 봐야 할 것이다.

재생에너지의 종류에는 풍력, 수력, 파력, 지열, 태양광, 태양열, 바이오매스[21] 등이 주종을 이룬다. 특히, 이들 재생에너지 기술을 가정용 모듈로 개발하여 마을 단위로 보급하고 낭비를 줄이는 동시에 가구별로 경제적 인센티브 효과도 나오도록 하는 방식으로 진보하고 있다. 최근에는 한국에서 세계 최초로 지하수를 활용한 냉난방 에너지 및 이산화탄소 배출 저감 기술을 개발해 소개하기도 했다. 이러한 신자급자족주의는 아파트가 아닌, 자기의 전용 주택이 있는 일정 규모의 토지 위에서 효과적으로 전개되어 가는 중이다.

---

21 목재, 벌채 부산물, 음식물 쓰레기 등을 파쇄, 가공하여 만든 고형 연료.

8
먹거리 문제

이제 '식'의 방법에 대해 살펴보도록 하자. 우리나라에도 귀에 아주 익숙한 주말농장, 텃밭이 많이 있다. 공동 텃밭도 있다. 필자 역시 야외 테라스에 텃밭을 만들어 가지, 토마토, 오이, 호박, 당근, 감자, 고수 등을 키우고 있다.

공간이나 땅이 더 있다면 집에서 요리하는 데 필요한 모든 식재료를 텃밭으로 가꾸어 보며, 온실화·스마트화도 해 보려 하고 있다. 땅이 있는 사람의 경우, 몸에 좋고 맛도 좋은 계란의 자급자족을 위해 일정 구역 안에 안전하게 닭을 몇 마리 풀어놓고 키우기도 한다. 땅이 있으면 밀 농사도 작게 해서 가정용 소형 제분기로 밀가루를 만

[그림 3-7] 필자의 주택 테라스에 있는 텃밭 전경.

들고 역시 메이킹한 화덕을 통하여 맛난 빵을 구워 먹을 수 있다. 요즘엔 유튜브에서 DIY 화덕을 검색해 보면 한국에도 수만 원대 재료들로 만들어진 다양한 화덕 메이킹 기술이 공유되어 있다.

산 위에 장어나 새우 양식장을 만들어 자급자족이나 판매 사업을 하는 경우를 본다. 바닷가의 경우, 해안 낚시나 소형선을 통한 낚시를 통해 어류의 자급자족도 가능하다. 한국의 어떤 젊은 부부는 바닷가 근처를 차박으로 다니면서 낚시나 스노클링으로 잡은 생선으로 자급자족하고 있는 유튜브 영상을 올리기도 한다.

스마트 팜 기술의 발전도, 기후위기로 인한 식자재 수급 불균형이나 가격 폭등, 이산화탄소 생산 등의 문제를 해결해 가는 방향으로 갈 수 있다. RegenVillage가 제시하는 것과 마찬가지로 우리 식구들

[그림 3-8] 미국 샌디에이고의 한 평범한 가정에서 밀 농사 텃밭 활동 후 빵을 만들어 먹는 모습.

이 주로 먹는 채소에 특화된 가정용 스마트 팜, 모두가 공통적으로 자주 먹는 채소를 키우는 데 특화된 마을용 스마트 팜의 설계가 가능하다. 스마트팜은 당연히 디자인 씽킹 철학과 메이킹 정신으로 마을 사람들끼리 팀을 짜서 만들면 정말로 저렴하게 만들 수 있을 뿐만 아니라, 고장 시 대응도 빠르고, 더 나아가서 노하우 공유를 통하여 지속적으로 업그레이드 될 수 있을 것이다. 수경재배도 호불호가 있고, 아쿠아팜도 장단점이 있을 것이다. 어디까지나 페르소나에 집중하는 디자인 씽킹 철학을 발휘할 일이다. 여기에는 역시나 메이킹 기술 기반 수익모델도 세워질 기회가 얼마든지 있다. 서로가 더 즐겁고도 편리해지도록 하는 소셜 프로세스 리엔지니링에 의하여, 가정별 역할 분담(분업)이나 물물교환 체계(개인별 선호도나 특기에 의거한 비교우위)의 설계도 가능할 것이다.

실제로 필자가 아는 한 미국 청년은 블록체인 비트코인이 인기를 끌던 2017년 전후 남미와 미국의 일부 자급자족 마을을 찾아다니며 비트코인으로 포인트 대신 물물교환을 할 수 있는 통합 프로그램을 추진한 적이 있다. 어느 마을에 가서 요가 강사를 하면서 코인을 벌고, 그 코인으로 다른 나라 제휴 마을의 멋진 숙박지에서 잠을 자는 식으로 말이다.

종류별 버섯이나 밀, 보리의 생산도 가구·마을당 다양한 스마트 팜 기술을 적용할 수 있다. 실제로 해외의 Infarm이라는 업체는 밀을 실내에서 흙 없이 재배하는 데 성공하였다. 밖에서 전통적 방식으로 짓는 밀 농사보다 훨씬 효율성도 좋았다. 작물별 커스텀 스마트 팜은 키트화되거나 집단지성에 의한 기술적 해킹이 가능하도록 오픈 소스화해 가면 발전 속도가 더 빠를 것으로 예상한다. 여기에도 다양한 사업 모델을 생각해 볼 수 있다. 참고로 스마트 팜이라고 해서 항상 수경재배나 LED 조명 시스템을 떠올릴 필요는 없다. 스마트 팜을 생각할 때는 노지 재배 시에도 농부의 일손을 더는 로봇이나 인공지능의 적용, LED 조명 효율화나 대체 기술의 연구를 유연하게 고려하면 된다.

산업 프로세스 리엔지니어링이나 소셜 프로세스 리엔지니어링 관점으로 보면, 실내외 요리 환경이나 부엌과 텃밭 현장 사이에서 요리별 필요 식자재 용량 안내, 세척이나 손질 그리고 온도별 투입 시점 등에 대한 연관 데이터와의 쉬운 접근이나 UX, 이와 연계한 주요 자급자족용 텃밭용 작물 재배의 스마트화, 재배지와 부엌 간 이동 거리 최소화, 야채 잔반·계란 껍데기·커피 찌꺼기 등의 편리한 회수 도구, 텃밭 비료로의 선순환, 화덕이나 바베큐 시설 연동 등의 생활 공정 설계가 가능해질 것이다. 지역 주민 간에 다양한 재배 및 위기 대응 지식, 각종 노하우, 남은 양 등의 각종 데이터를 쉽게 공유하는 플랫폼이 있다면 Best Practice가 빠르게 퍼지고 절약도 되고 정도 나누게 되고, 더 나은 개선을 위한 동기부여도 될 방법이 다양하게 생겨날 것이다.

실제로 필자의 테라스 텃밭 가꾸기에 필요한 작업 노하우나 부자재도 양평에 사는 라희 님이 용인 수지까지 와서 제공해 주셨다. 감자 씨와 비료 쪽으로는 홍섭 님이 도움을 주셨다. 이 자리를 빌려 감사의 말씀을 전한다.

필자도 유튜브에서 새로운 요리를 보고 따라서 만들곤 한다. 그런데 항상 어렵거나 불편한 점이, 재료별 적정 온도와 가열 시간, 소금·후추 등의 간을 맞추는 부분이다. 그전 공정으로는 식자재 세척과 손질이 있다. 물이나 양념 묻은 손으로 유튜브 영상을 플레이시켰다 정지시켰다가 힘든 포인트인데, 이런 것들은 조만간 요즘 핫한 AI 스마트 디바이스를 통해 해결될 것으로 기대한다. 마치 옆에 전문 요리사가 있는 것처럼 음성 대화와 이미지 인식 기술로 바로바로 단계별, 상황별 요리 정보와 적시 지시어를 얻을 수 있는 것이다. 앞서 소개된 Rabbit이나 AI pin 같은 디바이스를 통해서 말이다.

재료별 적정 온도와 가열 시간의 이슈는 당장에는 스마트 수비드 기기로도 가능하다. 노미쿠라는 수비드는 미국에서 메이커 운동이 한창일 때 탄생한 메이커 혁신 제품으로 500만 원을 호가하던 기존의 수비드 머신을 10만 원대로 대폭 낮춘 혁신 요리 도구다. 필자도

[그림 3-9] 10만 원대 스마트 수비드.

잘 몰랐지만, 고급 호텔에 가면 요리 장인들만 다룰 줄 안다는 수비드 머신을 통하여 입에서 살살 녹는 딸기 요리나 소고기 요리를 즐길 수 있다고 한다. 물론 요리 재료별로 최적화된 온도에 대한 장인적 지식이 없으면 그 수비드 머신을 사용할 수 없단다. 그런데 노미쿠라는 수비드 머신을 발명한 여성은 우연히 호텔에서 수비드 요리 맛을 본 이후 그 맛을 잊을 수가 없어서, 자신의 남친을 자꾸만 졸랐다고 한다. 물리학도였던 남친은 구글링을 통해 수비드의 원리를 탐독하고, 자신의 여친을 페르소나로 삼아 디자인 씽킹과 메이커의 철학을 발휘하여 세계적인 초저가 IoT 스마트 수비드 머신을 탄생시킨다. 그리고 역시나 세계 최대의 크라우드펀딩 사이트인 킥스타터에서 인기를 끌며 성공적인 펀딩을 마감할 수 있었다.

이 간단한 기기를 냄비에 꽂아 두면, 스파게티 면이 최적의 온도로, 최적의 가열 시간이 달성되었을 때 스마트폰으로 알람을 주기도 하므로 아기를 돌보면서 여유 있게 최고의 면 맛을 내는 요리를 할 수 있다. 소고기, 돼지고기, 양고기, 달걀 등 어떤 재료든 물에 넣고 해당 앱을 통하여 재료를 선택하면 최적의 온도와 가열 시간에 알람을 해주므로 항상 수비드의 위력적인 맛을 볼 수 있게 되는 것이다.

9
집 문제, 1가구·마을 모델과 프랜차이즈 모델

이제 의·식·주 중 '주'의 방법에 대해 살펴보도록 하자.

직접 짓되, 마을 사람들의 경험치와 노동력도 활용[22]하는 체계나 문화가 되어 있을수록 그 건축비나 인건비 절약에 있어 압도적으로 유리할 것이다. 물론 집 짓는 것은 전문회사에 아웃소싱해도 된다. 하지만 집을 함께 지으면 앞서 제시한 신자급자족상의 생활비 도표에서 나온 집 비용을 거의 50% 가까이 줄일 수 있다. 1억 2,000만 원에 지을 집이면 6,000만 원이면 되는 것이다.

한겨레신문사에서 운용해 온 작은 집 아카데미는 매월 신입생들을 선발하여 운용하지만, 필자도 3번이나 신청했다가 신용카드의 초치기 수준의 빠른 결제를 못 한 나머지 낙방할 정도로 인기다. 200만 원대 비용을 내면 약 8일간 작은 목조주택을 14명이 한 조가 되어 짓는 것이다. 집을 짓는 데 기본적으로 필요한 기술을 모두 배운다. 나무 자르기, 피스 박기, 3D 모델링, 용접, 단열재 넣기, 창문 작업, 배선 등 말이다. 주변에서 자신의 전원주택을 돈을 들여 짓는 분들은 하나같이 시공사의 횡포(?)에 눈살을 찌푸린다. 공기 지연, 자재 속이기, 자금 돌려막기 등 때문에 말이다. 이러한 것들을 모두 종합하면, 집을 직접 짓는 데 참여해 보는 경험도 나쁘진 않을 것 같다.

강원도에서 한 노부부가 둘이서만 직접 집을 두 채 짓고 있다. 약 40평 되는 집으로 인근에서 값싸게 얻은 큰 통나무로 기둥을 세우고 흙과 볏짚을 섞어 외벽을 채워 넣는 식으로 진행 중이다. 다른 한 분이 땅 전체와 건축 재료비 일부를 제공했다. 노부부는 예술가 출

---

[22] 도움을 준 사람들은 상호 간 품앗이를 하거나, 도움의 기여도에 따른 지역화폐 제공 등. 언약 및 거룩 신앙을 향유하는 마을 공동체라면, 먼저 입주한 한 사람당 뒤늦게 들어온 사람들을 위해 두 집 지어 주는 데 참여하기를 룰이나 문화로 하여 진행해 갈 수도 있을 것이다.

신으로서 손재주가 좋고 자연을 좋아해서, 두 채의 집을 지어 한 채는 자신이 갖고 한 채는 땅과 재료비를 댄 분에게 주는 일종의 물물교환 방식이다. 비싼 나무들도 주변에 수소문하여 중고 자재를 싸게 매입하거나, 숲속에서 구해 왔다고 한다. 필자도 여기에 가서 황토를 물과 섞어 짚과 함께 짓이기고 한쪽 벽면을 채우는 일을 자원봉사처럼 하며 배운 적이 있다. 어떤 사이좋은 친구 자전거족들은 주기적으로 여기에 와서 집 짓는 것을 돕고 밤새 여흥을 즐기고 돌아가곤 한단다. 사교성이 정말 좋으신 노부부다.

한국에서도 실제로 자급자족 마을을 영위해 가는 곳을 보면, 마을 사람들끼리 같이 집을 지어 인건비를 줄인다. 경북 의성 같은 경우에는, 유럽식 목조 주택을 약 15채 함께 짓고 가족 단위로 들어와서 사는 것을 보았는데, 집집마다 분홍색, 노란색, 보라색, 파란색 등 이뻤다. 공동의 식당에서 자급자족한 식자재를 활용하여 함께 밥을 먹고, 아이들이 닭싸움도 하고, 개울가의 개구리도 잡고 하는 모습이 정겨웠다. 마을 내 공용 메이커 스페이스에는 목공용 원형 톱 등 온갖 메이커 장비들이 즐비했고, 특히 자체 개발한 미니 풍력발전기, 그리고 이 마을의 주 수입원 중 하나인, 양봉에 의한 고급 로열제리 생산 시스템을 자랑하였다. 로열제리의 품질이 좋아, 생산방식을 배우기 위해 인근의 농업 대학에서도 현장 견학을 올 정도라고 한다. 헛개나무도 수천 그루 키우고 있다고 한다.

수만 평의 땅은 저렴하게 장기 임대하여 토지 문제를 해결할 수 있었다. 다만, 가구당 주택지만큼은 100평을 직접 구매하도록 했다.

조선시대 실학자 이익의 영업전 정신을 계승한 것 같다. 아기가 태어나면 적어도 자기 발 붙일 곳은 천부인권으로 받아 놓아야 할 것 아닌가.

강원도 영월에도 2023년경 미국에 본사를 두고 세계적으로 수백 개의 마을을 이룬 브루더호프(BruderHof)가 공동체 마을을 열었다. 여기는 영월의 기존 지역 내 건물들과 토지를 통째로 매입했기 때문에, 자급자족을 중시하기보다는, 기독교적 공동체성을 중시하여 각자의 재산을 모두 공동체에 환원해야 한다고 한다. 이 마을에서는 미국에 수출도 하는 제품을 제조, 조립하는 사회적 기업을 운영하고 있기도 하다.

집 짓는 자재나 재료들은, 싸게 짓고 싶을수록 최대한 지역 내 황토, 돌, 목재 등의 자연 소재를 활용할 수 있다. 실제로 임야 근처에 그 지역의 황토와 돌, 나무 위주로 하여 2,000만 원 이내의 비용으로 30평대 황토 가옥을 지은 사례들도 있다. 장기적으로는, 다른 지역 자연 소재와의 물물교환, 지역화폐 기반 지역 간 물물교환 체계 효율화도 꾀할 수 있을 것이다.

신자급자족주의에 의거해 살아갈 경우 1가구 모델과 마을 모델, 프랜차이즈 모델로 나뉠 수 있다고 본다.

1가구 모델은 한국에서도 가끔 다큐멘터리나 유튜브 등을 통해 소개되곤 하는데, 양양의 제빵 카페가 있는 팜 일레븐이나 전원 속 꽃 카페 등이다. 목수가 약 3,000만 원을 들여 20평대의 예쁜 롱하우스를 짓고, 목공 카페를 연 곳도 있다. 게스트들이 오면 도마나 간단한 목공예를 즐기고 자신이 만든 것을 가져갈 수 있는 곳이다. 또 발전소 직원이었던 한 30대 젊은 가장이 스트레스를 너무 받아서 머리가 벗겨지는 게 싫은 나머지 시골의 임야 1만 7,000평을 사들여서 거기 서식하는 나무들을 베어 직접 통나무집을 짓기도 하였다. 자기 소유의 나무를 베어 집을 지었으니 건축 재료비는 약 120만 원밖에 안 들었다고 한다. 보통 1가구 또는 1인 가구가 땅을 매입하고 독특한 콘셉트로 자신이 주거할 집과 게스트용 숙소를 몇 동 짓는다.

자급자족의 레벨은 다소 떨어져도 귀촌의 경제적 수입원으로 작동할 수 있는 에어비앤비용 숙소나 맛나고 이쁜 제빵 카페 혹은 꽃 카페, 목공 카페, 그리고 차별화된 콘셉트의 캠핑장도 있다. 꽃 카페의 경우, 꽃도 도심에서는 볼 수 없는, 수려하고 넓은 자연의 정원을 바탕으로 하여 자연 속에서 산책하고 담소도 나누도록 한 공간이다. 어떤 경우에는 미니 동물원처럼 다양한 가축을 데려다 놓고 키우며, 놀러 온 아이들이 돈을 주고 먹이를 사서 주도록 유도하기도 한다.

다양한 어종을 구비, 낚시 서비스도 하는 곳도 있는 것으로 안다. 1가구 모델은 은퇴 후 노부부 혹은 대안 경제로 젊은 청년 1인 가구들이 진입을 많이 시도하는 것으로 보인다. 노부부의 경우, 은퇴 소득이나 연금 등으로 어느 정도 노후가 보장된 상태에서 도심의 비싼 집을 팔고 내려와서 지내기 때문에 신자급자족주의와는 어느 정도 거리가 있으나, 보통 텃밭 활동이나 정원 가꾸기 등을 통해 상당한 부분의 식자재 자체 수급 및 요리 등을 하고 있고 비싼 월 지출을 할 일이 거의 없어서, 자연에 회귀하며 어느 정도 신자급자족 정신에 근접하고 있고, 연관성이 있다고 본다.

청년 1인 가구의 경우, 대안 경제로 도심의 불안정하고 지치기 쉬운 일자리 대신에, 귀촌·귀농으로 좀더 창의적이고 자연친화적인 그리고 나름의 문화적인 가치를 추구하는 면이 있다고 본다. 필자의 젊은 지인 중에도, 안동에서 사과나무들을 키우며 열매를 가공하여 유통함으로써 풍성한 소득을 올리며, 점점 더 6차 산업으로서 관광 문화 자원화되어 가는 중이다. 아이들도 쌍둥이를 낳아 잘 키우고 있다. 이 역시 직간접적으로 기후위기 대처와 AI위기 대처, 그리고 인구위기 대처를 중시하는 신자급자족주의 흐름과 직간접으로 연관되어 있다고 볼 수 있다.

마을 모델은 한국의 경우 그 규모나 숫자에 있어 매우 저조한 편이다. 해외의 경우 특히, 유럽, 미국, 일본, 호주의 경우 수십 년 전부터 지속 가능 자급자족 마을의 기치를 내걸고 다양한 자급자족 레벨과 철학·종교에 의거, 수백 개 이상의 마을이 조성·운영돼 왔다. 미국의 어떤 공동체 마을은 휘발유 자동차의 마을 내 운행을 금지하고 마차나 말만 사용하도록 한다.

몇 년 전에 무인양품과 한국의 스마트 팜 벤처 '만나'가 손을 잡고 충청도 진천에 콘셉트 실험용 프로젝트를 해 본 적이 있다. 무인양품은 'HOUSE VISION' 프로젝트를 기회로 삶의 기본이 되는 '집'을 한국에서 최초로 선보이며 수도권 인구 집중으로 인한 '지방 소멸' 문제 해결에 동참한 것이다. 'HOUSE VISION'은 '집'을 이동 수단, 의료, 커뮤니티, 물류, 전통과 미의식을 담는 장소로 여긴다. 또한 기

[그림 3-10] 미국의 아미시 마을(Amish Village) 전경.[23]

술과 생활이 교차하는 새로운 산업의 가능성이 담긴 플랫폼으로 바라보고 건축가, 크리에이터, 연구자, 기업, 행정 기관 등과 협력해 미래의 생활을 제안하는 프로젝트다. 필자도 견학을 해 보았지만, 말그대로 집이나 스마트 팜은 콘셉트 실험용으로서, 제빵 카페 외에는 실제로 운용되고 있지는 못했다.

경북 의성에 위치한 공동체 마을의 경우, 주거민의 만족도가 높은 편으로 보인다. 실제로 함께 갔던 필자의 아이들[24]은 처음에는 의성이라는 시골로의 여행을 싫어했지만, 막상 가서 마을의 아이들과 어울려 놀다 보니, 하룻밤 자고 다음 날 가면 안 되겠냐고 할 정도였

23 https://blog.naver.com/jollyholly/220714581723
24 당시 초등학교 4학년, 6학년.

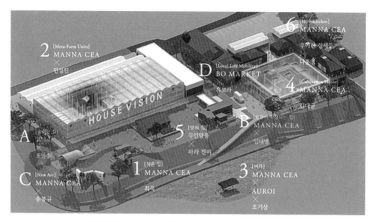

[그림 3-11] 무인양품과 만나 기업 미래 하우스 협력 프로젝트 조감도.

다. 입주민이 많아지며 마을의 확장이 필요해서, 2호점을 안동 근처에 추가 개설하기 위하여 땅을 알아보는 중이라고 들었다. 즉, 프랜차이즈 모델로 발전 가능한 것이라고 볼 수 있다. 다만, 이곳은 기독교 공동체 마을로, 마을의 멤버가 되기 위해 개인별 전 재산을 헌납하여야 한다. 일반인 입장에서는 다소 무리가 있는 모델로 보인다. 하지만, 초대 기독 공동체처럼 서로의 필요를 나눠 쓴다는 정신으로 임할 경우, 그 가치를 인정받을 수도 있겠다.

프랜차이즈 모델은 이런 '마을 모델'이 인기를 끌어 곳곳에 생겨나고 글로벌 확장까지 가는 경우가 있다. 브루더호프(Bruderhof)의 경우도 마찬가지다. 앞서 소개한 미국 벤처 리젠 빌리지(Regen Village)는 종교와 상관없이 일반인을 위한 범용 목적을 내세우고 있다. 브루더호프의 경우, 전 세계에 수백 개가 운영되고 있으며, 사회적 기업 모델을 통해 본사의 경우 상당한 재원이 축적된 것으로 보인다. 강원도 영월의 5,000평 땅을, 그 안의 모든 건물도 포함해 매입하여 시작할 정도이니 말이다. 다양한 인종의 남녀가 모여 사니 자연스럽게 국제결혼도 많다. 특히 기독 공동체 정신을 기반으로 하므로 각종 차별 없이 생활하는 문화적 토대가 되어 있다고 본다. 영월에 사는 두 젊은 한국인 남편과 독일인 아내도 원래는 독일이나 일본 내 브루더호프 공동체 마을에서 살다가 한국으로 잠시 옮겨 온 것이라고 한다. 프랜차이즈 모델은 이렇게 자연스럽게 세계 여행을 삶으로 경험해 볼 수 있는 기회도 제공한다. 마치 한국에서도 인기를 끌었던 제주도 한 달 살기, 일 년 살기처럼 말이다.

하지만 주류를 이루는 대부분의 기독교인들은 이러한 무소유 형태의 기독 공동체 마을에 대해서는 대체로 부정적인 편이다. 미국의 건국도 프로테스탄트라 하는 청교도인들이 주도하였다는 것은 이미 역사에서 배운 바며, 기독교인의 중요한 가치는 오히려 친 자본주의적이다. 다만 근검과 거룩한 생활을 중시하는 것이다. 현재는 기독교도 너무나 많은 종파가 존재하며 초대 교회의 본질을 흐려 가며 개독교로 욕을 먹고 있다고 하지만, 마틴 루터의 종교개혁, 캘비니즘의 청교도 정신은 현대의 개혁주의[25] 신앙으로 연결되며, 그리스도와 닮은 삶을 현실에서 살아낼 수 있는 '언약 신앙과 거룩 신앙'으로 꽃피우며 가고 있다고 하겠다.

---

25 개혁주의 신앙에 관심이 있는 독자라면, '언약 신학으로의 초대', '기독교와 자유주의', '존 칼빈의 기독교 강요', '성 어거스틴의 참회록'을 참조.

10

연애, 결혼, 출산…취업, 외출 포기의 문제

최근 한 국제 컨퍼런스에서 일론 머스크는 세계에서 가장 인구절벽 문제가 심한 나라로 한국을 예로 든 사회자의 말을 이어받아 다음과 같은 의미심장한 말을 하였다. "인구가 그렇게 줄어들면 한국의 문명은 계속되기 힘들 텐데요?"

연애를 포기하면 당연히 결혼도 하지 않을 테고, 결혼을 안 하면 출산도 사라진다. 그러면 몇십 년 뒤에는 젊은 층이 사라지고 길거리나 아파트 단지에서 아기들은 거의 눈에 띄지 않게 될 것이다. 구글, 페이스북, 인스타그램, 스마트폰, 메타 퀘스트, 전기차 등 혁신적인 제품들의 생산자 그리고 서태지와 아이들, K팝 등 새로운 문화의 생산자들 그리고 이를 초기에 열광하며 소비해 주는 대부분의 소비자들은 X세대, MZ세대 등 흔히 말하는 '신세대'들이었다. 다른 나라에 비해 압도적으로 아기를 안 낳고 인구가 절벽으로 향해 가는 한국은 수십 년 후에는 이러한 '신세대'들이 존재하지 않을 것이기에 생산과 소비를 견인할 주체도 없게 된다. 당연히 '문명'이 계속되기 힘들어진다. 한국은 조만간 실버 세대만 가득찬 사회로서, 다른 나라의 문명에 의존해 100세 시대를 유지해 가야 할 것이다.

현재의 추세대로라면, 정말로 기후위기로 지구가 멸망하기 전에 한국의 인구가 제로가 되어 지도상에서 대한민국이라는 국가가 완전히 사라질 수 있다.

"이대로라면 한국은 2750년 국가가 완전히 소멸될 위험이 있습니다."

과거 한국을 '인구 소멸 국가 1호'로 지목하며 인구위기를 상기시켰던 세계적 석학인 영국 옥스퍼드대의 데이비드 콜먼 교수는 2023년에 또다시 경고의 메시지를 남겼다. "한국은 인류 역사상 가장 빠른 경제 성장을 달성했지만 그 대가로 이를 물려줄 다음 세대가 없어졌다."라는 것이다. 실제로 그가 UN포럼에서 처음 한국을 소멸 국가로 지목한 2006년 당시만 해도 한국의 합계출산율은 1.13명이었지만, 2022년 한국의 합계출산율은 '0.78명'까지 내려앉은 상태다. 그리고 2024년 2월 기준으로는 0.6명대까지로 낮아졌다고 한다. 그렇다면 2700년대 훨씬 이전에 한국은 사라질 수 있는 것이다.

출산 포기는 결혼 포기로, 결혼 포기는 연애 포기로, 연애 포기는 취업과 외출 포기로 인한 것이다. 일단 어디든 나가야 이성을 만날 기회가 생긴다. 이성을 만나면 데이트 비용이란 게 드니, 경제적으로 수입원이 없으면 안 된다. 그런데 이 지점에서 단순하게 생각하면 안 되는 것이, '약올림 당하기 싫다'는 중대한 심리적 공포감이 뿌리깊게 박혀 있는 점이다. 마음에 드는 이성이 생겨날 기회를 확보하기에도 꾸준한 시간적, 경제적 투자가 필요하게 마련인데, 일단 이것을 차치하고 생각해 보자. 일단 마음에 드는 이성이 생겼다고 가정하자. 그래서 데이트를 시작한다 치자. 돈이 조금씩 들어간다. 점점 사랑의 마음이 싹튼다. 더 비싼 옷과 액세서리를 사 주고 싶고, 또는 더 멋진 자동차로 드라이브도 하고 싶어진다.

한국 사회는 좁기도 하지만 남의 눈치를 많이 보는 문화가 있다. 드라마나 광고, 또는 아이돌들의 모습을 통해서 너무나 멋진 옷과 자동차, 외모나 화장을 보았기 때문에 비교를 하거나 당하면서 스트레스가 점점 더 겹겹이 쌓인다. 그 다음 단계가 '심리적 공포감'에 해당한다고 할 수 있는데, 바로 부모님 상견례 순간이다. 부모는 뭐 하시냐, 상대방의 월급은 얼마냐, 집은 있냐? 등등 듣기도 싫고 대책도 없는 주제들이다. 인서울? 등의 학력 이야기만 안 나와도 다행일 터다. 이런게 말끔히 해결되어 누구나 축복하는 결혼을 할 수 있는 사람이 이 사회에서 얼마나 될까? 이 단계를 어떻게든 넘긴 경우도 생각해 보자. 결혼은 했는데 아기를 낳는다? 앞서 한국은 한 아이를 만 18세까지 키우는 데 드는 양육 비용이 평균적으로 3억 6,500만 원이라고 하였다. 이건 정말 말 그대로 평균값이다.

필자 세대 때만 해도 20대에 서로 만나 사랑하고, 눈맞으면 한순간도 떨어지기 싫어서 빨리 결혼했다. 넓은 아파트가 아니어도 월세방에 들어가서 알콩달콩 매달 나오는 월급으로 가전제품을 하나씩 장만하며 몇 년 안 되어 아기를 잘 낳게 마련이었다.

지금은 대기업 신입사원이나 공무원이 되고서도 2~3년 안에 그만두는 비율이 30% 이상으로 치솟고 있다고 한다. 대기업이나 공무원 조직일수록 유연하게 새로운 세대의 새로운 문화 코드에 맞추기가 힘들 것이다. 이제는 거대 조직에 기댄 안정적인 급여 보장만으로는 새로운 세대의 가치관을 만족시키기는 어려운 것 같다.

이제 신자급자족주의적 대안으로 그 문제를 해결해 가도록 하면 어떨까?

자연 속에서 연애하고, 아기도 낳고, 마을사람들이 품앗이로 아기를 돌보아 주고, 결혼식장에서의 형식적인 결혼식은 자제하는 대신 자연 속 결혼식을 언약식 내용으로 하는 것이다. 아기도 여럿 마음껏 낳고, 이유식이나 기저귀도 친환경적으로 하지만 스마트하게 마을 사람들의 도움을 받아 해결하고 말이다. 아이들을 위한 교육 환경도 자연환경과 마을스쿨링에 홈스쿨링의 장점과 온라인 교육의 장점을 잘 버무린다. 짬짬이 자신의 취미나 특기를 살려 마을 기업이나 사회적 기업 활동에 참여하는 것도 가능하다.

12장

신자급자족 기반의
사회 모델

＊

다양한 위기 속에서 인류를 위한 미래 사회는 어떤 모습이어야 할까. 신자급자족 기반의 마을을 고민하게 된 질문이다. 필자는 사업과 관련한 실제 경험과 이에 기반한 이론 그리고 현재 운영 중인 마을 공동체의 모습을 더해 몇 가지 모델을 제시하려고 한다. 물론 완벽하지는 않다. 그러나 앞서 살펴본 것처럼 집단지성과 네트워크의 힘으로 부족한 모델의 빈틈이 메워지길 희망한다.

1
취업이나 수입 걱정 없는 프랜차이즈 마을

한국은 물론 글로벌 관점에서, 누구나 가서 살고 싶은 혹은 살아보고 싶은, 모범이 되고 스탠더드가 될 만한 마을 모델과 그에 따른 프랜차이즈 모델이 아직은 명확히 정립되지 않았다고 보아도 무방할 것이다. 여기에 큰 기회가 있는 것이다.

필자가 주장하는 신자급자족주의에 기반한 마을 및 프랜차이즈 모델에 의하면, 정치, 경제, 교육, 의료, 여행 모델이 다음과 같이 전개될 것이다. 우선, 던바 넘버(Dunbar Number)에 의해도, 기본 마을당

적정 인구수는 150명 내외다. 그리고 이러한 마을들이 네트워크화
되어 근거리, 원거리로 퍼져 나간다고 할 때 규모의 경제 또한 확대
될 것이다. 더불어 한국의 일정 지역에 입주하면, 그 권리에 의거해
전 세계 가맹 프랜차이즈 마을[1]에서 원하는 기간만큼, 취업을 하지
않고도 또 수입이 없이도 거주할 자격이 주어진다.

2
정치와 경제 활동

지구촌 비전 달성을 위해, 전 세계 모든 입주민은 조합원이 되어
누구나 자유롭게 지구촌 아젠다를 제안하고, 1인 1투표 방식의 직
접 민주주의로 실제로 사업화할 정책 아젠다를 정하는 제도를 도입
할 수도 있다. 지역별로 의제 제안을 먼저 하고 지역 주민을 통한 우
선 순위 등이 결정되면, 각 지역의 상위 의제가 취합되고 다시 우선
순위가 높은 것부터 상위 본부에서 다루어지는 식이다.

상위 본부의 리더십은 봉사에 가까운 1년 임기제로서 지역별 리
더가 돌아가며 하는 형식이 된다. 이는 스위스의 대통령 시스템과
흡사하다.

지역화폐와 투표 시스템은 모두 투명하면서도 저비용 구조의 기
술을 활용하게 될 것이다.

지역별 메이커나 기업에 의해 탄생한 우수 아이디어나 혁신 제품

---

1 해당 국가의 연간 여행 일수 제한. 비자 관련 제한 고려 혹은 마을 기반의 랭귀지 스쿨 비자 연계 등.

은 제조 공정 및 설계도를 공유하여, 각 지역으로부터 로열티를 디지털 화폐로 받는다. 시간이 지나면 가급적 지역별 생산이 가능한 체계를 갖추어 갈 것이라고 본다.[2]

기본적으로 사회적 기업이나 협동조합 구조가 많겠지만 개인이나 지역별 팀에 대한 인센티브를 로열티 개념으로 제공하여 동기부여가 되도록 한다. 조직과 특정 대주주의 이윤이나 주가의 극대화가 아닌 기여자별 개인적 인센티브를 제공하고, 기업은 이윤이 아닌 지역 및 지구촌 거주자들의 효용 극대화 및 기후위기 해소를 목표로 비전을 설정하도록 하는 것이다.

지역도 하나의 미니 플랫폼 역할을 하며, 지역별 경제 주체는 수입의 1%를 지역별 본부에 셰어(share)하고, 각 지역 본부도 수입의 1%를 본사 플랫폼에 제공한다. 기술적으로는 지구촌 플랫폼 단일 결제 시스템이 작동하므로, 이러한 셰어는 모든 재화와 서비스 거래마다 자동으로 정산될 것이다.

지역별 주택 제작 시, 로컬 자재의 확보를 쉽게 하며, 자재 공동 구매 또는 (중고) 자재 공유 플랫폼의 활용으로 건축 자재 비용 절감을 꾀할 수 있다.

시·군·구 등의 기초지방자치단체와 협의하여, 미국의 벌링턴 지역 사례와 같이 에너지 자급자족 및 이익 공유제 실행 검토도 가능할 것이다. 벌링턴시는 전력의 100%가 바이오매스, 수력, 풍력, 태

---

2 근대 경제학의 비교 우위 이론보다는, 물류비 절약은 물론 자연보호 및 지역 경제 보호에 더 가치를 두는 것임.

양열 활용의 신재생 에너지로 공급된다. 이 프로젝트는 버니 샌더스 전 시장(전 미국 대통령 후보)이 주도했다. 벌링턴시에서는 저소득층과 중소상인 친화 정책을 펼쳐서 주민들에게 큰 인기를 끌었다. 주민들의 자발적 참여 속에 관광자원도 아름답게 가꾸게 되었다. 이러한 접근은 한국의 지방 소멸 문제를 해결하는 데 있어 매우 큰 효과를 낼 것으로 보인다.

플랫폼 접근으로는, 음식 메뉴별 최고의 맛을 지역 주민 간에 공유하고, 여기에 역시 기여도에 따른 로열티를 지급한다. 스포티파이나 멜론처럼 AI 음성 지원 인터액티브 레시피 플레이 수에 따른 지급을 검토한다. 지역별로 식당 자영업자의 경우 과당경쟁이 없도록 로케이셔닝을 한다. 자영업 회원과 소비자 회원의 협동조합화도 가능할 것이다. 이를 통하여 플랫폼에 업로드해서 각 지역 레스토랑에서 인기를 끈 레시피를 제공한 집안 요리 아마추어 장인은 로열티를 지급받을 수 있으며, 자영업자가 개발한 인기 레시피는 투명하게 전 세계로 공개되고 유통될 것이다.

생활용품이나 생활 필수품의 제조 및 유통도 마을 기업이나 사회적 플랫폼 기업으로 운영이 가능하다. 최대한 로컬 기업이 로컬 생산과 유통을 담당하며 지역 소비자들 역시 지역 기업의 제품을 구매하는 것이 좋다. 하지만 재료의 희소성으로 어쩔 수 없는 경우에는 원거리 유통이 장려되어야 한다.

마을 내 호수나 공용 동물 사육 시설은 실내외로 분획되어, 물고기도 키울 수 있을 것이다. 식용 민물고기·장어 등의 양식과 아쿠아

포닉(Aquaponics)이 기본적으로 운용될 수 있다. 바닷가는 훨씬 더 풍부한 자원을 제공받을 수 있다. 신자급자족주의 개념에서는 지금처럼 물고기를 멀리서 공수해 오기보다는 산이 좋아 산속에서 6개월 살다가 바다 생선이 많이 먹고 싶으면 바닷가로 가서 1년 동안 살면서 마음껏 물고기를 잡아 회를 즐기는 삶을 살 수 있다. 집을 사고파는 일체의 번거로움이 없고, 직장을 그만두고 다른 직장을 새롭게 구해야 하는 어려움도 없는 세상이기에 가능한 삶의 양식인 것이다.

집집마다 태양광, 풍력, 바이오매스, 지열 등을 통해 생산해 낸 에너지를 마을 내 공용 축전기 운용을 통하여 에너지 사용을 최적화하고 거래 수익 기회도 제공하며, 전기·수소 차만 활용한다. 온 사이트 수소 생산[3] 기술로 큰 트럭이나 버스에도 적용이 가능할 것이다. 이미 전기 비행기도 개발이 되어 있지만 이는 2명 정도 태우기에 좋은 경비행기다. 메이커들은 경비행기나 드론 택시도 만들어 낼 수 있으므로 마을용 전기 비행기나 드론 택시를 자체 제작하여 의료용이나 재난 대비용으로 활용할 수 있을 것이다. 이제는 수소 비행기도 나오고 있다. 또 몇 년 내로 80명을 수송할 수 있는 친환경 에너지 기반 고용량 수소 비행기가 나온다는 전망도 있다.

마을 전체의 품앗이 문화 활성화를 위해 공동업무로 주간 2시간 이상 자원봉사 참여를 유도할 수 있다. 동네 반려견이나 동네 아이들과 놀아 주기, 마을 청소, 마을 가꾸기, 장애우 섬김, 환자나 아기

---

3 온사이트란 수소충전소에서 직접 천연가스를 개질하거나 물을 전기분해해 수소를 생산하는 방식이다. 초기 투자 비용이 들어가지만 수소 생산 가격이 수송 가격보다 저렴하기에 합리적인 방식이란 평가를 받는다.

의 식사 섬김 등 기본 섬김은 화폐를 받지 않는 것이 좋다. 예전부터 인류의 지혜가 담긴 속담으로, 아이는 마을이 키우는 것이라는 말이 있다. 미국의 홈스쿨링 가정들은 자녀를 10명씩 낳는 경우가 많은 데, 이때 아이들의 데일리 커리큘럼을 보니, 각자 자기보다 몇 살 아래의 동생을 돌보게 하는 지혜를 발휘하고 있었다.

지역 내 경제적 활동에 대한 대가는 글로벌 지역화폐로 결제[4]하도록 한다. '한밭레츠'의 정신을 글로벌 블록체인화나 디지털 기술화로 효율성을 증대시키게 되는 것이다. 잠시 대전 한밭레츠의 유래를 보자. 레츠(LETS · local exchange trading system)는 지역 교환(고용) 거래 체계의 약자로, 마이클 린튼이 설계해 1983년 캐나다의 코목스 밸리라는 섬마을에서 시작되었다. 국내에는 박용남 선생님이 소개하여 1999년에 대전에서 한밭레츠가 시작되었다. 필자는 금융감독원에 근무하는 지인을 통해 한밭레츠를 알게 되었고, 그는 블록체인이 해외송금, 지역화폐, 신원 인증 쪽으로는 아주 우수하며 이쪽으로만 살아남을 기술이라고도 하였다. 한밭레츠는 한국의 품앗이 철학을 넓게 체계화한 것이라 볼 수도 있다.

이러한 경제 환경에서는 기존의 주기적 수급 불균형 불가피성에 의한 물가 지속 상승 및 경기 불황에 의한 빈부격차가 거의 사라지거나 상당히 완화될 것이라고 예상한다. 경제학 용어 중에 채찍 효과라는 것이 있다. 맥주 사례로 채찍 효과[5]를 입증하는 논문도 있었

---

4 디지털 화폐이므로 실시간 집계가 될 것임.
5 'Bullwhip Effect'는 채찍 효과는 소를 몰 때 긴 채찍을 사용하면 손잡이에서는 작은 힘이 가해져도 끝부분에서는 큰 힘이 생기는 것을 의미. 공급사슬관리에서 반복적으로 발생하는 문제점 중 하나로.

다. 예를 들면 이런 것이다.

넷플릭스에서 한류 드라마가 갑자기 떴다. 여기에서 한국 맥주를 자주 마시는 장면이 나오고 이에 따라 한국 특정 맥주에 대한 수요가 폭증했다고 가정하자. 그러면 금세 재고가 소진되고, 수요를 놓치지 않기 위해 무리한 공장 가동을 해서라도, 일정 기간 엄청난 양의 맥주를 생산할 것이다. 그런데 추가로 생산한 많은 맥주를 창고에 입고하고 각 지역으로 배송하는 동안, 현장의 맥주 수요는 이미 식어갈 것이다.

그에 따라 맥주 재고가 생각보다 많이 남게 된다. 이렇게 되면 맥주 공장은 가동을 멈추고, 여기서 일하던 사람들의 일자리가 사라지거나 임금이 줄어든다. 동시에, 맥주 품귀현상이 일어나는 초기에는 맥주 가격이 인상된다. 물가 상승에 따른 빈부격차는 더 벌어진다. 맥주가 공급되면서 한 번 오른 맥주 가격이 다시 내려가는 경우는 드물지만, 내려간다 해도 시간이 지나면 수요가 줄고 이에 따라 공장과 유통에 종사했던 맥주 관련 인력은 줄거나 임금이 감소한다. 물가가 오르거나 임금이 줄면 전체 소비는 줄어들게 되어 있으며, 이는 생산 중단으로 이어지고 불황의 악순환을 가져온다.

이 기간, 자본을 축적하고 있던 곳은 기존에 남아 있던 토지나 건물, 장비 등을 헐값에 매입하면서 다음에 경제가 회복되었을 때 또 한 번 유리한 고지를 점유하게 된다. 이로써 기업 간 격차가 커지게 된다. 이 시기에는 많은 자영업자가 폐업하고 대리운전이나 택시 운

제품에 대한 수요 정보가 공급 사슬상의 참여 주체를 하나씩 거쳐서 전달되는 과정에서 발생.

전으로 내몰리게 되곤 한다. 실제로 최근에 한국에서도 라면 자재 가격 인상으로 라면 가격이 올랐지만, 자재 가격이 내려갔음에도 라면 값은 여전히 높다는 보고가 있었다. 특히, 한국은 유럽 등 선진국[6]에 비해 물가는 꾸준히 오른 반면, 임금은 지속 상승하지 않았다고 한다. 물론 빈부격차도 더 커졌다.

즉, 지역 수요에 기반한 소량 생산, 필요에 의한 주문 생산으로 재고 낭비 최소화, 할리우드나 이탈리아 직물단지와 같은 마이크로 팩토리 네트워크를 통한 회복탄력성 강화 등을 통해 경제적 채찍 효과가 최소화되면 물가 상승 등으로 발생하는 체감 경기 문제도 대폭 줄어들 것으로 전망한다.

3
교육과 사회 문화

지역별로 올림픽의 모든 종목 연습이 가능한 운동 시설이 마련될 것으로 기대한다. 계절, 문화, 역사에 따른 지역 특화는 불가피할 것이고 이는 오히려 지역 간 삶의 이동에 묘미를 더해 준다. 축구장, 풋살장, 농구장, 배드민턴장, 테니스장, 수영장, 필드하키장, 격투장, 체조장 등은 지역별로 항상 있을 수 있지만 빙상장이나 25m 프리 다이빙 풀 같은 것은 재생에너지에 의한 전기 에너지 확보 효율이나

---

6 한국이 현재는 경제적으로는 웬만한 유럽 국가보다 더 경제 선진국이지만 사회, 문화, 제도적으로는 그렇지 못하다고 평가받고 있다.

물의 확보 효율 같은 지역적 특성을 고려하는 것이 좋다. 스키장이나 골프장처럼 계절과 넓은 땅이 필요한 체육 시설도 마찬가지다. 동시에 기본적으로 주민들의 수요, 관광자원 분산 전략과의 자연스러운 결합 여부도 충분히 고려되어야 할 것이다. 미술 활동이나 음악 활동에 대한 지원 역시 다르지 않다. 작업실·연습실에서부터 마을 내 전시장·공연장까지 갖춰질 것으로 예상한다.

한편, 지역별로 마을 주민을 위한 기본 메이커 스페이스 운영[7]은 기본이다. 메이커 스페이스는 마을 주민이나 자녀들의 교육을 위한 필수 공간이기도 하지만 디자인 씽킹과 메이킹의 도구로도 활용되며 산업 프로세스 리엔지니어링과 사회적 기업의 창발적 기반이 되어줄 것이다.

메이커 스페이스에 의해 요트나 경비행기 제작과 같은 다양하고 스케일이 큰 취미 활동이 더욱 풍성해지고 자연스럽게 지역경제 활성화는 물론 메이킹을 통한 힐링 효과도 있을 것으로 기대한다. 자만추와 마찬가지로 자연스러운 'For Fun'적인 창업 추구도 일어나는 것이다.

나만의 자녀 교육 콘텐츠나 동생 교육 콘텐츠는 이질적 콘텐츠의 동질적 콘텐츠화의 기회를 제공하여, 온오프라인으로 게릴라식 클래스가 열리도록 할 수 있다. 이러한 체계와 문화는 유치원 교육에서부터 실버 세대의 커스텀 평생 교육으로까지 효율적으로 커버할 것이다.

---

7 목공, 철공, 가죽공, 납땜 등이 가능한 공유 장비나 시설 구비도 필요하지만 무엇보다 콘텐츠 및 커뮤니티 활성화 전략이 중요하다.

작물별 키우기 노하우, 요리 레시피, 집안에 필요한 가구 제작이나 메이킹 공구 다루기나 기계의 사용법 등 온라인 매뉴얼 커뮤니티 제공이 로컬별로 활성화되고 검증되면 지구촌 전파가 일어날 것이라고 기대한다. 여기에도 콘텐츠 공유에 따른 로열티 메카니즘은 기본이다. 작사·작곡가만 로열티를 받으란 법이 있는가?

아이와 어른들을 위한 생활밀착형 창의 프로젝트로, 마을용 전기차, 요트·전기 보트, 전기 잠수정 만들기 등의 클래스 운용도 생각해 볼 수 있다. 이러한 활동은 놀이와 교육이 창업이 되고 경제가 되는 융복합 효과가 나는 것이다.

어린이나 반려동물을 위한 자연 및 창의 놀이터를 함께 만들어 운용하고 이 역시 온라인 매뉴얼 커뮤니티에 업로드하여 다른 지역으로부터 로열티를 얻는 것도 가능하다.

집집마다 전용 정원과 마당이 존재하므로, 여기 혹은 공유 사육장에서 자유롭게 개, 고양이, 닭, 오리, 돼지, 소, 양, 말 등을 키울 수 있다. 호주의 경우 캥거루도 일정 범위 안에서 키울 수 있다고 하니, 지역별로 허가 범위에 따라 호랑이, 사자, 원숭이 등을 만나는 게 불가능한 일은 아닐 터다.

자연환경 기반의 사료가 공급될 수 있는 노력도 필요하다. 최근 새만금에 자연 사료를 키워 가축 사육 비용도 줄이고 환경보호도 할 수 있다는 뉴스가 보도된 바 있다.

4
병의원과 건강 증진

첫 번째로는 개인별 가구별 커스텀 예방 의학이 의·식·주 곳곳에 배어 있도록 하며, 확인된 국가별 민간요법도 공유할 일이다. 특히, 연령별, 체질별로 맞는 식재료의 조합으로 만들 수 있는 맛있는 요리의 레시피 공유가 중요해질 것이다. 민간요법은 물론 불치병 치유 사례 공유를 유도할 수 있다. 여기에도 로열티 시스템이 작동된다.

지역별로 진료과목별 적정 의료진 확보를 위해 마을 구성원 구성을 장려하고, 의료진 주민의 삶의 이동이나 여행 시에도 이동이나 여행 동선별 적정 의료진 구성 가이드와 연동되도록 할 수 있을 것이다.

집단지성에 의해 만들어 낸 설계도를 기반으로 하여 마을별로 저렴하게 드론 택시를 제작 운용한다. 마을별 헬리콥터 혹은 드론택시 공유 운용 체계 강화로 인근 대형 병원을 연계할 수 있을 것이다. 무엇보다 좋은 것, 아니 꼭 필요한 것은 현재 한국식 의료 체계를 통한 부와 권위의 축적 문화보다는, 독일 의료 시스템처럼 지역별로 안정적으로 균형 잡힌 의료분과 안배 체계가 자리잡도록 하는 것이다.

에필로그

　필자는 이러한 상생 비전을 양심 있는 정치인, 사회적 기업가, 침묵하는 다수인 일반 국민들에게 호소하는 바이다. 필자도 때가 되고 여력이 되면 이러한 비전을 추구할 것이며, 누군가는 1호점을 먼저 개설하여 성공하기를 바란다. 이는 어디까지나 천부인권에 의해 주어진 가족 단위의 땅 위에서, 취업·창업 없이도 지속 가능한 삶을 영위할 수 있는 대안으로 보고 있기 때문이다. 또한 기후위기를 효과적으로 대응할 수 있을 것이다. 인공지능 시대 일자리 감소에도 다각적으로 대비할 수 있다. 한편으로는 기후위기와 AI위기로 더욱더 가능해진 솔루션이라고 본다. 어떤 기술이나 사조도 타이밍이 맞아야 한다.

　신자급자족주의에서의 삶은 사교육 제로(Zero), 하우스 푸어 제로(Zero)이다. 이뿐만 아니라 자연스럽게 인구위기의 문제도 소멸해 갈 것이라고 기대한다. 3포 세대를 낳은 궁극적 원인은 대천덕 신부도 지적했던 땅의 문제 내지는 거주지 비용 과다에 기인한 것이며 여기에 사교육비도 한몫 더하였다.

신자급자족주의는 한국의 어린이, 청소년 사교육 문제의 대안도 될 수 있다. 지역에서의 자연 협업에 의한 개인별 커스텀 커리큘럼에 기반한다. 해외의 스티브 잡스 스쿨도 이러한 교육 철학으로 임하고 있다. 어릴 때부터 지역별로 다문화 경험을 하고 옮겨 다니며 살아 보기를 기본적으로 보장한다. 일론 머스크 역시도 어린 시절의 다문화 체험에 의한 적응력 및 학습력 배가와 지역별로 옮겨 다니는 동안의 수많은 생존형 독서가 현재의 자신을 있게 하였다고 한다.

또 청년 실업, 조기 은퇴의 문제에 대한 대안이 될 수 있다. 여행적 삶, 이를 통해 를 자연스럽게 접하고 배우게 되는 다양한 언어 및 문화, 아름다운 자연에서 만나는 생태계의 다양성이 대표적이다. 또 지역별로 존재하는 지역특화 제품 만들기 체험 등을 통한 풍성한 교육 기회와 새롭고도 다양한 경제 기회 극대화, 자주적 삶의 효과 획득 등도 빼놓을 수 없다.

이는 결국 독거노인 자살률 1위, 청년 자살률 1위의 불명예에서 벗어나 가정의 회복, 저출산 문제의 해결로 이어질 것으로 본다. 그 자살이란 것도 미래에 대한 불안함, 현재의 외로움, 현재의 집 문제, 음식의 문제 등의 경제고에서 비롯되는 것 아닌가? 신자급자족주의적 삶이 지속되면 독거노인 발생 자체가 줄 것이고, 독거노인 상태에서도 자연 속에서 건강과 취미 중심의 힐링 활동을 또래 사람들과 함께 할 수 있다. 청년들도 진작에 누렸어야 할 미래에 대한 다양한 꿈을 꾸며 당당하게 살아갈 것이며, 앞으로는 이러한 청년들이 아무 걱정 없이 자녀를 줄줄이 낳고 기다란 기차가 달리듯 전 세계를 누비며 사는 삶을 꿈꾸어 보자. 어찌 보면 한국은 세상에서 가장 빨리 경제 성장을 이룬 만큼 가장 많이 아파하는 나라가 됐다. 필자는 고통만 있다고 생각하지 않는다. 그만큼 세계에서 가장 먼저 그 종합 치유책을 내놓을 수 있다고 보기 때문이다. 이젠 일본, 미국의 청소년층에도 한국에서 먼저 나타난 나쁜 현상들이 점점 나타나고 있다고 한다. 이러한 종합 치유책이 어쩌면 또 하나의 한류가 되기를······.

이러한 신자급자족주의 또는 지속 가능한 스마트 빌리지 네트워크는 일반인들이 취업과 창업 없이도 전 세계를 가족과 함께 즐겁게 여행 다니는 삶을 살며, 최고 수준의 의·식·주를 누리게 해 줄 것으로 기대한다. 더불어 한계 비용 제로 사회에서 예견하였듯이, 디자인 씽킹, 메이킹, 산업 프로세스 리엔지니어링을 통해 탄생하는 지역별 기후위기 해결을 위한 다양한 사회적 기업의 탄생과 번성도 기대한다.

이것이야말로 기후위기와 4차 산업혁명 속의 기로에서 우리 인류가, 밀려오는 로봇과 인공지능과의 관계에서 수동적으로 타협하는 길로 가는 것이 아닌, 인간으로서의 능동적 삶을 회복해 갈 수 있는 길로 가는 것이라고 믿는 바이다.

감사의 말

투자자 "세상을 바꿔보라"
어부 "내가 지금 하는 일이 바로 그건데요?"

미국 실리콘밸리에서 일하는 사람들은 누구나 들었을 법한 이야기 중에 'The Fisherman & The VC'라는 전설 같은 이야기가 있다.

하루 두 시간씩 낚시로 가족이 먹을 만큼 물고기를 잡아 약간의 수익을 올린다. 여가 시간에는 기타를 치며 아내와 춤을 추고 친구들과 늦은 밤까지 수다를 떨며 즐거운 시간으로 일상을 보내는 남자가 있었다.

그런데 한 VC가 와서 그 남자에게 '바다에서 더 많은 시간을 보내고, 가능한 한 많은 물고기를 잡고, 수익을 더 많은 보트에 투자하고, 통조림 공장을 짓고, 글로벌 유통 네트워크를 시작하고, 해산물 시장을 장악하고, 세상을 바꿔보라'고 권유했다. 그러면서 "당신이 은퇴할 준비가 되었을 때쯤이면 당신은 큰돈을 벌게 될 것"이라고 덧붙였다.

이어 VC는 "그 후에는 해변에 맨션을 구입해 늦은 밤까지 기타를 연주하고, 아내와 춤을 추고, 친구들과 담소를 나누며 자유시간을 즐길 수 있다."고 말했다.

어부는 대답은 간단명료했다.

"내가 지금 하는 일이 바로 그건데요?"

산업혁명 이후 혹은 세계사에서 더 거슬러 올라가 인클로저 운동* 이후 인류 전체가 이러한 VC가 제안하는 삶을 향해 경주해 온 것과 다름없다. 일부 성공한 사람들만이 어부와 같은 삶의 수준에 가까이 다가가는데, 이들은 어부들에게는 없는 온갖 자부심을 껴안고 세상을 살아간다. 처음부터 어부의 삶을 택했더라면 건강도, 관계도 잃지 않고 인생 앞에 더 겸허히 살지 않았을까? 어부처럼 살았더라면, 빈부격차도 덜하고 자연도 더 잘 보호되지 않았을까?

한국 사회가 해방 이후 세계 어느 나라 어느 민족보다 숨 가쁘게 앞만 보고 달려오면서 경제 대국과 이를 기반으로 한 K-culture까지 이루어 낸 것은 자랑스럽다. 그러나 한편으로는 많은 것을 잃어버린 것도 사실이다. 이제 우리는 더 나은 방향으로 나아가야 한다. 이를 위해 크게 호흡을 가다듬고, 급속도로 들이닥치고 있는 기후위기 – AI위기 – 인구위기 시대에 효과적으로 그리고 후회 없이 대응해 가야 한다.

---

* Enclosure. 13세기 영국에서 시작된, 소규모 토지를 대규모 농장에 합병하는 법률적 절차를 의미한다. 이는 목축업의 자본주의화를 위한 경작지 몰수로 요약할 수 있다.

《신자급자족주의_기후위기‒AI위기‒인구위기의 생존법》은 인류가 직면한 기후위기와 AI위기 대응의 한 대안으로서뿐 아니라 한국 사회 고유의 아주 특별한 위기들을 해결하기 위한 한 방편을 제안하고자 집필했음을 밝힌다.

《신자급자족주의》를 쓰느라 좀 더 함께 이야기 나누고, 시간을 오래 함께하지 못한 나의 가족, 사랑하는 아내 주영과 진혁, 다혁, 승혁에게 미안함과 감사의 마음을 전한다. 나와 아내를 낳아 길러주신 양가 부모님께 자주 찾아뵙지 못하는 미안한 마음을 전하고 싶다. 영‒혼‒육 강건하시기를 기도한다. 나의 형제들에게도 격려와 위로의 마음을 전하고 싶다. 또한, 나의 바른 교리‒바른 신앙‒올바른 삶을 다시 세워 주시고 있는 주와 연합된 참된 빛 교회의 신우영 목사님과 언약 공동체 식구들에게 감사의 말을 전한다.

싸이월드, 세이큐피드, 쿠쿠박스, 플랜홋, 스토리블렌더, 스토리2필름, 메이크위드, 안무공장 등 수차례 창업에 동참해 준 창업 멤버들과 엔젤 투자자, 그리고 스파크랩 액셀러레이터, 디자인하우스에도 감사한 마음을 전한다.

2024. 5

형용준

참고문헌

1부

말콤 글래드웰 저, 김규태 역《티핑포인트》김영사, 2020.

세스 고딘 저, 이주형 역《보라빛 소가 온다》재인, 2004.

알버트 라슬로 바라바시 저《링크_21세기를 지배하는 네트워크 과학》동아시아, 2002.

니컬러스 크리스태키스, 제임스 파울러 저, 이충호 역《행복은 전염된다》김영사, 2010.

Malone, T. W., Laubacher, R. J. and Scott Morton, M. S.(eds.), *Inventing the Organizations of the 21st Century*, Cambridge, MA: MIT Press, 2003.

Malone, T. W. and Laubacher, R. J., "The Dawn of the E-lance Economy", *Harvard Business Review*, September – October 1998, 76(5), 144-152.

Davenport, Thomas H., "Putting the Enterprise into the Enterprise System", *Harvard Business Review*, July – August 1998, https://hbr.org/1998/07/putting-the-enterprise-into-the-enterprise-system

2부

제러미 리프킨 저, 안진환 역《한계비용 제로 사회》민음사, 2014.

다도코로 마사유키 저, 이자영 역《창업의 과학》한빛미디어, 2019.

톰 켈리, 데이비드 켈리 저, 박종성 역《유쾌한 크리에이티브》청림출판, 2014.

에릭 리스 저, 이창수, 송우일 공역《린스타트업》인사이트, 2012.

마이클 해머, 제임스 챔피 저, 공민희 역《리엔지니어링 기업혁명》스마트비즈니스, 2008.

김위찬 저《블로오션 전략》교보문고, 2005.

빌게이츠 저《기후재앙을 피하는 법》김영사, 2021.

김병권, 남성현, 우석영, 이헌석, 전병옥 저《기후위기 행동사전》산현재, 2023.

오애리, 김보미 저《기후위기, 무엇이 문제일까?》북카라반, 2023.

3부

대천덕 신부《토지와 경제정의》홍성사, 2019.

남영우 저《땅의 문명》문학사상, 2018.

헨리 조지 저, 김윤상 역《진보와 빈곤》비봉출판사, 1997.

리치 디보스 저, 김일두, 심원보, 조은의 역《더불어 사는 자본주의》아름다운사회, 2020.

크리스 앤더슨 저《롱테일 경제》랜덤하우스코리아, 2006.

헨리 데이빗 소로우 저《월든》은행나무, 2011.

마크 해치 저, 정향 역《메이커 운동 선언》한빛미디어, 2014.

데이비드 랭 저, 장재웅 역《Zero to Maker 누구나 메이커가 될 수 있다》한빛미디어, 2015.

마이클 브라운, 자크 킬 공저, 조호영 역《언약신학으로의 초대》부흥과개혁사, 2016.

존 칼빈 저, 문병호 역《기독교 강요 1》생명의 말씀사, 2020.

기후위기-AI위기-인구위기의 생존법

신자급자족주의

초판 1쇄 인쇄 2024년 8월 15일
초판 1쇄 발행 2024년 8월 30일

지은이 형용준 **펴낸이** 황윤억
편집 김순미 윤석빈 황인재 **마케팅** 김예연 **디자인** 오필민 디자인
발행처 인문공간/(주)에이치링크 **등록** 2020년 4월 20일(제2020-000078호)
주소 서울 서초구 남부순환로 333길 36, 4층(서초동, 해원빌딩)
전화 마케팅 02)6120-0259 편집 02)6120-0258 **팩스** 02)6120-0257

• 값은 뒤표지에 있습니다. ISBN 979-11-984298-8-9 93340

• 글 ⓒ 형용준 2024

• 열린 독자가 인문공간 책을 만듭니다.
• 독자 여러분의 의견에 언제나 귀를 열고 있습니다.

전자우편 gold4271@naver.com **영문명** HAA(Human After All)